铁葫芦

盗火与革命

不懂革命，何以懂中国

余世存 作品

立人三部曲

北京联合出版公司
Beijing United Publishing Co.,Ltd.

图书在版编目（CIP）数据

盗火与革命 / 余世存著. —北京：北京联合出版公司，2016.6
（立人三部曲）
ISBN 978-7-5502-7894-3

Ⅰ. ①盗… Ⅱ. ①余… Ⅲ. ①历史人物–人物研究–中国–近代 Ⅳ. ①K820.5

中国版本图书馆CIP数据核字（2016）第125458号

盗火与革命
作　　者：余世存
责任编辑：牛炜征

北京联合出版公司出版
（北京市西城区德外大街83号楼9层　100088）
北京鹏润伟业印刷有限公司印刷　新华书店经销
字数：200千　700mm×980mm　1/16　印张：21
2016年7月第1版　2016年7月第1次印刷
ISBN 978-7-5502-7894-3
定价：42.00元

目录

乱世留名

天意难违

自序

应是鸿蒙借君手

收录在这部书里的文字时间跨度长达二十年，集中写作的时间也长达十年，因此文字的不整齐不统一是明显的。青春期的夸饰，谋稻粱时的铺陈，人生阶段的心态转移，都影响了我的文字。好在这是记人论人的文字，读者既能看到我“飞扬跋扈”的一面，也能看到我克制自己、白描叙事的一面；既能看到我“服务的”英雄主义一面，也能看到我“专断独裁”的一面。

其实我提请读者参与的是读书中人物。自青年时代起，我就有“野心”为笔下的人物“盖棺定论”，这也是2000年以来我有十年时间连续来颂扬“当代汉语贡献奖得主”的一大因缘，我希望在散乱的史书、意识形态评判之外，为当代社会贡献我个人“论世知人”的人生坐标。在写作中，我尽可能把眼前所见的材料熔铸到笔下，抛开我个人的主观不说，即使这些材料，仍足以“开卷有益”。

虽然这些文字部分曾以《中国男》和《大民小国》之名结集，但重新整理才发现，我写近现代史上的人物已有一百多篇（限于传主出生时间等原因，本书删掉了不少当代人，收录了整整百人），其中有不少文字为我珍爱，尚未跟读者见面。这次能以合集的形式出现，实在是一大因缘。自十年前《非常道》等书不约而同掀起了“民国热”，直到今天，关于现代史的当代著述还少有可观可流布之作。作为一个误撞入历史写作领域的人，我对读者的歉疚难以言说。

不少人问我，这一百多篇纪传、评传写了什么？回到我身上，二十年来，或者说最近十年，我完成了从青年到中年的转换，从激昂走向从容，有人说是从鲁迅走向了胡适，从愤青走向了文化主义，从西化走向了综合……我相信这些转变是真实的，但没有变的仍是理想、历史的善和正义。我相信我的文字一直都在吁请世道人心的创造和安顿，一直在捍卫人类的正义和认同；当然，更为关键的，我在文字中交代了自己，二十年来，我都不像个“说书人”，我都不是没话找话的人，不是以写作刷存在感的人。

在选择人物时，我一度不免受制于时代和知识精英的喜好。在2005年至2010年的写作期间，我为之作传的多是现代史上的主流人物，是“五四”新文化运动以来的历史推手和弄潮儿，多为“早期伟大的中国国民党人和早期伟大的中国共产党人”（陈丹青语）。写这些人，如林觉民、瞿秋白等，既“政治正确”又“知识正确”，极为顺手。他们的人生至今让当代人奉为楷模，他们的言行早已成为后人“闻而起兴”的典范。当然，我也发现了主流或台海两岸今天都不免忽略的人，如武训。我理解自己，不仅是以司马迁的纪传体在写笔下的人物，也是像王维、柳宗元、刘禹锡等人为六祖慧能写碑铭一样，为其证明正名。

这些年来，“民国热”成了文化出版界的一大板块，打开媒体，经常看到熟与不熟的作者谈论民国人物。读多了，我有一种厌倦，甚至羞于看到自己的名字成为媒体上的“点缀”。虽然，谈论民国人物，既是新闻出版媒体自身的需要，也有写作者的名利满足。写作者本来也有“吃人”一说，我自己也不仅“吃”过老子，更几乎“吃”尽了民国人物。只是在网络时代，50后、60后与90后的作者具有一样的知识资源，如何不只是做“文抄公”，不做百度或维基百科的拼凑者，如何不做一种观念、时尚话语的表达者，或政治知识正确的诠释者，是我需要“突围”的。

因此，在历史札记、随笔之外，我的“历史散文”之路也有纵深演进。我反思过历史写作，何以大家谈历史人物时多有“先入之见”？有时看一个标题就明白作者想借古人说什么话，甚至明白作者是五毛、国粉、儒粉还是“柿油党”，是80年代的出土翻案史观、90年代的细节史观、知乎粉还是果壳粉。那么，研读历史人物，我们如何保证自己的客观公正，如何才能还原一个历史人物的生存状态和内心情态？“中国之君子，明乎礼义而陋于知人心。”这一“礼义”在当下不过是某种“时势权力”。这也是我努力向太史公看齐的一个原因，我希望纪传一个人物，不是让读者受到哲理启示或教育什么的，而是引导其人生或生命参与进来，其中有真、有善，有人生或历史百年的罪苦和美感。

我的“突围”是多方面的。我们当代中国人受教育以来，即对阶级分析烂熟于心，但在今天却很少有人以之观察笔下的人物。研读《易经》时，我明白中国文化也极重“时、位”。对一个人的人生阶段和社会地位不曾有深入了解，我们又怎么谈得上懂人知人？因此，我后来为媒体写了一组文字，只从谋生理财的角度写一个人，这样写时，不免理解历史人物的言行何以会有那么大的反差。以鲁迅、胡适为例，鲁迅只是温饱有余，中产不足；而胡适则是今天“成功人士”般的文化人都未必比得上的中产，尽管他们都有国士之心力和才能，但身份、地位的选择和差异也对二人的言路思路有影响。我也写过一组商人，职业商人为传统四民社会阶层的末流，但近代以来地位渐起，他们在近代中国起过非常大的作用，我写他们，仍希望落实到个体本位上来，在传统缙绅阶层向土豪或工商文明的栋梁转型的时代，还原他们的生存状态。

随着对中西文化的深入理解，我对历史人物的关注也自觉转向边缘者。如果说年轻时只以为理想的变法者、改革者、革命者，“五四”青年，现代化的倡导和推动者才活得有意义，才是真理的化身，才是安身立命的正当有效者；后来的我明白，一个社会的个体成员在立身处世方面有多种选项，他们从每一方向出发都能抵达圆满究竟。正如本书几乎只以材料纪传的“儒家慧能”、如慧能一样“目不识丁”的王凤仪老人所说，“真理唯一，但其道路非一”。

我后来也在主流社会关注的人群之外，选择了不少堪称“怪力乱神”的人物，如算命的袁树珊、道教的复兴者陈撄宁、反中医的余云岫等人。尽管“中国逻辑”“反智”一类的说辞仍悬在国人头顶，提醒我们在现代世界生存应立足于可沟通的理性；但怪力乱神是东西方社会都有的现象，是人们仍“日用而不知”的领域。有学者认为，在移动互联带来的多维时空或高维时空里生存，怪力乱神的现象都能为人理解，为人把握。在武训、孙禄堂这样的草根面前，知识精英或许失语无语，但他们仍是中国文化的一大基础。曾有哲人专论本国文化的“圣愚”现象，那么我们中国文化的这一类草根圣贤算是什么现象呢？

因此，我关注的历史人物从以治世为主，到逐渐侧重治身、治心，我尽可能打捞在中国立身的多样可能。其实，与其说陈撄宁、余云岫治身，梁漱溟、熊十力治心，不如说他们一样在治世。传统的说法，儒家治世，道家治身，佛家治心。儒释道在近代合流，早已使我们中国人从中都获得安身立命的思想资源，落实在自己的人生中不过有所侧重而已。在这个意义上，新文化运动以来的主流精英算是治世者，边缘人物算是侧重治身治心者。我们今天都知道，这些主流边缘只是一时一地而已，他们都有为我们奉为经典的时候，也有为我们看轻看淡的时候。

人生社会的结构是否只有身、心、世三重？人们能否“跳出三界”？中国文化以为，数成于三。其实在系统结构的三分之外，还有内外、主流边缘的二元分工，时空的四象五行结构。任何一种系统结构只是方便说法，我们今天也都知道，任何分工分类本质上是一体不二的。就如今天大量的“治身”者，他们把日子落实在饮食、养生健身上了，他们未必抵达了陈撄宁、孙禄堂们的治身极致，但他们至少明白了治身如不跟治世结合，治身就不过是雾霾中的呼吸，穹顶下的食色。

只见其同，不见其异，是一种偏见；只见其异，不见其同，何尝不是一种偏见？在全球化走向“深水区”的今天，有关人类大同的轻狂兴奋似已过去，恐怖主义、权力和技术的管制异化使人对人类及其文化的冲突不免深信少疑。但一如把恐怖主义归咎于某种宗教一样错误，把自家文化或自家信仰当作唯一的“得道者”“救赎者”也是同样罪错的。

钱穆对鲁迅的评论值得三思：“鲁迅说尽了旧社会的中国，然而他何以如此忧心忡忡？他的目的不是中国的毁灭，而是为求中国的再起。鲁迅全面否定儒教，他不知道他所有的关怀，是一个新儒家的再现，他只是没有意识到他是一个新儒家。”在钱穆那里，当年西化的鲁迅、胡适是新儒家，我们由此可以理解，传统的儒道互补、内佛外儒，跟人类文化的大小传统统一在个体成员那里是一个道理。百年来中国大陆声势澎湃的西化运动，在明智者眼里只是尚未完成的“新儒家”。我们由此可以理解，无论中国文化如何趋新趋时，传统中的儒释道仍能够借身还魂，仍有强大的力量显明其本质。对我们中国大陆来说，儒、释、道、耶、回等等都会成为有效的思想资源，它们如何融合另当别论，但如果融合的外耶内佛表现在一个中国人身上，那绝非“混搭”，而是有意义的立心立命。

生活在当代社会，我跟大家一样，感受到大陆转型的苦难和文明世界现代性的危机。我多次引用庄子名言，“方今之世，仅免刑焉？”但今人难以免除视听恐怖之刑，难以免除空气水源污染之刑，难以免除技术绑架人让人低头示众之刑……个人的权利何以表达？生命的意义如何展现？我经常想起“民胞物与”，想起与时浮沉者，我们如何才能明心见性？

多年前，我曾十来次陪人看过一部德国电影《窃听风暴》，影片中的埃尔伯特曾有对白：“我想这些人都不渴望自由！……人们渐渐习惯我们周围发生的一切，接受以前所不能容忍的，可能再也不期待改变了！”他说，“这个体制让人发疯。但是正是这样的体制让人更有创作的欲望，写出人们真实的生活状态，这才是对得起自己良知的作品吧。……有那么多限制，什么都不能尽情表现。活着真没意思。”他后来不堪忍受没有自由的生活，选择了自杀。我曾多次想起他的话，以此自勉。后来看一部美国片，看到小镇上的法官对实行“潜规则”的律师说：“这是我一生中遇到的最羞耻的事。”极为震动。我想到正常社会的人们都不失自性，都有自信判断人间罪错，他们把羞耻当作羞耻，把罪恶当作罪恶。汉语作家的使命之一仍在于这种自立立人的开智启蒙。

我中国文化也有明辨是非、自诚而明的伟大个体和伟大时刻，只是在一百多年的现代转型里，很多人失掉了自性，一些人甚至以一生的时间学舌外界的是非，效颦时势权力的步伐，山寨流行的生活方式，很少能够做自己的主人，做世界的主人。借用黄仲则的名句，乾坤无事入怀抱，应是鸿蒙借君手。这部书里的大部分传主不仅是鸿蒙历史借以书写之手，他们确实书写出了了不起的历史文本，他们更是当得起“自己的主人”。在“五四”运动和社会革命的诱惑下，年轻的王明道选择了另外的道路；在众人浑浑噩噩的日子里，顾准探索着跟人类世界的有机联系；后来的新人类们争论谭嗣同活得值不值得时，似乎忘了谭当时大声宣告自己的遗憾和圆满："有心杀贼，无力回天；死得其所，快哉快哉！"从本书中百人立身多有所成可知，做自己的主人不仅可望可即，也有很多道路。

因此，我诚惶诚恐又当仁不让地向读者奉献这部纪传体作品，我相信在这个"节操碎了"的时代，前人的人生能够立起我们。尽管有人把今天的社会分成"成功人士"和"有待成功的人士"两大群体，无论成功与否，无论压力山大者还是得意者，多不免看轻前朝前人，以为我近现代史多为不幸，未曾完成。其实本书中的传主们经受的，未必比今人轻浅、狭隘、简单。与其虚拟自己的眼前生活，与其在想象里陶醉，不如也看看历史文本。其实我中国史展示的，远比我们作家虚构的更富有想象力，更富于人性和神性。"民国热"证实了近现代史是我们可取之不尽的历史遗产。本书中传主百名，涉及人物数百人，跨越历史近两百年，其内容丰富未必输于一部或数部长篇小说，或许再过若干代，中国社会集体与天才的个人结合，再度创作出类似《三国》《水浒》一类的近现代杰作。

我请前人登上供读者阅读观看的舞台，让他们展示一生的片断瞬间，希望人们看到前人的高度，看到他们对自己、对人生社会的态度，其中很多人给我们留下的印象，是他们对人生社会的责任感。在中外文明史上，负责本身即是义。的确，书中的传主多当得起"义人"之评，但这种"义"不是像人们印象中的近代史一样沉重难当，而是极为日常的，是个人身心志的平衡和统一。

一卷终了，大家眼里的传主大多已然退场。那些在历史上立德立功立言的前贤退场，对他们、对我们意味着什么呢？我近年多次想到退场和进场，并郑重把退场立为新正义论的一大原则。千年前的《沉思录》的最后感慨就是新正义原则的遥远回响：“人啊，你一直是这个伟大国家（世界）里的一个公民，五年（或三年）会对你有什么不同呢？因为与法相合的事情对一切都是公正的。如果没有暴君也没有不公正的法官把你从国家中打发走，把你打发走的只是送你进来的自然，那么这又有什么困苦可言呢？这正像一个执法官曾雇用一名演员，现在把他辞退让他离开舞台一样——‘可是我还没有演完五幕，而只演了三幕’——你说得对，但是在人生中三幕就是全剧，因为怎样才是一出完整的戏剧，这决定于那个先前曾是构成这个戏的原因，现在又是解散这出戏的原因的人，可是你却两方面的原因都不是。那么满意地退场吧，因为那解除你职责的人也是满意的。”

译者何怀宏也曾为此感慨：“当我们谈到《沉思录》的最后一段，即说从人生的舞台退场的一段，我们即感到忧郁，因为这就是人的命运，人难逃此劫。即使你觉得你的戏还没有演完，新的演员已经代替你成为主角了，这里的忧郁就像卓别林所演的《舞台生涯》中的那些老演员的心情：苦涩而又不无欣慰，黯然而又稍觉轻松。另一方面，我们又感到高贵，因为我们可以体面、庄严地退场，因为我们完成了自己的使命并给新来者腾出了地方。”

对我们来说，在这腾出来的历史舞台上，我们是否演绎好了自己的人生角色？我们是否立得住？是否实现了自己的人生正义和社会正义？

是否享有了生命的幸福和意义?

最后，要感谢我的太太余玲，是她想到我这从青春到中年的人生写作是一个整体。感谢何寅、董曦阳、杨海泉，使此书得以成型。还要感谢我多年的朋友张守礼、王俊秀，他们在我的生活中，赋予了“立人”鲜活生动的意义。

2015年11月15日写于北京

左右时局

曾国藩：圣王们的游戏

对我们中国人来说，处于一个过渡转型的时代是幸运的。尽管集体的心态表示说，宁做太平犬，不做乱世人，但确实，在混乱的自由中，人性的诸多可能性得以实现。平时卑微、平庸的、犬马一样的生活在此自由和风险中，激发出人性的光芒，命运也回报人生壮丽优美的风景。一句话，平时不起眼的奴隶奴才一旦有了施展的平台，都表现出了不起的才能和德性。对我们中国人来说，最重要的，不是回避乱世，而是个人尤其乌合之众的集体都应该学会如何适应乱世。现代社会被称为选举社会，选举其实是乱世的一种方式，资源的打乱重组、制度的保证和检验、风俗的转移、人的充分社会化，都在乱世里得以完成，并进入下一个其实也是短暂的选举前的平静期，这种良性循环的乱世乱局，西人将其定义为创造性断裂或持续不断地跃迁。

令人遗憾的是，我们中国迄今为止的乱世几乎都可说是恶性循环。在那些乱世中，唯一可以称道的是出了一些历史人物，他们的作用无非是补天、糊弄（李鸿章语）、维持、复制，很少进行制度创新、提供思想资源，很少开拓出另一种天地。在这些乱世中，最可惜或最可笑的就是曾国藩的成就了。

曾国藩（1811—1872）是我国历史上最有影响力的人物之一，他头上的光环无数。他是我国近现代化建设的开拓者，在他的指导下，建造了我国第一艘轮船、第一所兵工学堂，他还组织人翻译印刷西方书籍，安排第一批赴美留学生。曾国藩也是思想政治工作或意识形态灌输的先行者，他自称“鄙人乃训练之才，非战阵之才”，他教导士兵“说法点顽石之头，苦口滴杜鹃之血”。他以儒家精神练兵，使湘军成为一支有主义思想的队伍，他的《爱民歌》启发了毛泽东写出《三大纪律八项注意》，蒋介石也将他的《爱民歌》印发给黄埔学生。曾国藩看到洪秀全崇拜天主教不合中国国情，写了一篇《讨粤匪檄》，他在“讨贼檄文”中骂洪秀全最激烈的一句话是：“举中国数千年礼义人伦，诗书典则，一旦扫地荡尽，此岂独我大清之变，乃开辟以来，名教之奇变，我孔子、孟子之所痛哭于九泉，凡读书识字者，又焉能袖手坐视，不思一为之所也？”这在当时赢得了士绅阶层的支持，使得跟太平军的无义之战多少有了合法外衣，也因此注定了太平天国的失败结局。

我们中国自古有立功、立德、立言“三不朽”之说，有内圣外王的儒家标杆，真正能够实现者却寥若晨星，曾国藩算是其中之一。“从政要学曾国藩，经商要学胡雪岩。”自近代以来，曾国藩就被政界人物奉为“官场楷模”。他升官最快，三十七岁即官至二品；做官有道，政声卓著，治民有言；保官最稳，历尽宦海风波而安然无恙，荣宠不衰。他以汉人身份平定太平天国，“打下金陵者可封郡王”，虽然清廷食言，但他的事功当是时已经王霸天下，动静间可以兴邦丧邦。他“匡救时弊”，整肃政风，学习西方文化，使得晚清出现了“同治中兴”；曾一生致力结交、网罗、培育、推荐和使用人才，他的幕府是历史上规模和作用最大的人才库，几乎聚集了当时社会的人才精华。他一生推荐过的下属有千人之多，官至总督巡抚者就有四十多人。他们既有李鸿章、左宗棠、郭嵩焘、彭玉麟、李瀚章这样的政要高官，也有像俞樾、李善兰、华蘅芳、徐寿等一流的学者和科学家。曾国藩克己唯严，标榜道德，身体力行，获得了人们的拥戴。不仅如此，曾是齐家的成功典范，他的孝悌有目共睹，他的家书是传统家教的样板。官宦之家，大多盛不过三代，而曾氏家族却代代有英才，出现了像曾纪泽、曾广均、曾约农、曾宝荪、曾宪植、曾昭抡等延绵至今的社会精英。

曾国藩在时人当中资质并不高，“属中等”，颇为钝拙。但他志向远大、性格倔强、意志超强，正所谓勤能补拙，从少年时起，就“困知勉行，立志自拔于流俗”，天天写日记反省自己，一生中几乎没有一天不监视自己，教训自己。他待上、待下、待同事谦恕自抑，豁达大度，一生朋友很多，甚至受到对手们的尊重。他守着“拙诚”，埋头苦干，不论遭受多大打击，都不灰心丧气，而能再接再厉，所谓屡败屡战。曾国藩的学问文章以经世致用为主，故“其著作为任何政治家所必读”（蒋介石），是一个“办事（干出事业）兼传教（留下思想学说）之人”（毛泽东）。《清史稿·曾国藩传》也说：“国藩事功大于学问，善以礼运。”有人说他是继孔子、孟子、朱熹之后又一个“儒学大师”，他革新了桐城派的文章学理论，主持了道（光）、咸（丰）、同（治）三朝的文坛，可谓“道德文章冠冕一代”。

因此，可以说，曾国藩实现了儒生们梦想不得的大业，他被人称为“完人”，算是我国儒家文化中最后结出的一枚硕果，曾得到了一切外王如蒋介石等人的敬服，一切亲近传统的文士的瞩目。儒家文化的用世之心历经千年，一直得不到实现，快到终结时，才有了曾国藩这样一个榜样，可见儒家文化对人性人欲的要求是何等空疏，何等大言无效。

也因此，无论我们后来的内圣、现代儒者或新型知识分子，如章太炎、鲁迅、胡适、熊十力、梁漱溟，还是当代的儒者茅于轼、当代的知识分子李慎之、当代的儒家信徒蒋庆，他们都很少关注曾国藩。曾就像是在我国历史上画上了休止符，或如人言，是儒脉斜阳，自他消逝于历史的天空后，人们承接的就是现代的光芒。

这也正是曾国藩做圣做王跟现代扞格之处。从现代角度看，曾的圣王威仪无论如何巍巍，他的面孔是太模糊了。人们可以欣赏左宗棠的张狂，可以感慨李鸿章的商痞，可以厌恶曾国荃的杀伐残暴，但曾国藩的完美太遥远了。哪怕素描曾国藩的人生行状，人们仍不理解他的内心，他是一种文化的综合，是超凡入圣、太上忘情的产物。

不能说他没有情感，只是他的情感深藏不露。他一旦学了理学家或道学家记日记，那么他所做的就是掩饰个性、灭掉人欲，成为“无我”。他在弱冠之年，给自己改号“涤生”，以求改过自新。十年后，他反躬自省，以为过失涤除未尽，且越来越多，是故举意勇猛改过。贪睡恋床，不能黎明即起，他骂自己“一无所为，可耻”；喜吟诗作赋，寻章摘句，未将精力用于经史等有用之学，他以为病症在好名，“可耻”；给地方官吏写信，亲切一些，则是“意欲饵他馈问”“鄙极丑极”，应重写一函，“作疏阔语”；喜清谈，争口头便宜，那是妄语，若再犯，“明神殛之”；跟人说性事，“闻色而心艳羡”，是“真禽兽”。到朋友家看到有女子在座，不免激动，说了几句笑话，回家自责：“放荡至此，与禽兽何异！”陪着夫人在家闷了，也立马警觉：“余今闷损至此，盖周身皆私意私欲缠绕矣，尚何以自拔哉！立志今年自新，重起炉也，痛与血战一番。而半月以来，暴弃一至此，何以为人！”如此“日三省吾身”，十年终于有成，据说他在四十岁前后灭掉了人欲。但关于他的人生之谜中有一则是，在他五十一岁，咸丰帝大丧期间，密娶小妾，“违制失德”，故有人斥其为“伪君子”。至于他仍改不了讲笑话（今天叫讲段子）、爱论人是非的毛病，大概是灭人欲后的圣人仍需要转移升华的缘故。这样的圣人只能以变态来解释了。

但这个资质中等的人用传统修身齐家办法获得了治国平天下的平台，在这平台上他也确实获得了圣王的眼光，非凡的战略感、大局观和见识，正是这种眼光使他平定了太平天国，为清廷补天成功。这种眼光还使他看到了社会上层的真相，他更知道上层能生人死人的权贵们有什么样的德性和才能。他从理学起步，但他却知道理学家们不成器，“朝中有特立之操者尚推倭艮峰（仁），然才薄识短”。随着时代的变化，他也知道传统是不行了：“艮相（即倭仁）老成宿望，近年势颇孤立。”他跟两宫太后有几次谈话，印象中非常一般，认为慈安和慈禧的才地都很平常，跟他这样的国之栋梁难得见一面，却无话可说，只是应酬。掌握时局的军机大臣有亲王奕䜣、文祥、宝均，但奕太聪明，想法多变，是小聪明；文为人正派，却气量狭隘，不会用人；宝更提不起来。因此，可以说，当时国中，曾一人而已。如李鸿章评价的：“朝廷乏人，取之公旁……知人之鉴，并世无伦。”

也因此，当时人都看出了他问鼎的能力，汉族士绅们尤其寄予了某些猜想，帝王学的大家王闿运甚至奔走其间。据说，左宗棠曾题神鼎山一联：“神所凭依，将在德矣；鼎之轻重，似可问焉。”左将此联派专人送胡林翼转曾氏，请共同删改，试探胡曾二人意向。胡拆看后，一字不动，加封转曾，曾将“似”改为“未”，原封退胡，胡拆阅，在笺尾加了两句：“一似一未，我何词费？”曾以一字之改表明未有问鼎之意，这个儒生不愿捅破天空，一味自保。有论者说，曾在打败洪秀全后如一鼓作气再夺天下，其一生恐怕也将困于战事，不可能再于洋务上有所成就，但是，曾的事功，包括推介西学洋务的成就主要集中在战时，战后他反而处处受制，什么事也没有干成。而当时最了解西方的悲剧人物容闳曾在回忆录里对他寄予了大希望：“曾文正者，于余有知己之感，而其识量能力，足以谋中国进化者也。”因此，我们大概可以说，谋中国进化，对曾来说，是不为也，非不能也。他谦抑太过，过犹不及，他成全的只是他自己。

政治方面的作为已经不可假设。更重要的是，他这种谦退自律，使得他只是做了儒家的好学生，而没能突破传统文化的藩篱。也许是他的知识太旧了，即使他看了徐继畬、林则徐们“拿来主义”的工作，但他依然不愿思考一个中国人在世界中的位置和作为。他不是一个有思辨能力和原创能力的人，他的思考停止在跟列强平等交往以及以诚待人的基点上，再也没有前进半步。他的起点和终点都在于是否“弘道”，或遵礼。章太炎谓曾国藩之起兵“平洪杨”并非“赞清”，而是为了扶持“名教”。在曾国藩看来，一切治国活动，上至天文、地理、军政、官制，下至河工、盐漕、赋税、国用以及“平洪杨”这类军事活动和“曲全邻好”的华洋交涉活动，均属“礼”，即道德实践活动的范围。

比较日本同时代的社会精英，如福泽谕吉们，致力于掉转船头，启蒙同胞，“脱亚入欧”，曾国藩们本是我国数千年未有之奇变中做启蒙的最佳人选。但曾却宁愿沉默以保守某种清白，在铁屋里享用圣王之威福，也不愿告诉国人真相，甚至不曾如老、孔、庄、韩那样思救周文之弊。而这种启蒙工作最终要人来做，曾不做，他的幕僚和朋友如郭嵩焘、冯桂芬、容闳们做得不如意，直到又一个世纪开始，到孙中山政治革命之后，陈独秀、胡适、鲁迅们才差强人意地从文化启蒙的角度完成了对现代转型的某种注解。这是历史的悲剧，当然也是一种衰败文化的宿命。

曾的面孔因此永远是模糊的，连他的朋友、亲人都难以猜透。这正是儒家文化到了极致处的表现，所谓高深莫测谓之神圣，他们永远不以最真实最本来的一面示人，永远需要人来猜测他们的情感、意志和认知。据说曾的子弟兵们有拥戴之意，他却写下一句“倚天照海花无数，高山流水心自知”来回应大家。

这个圣王因此缺乏近代以来中国人最可宝贵的个体人格，缺乏“平易的物理和健康的人情”。他对平民大众的心思欲望视而不见，也缺乏同情之理解。他的残忍在中国的儒生中也是空前的。好些跟太平天国敌对的士绅也对曾国藩训练的军队之残暴留下了印象，如李圭说：“至官军一面，则溃败后之虏掠，或战胜后之焚杀，尤属耳不忍闻，目不忍睹，其惨毒实较贼又有过之无不及，余不欲言，余亦不敢言也。”宁波被占领后，外国人感叹：“宁波变成了一座死城，除了许多河道里充斥尸体，没有任何迹象表明它曾拥有五十万居民。”李鸿章等人攻占苏州，采用了骗降后杀降的手段，其欺瞒和屠杀之举，使英国人戈登“深感耻辱和极度伤心”，发誓要消灭李。后来李鸿章对他进行安抚，他仍然持保留意见，拒绝接收朝廷赏给他的一万两银子，他在朝廷的褒奖令背面写了一段话：“由于攻占苏州后所发生的情况，我不能接受任何标志皇帝陛下赏赐的东西。”

天京沦陷时，城里的太平军只有一万多人，其中还有幼天王等一部分人突围出城。“两广老贼，纷纷缒城而出”。但是曾国藩上报说：曾国荃率所部在南京城内，“分段搜杀，三日之间毙贼共十余万人。秦淮长河，尸首如麻”。就是说，三天屠杀了十余万南京居民。清人记载：“金陵之役，伏尸百万，秦淮尽赤；号哭之声，震动四野。”所谓伏尸百万，除了战死者，就是曾国藩在城内外屠杀的平民。“皖南及江宁各属，市人肉以相食，或数十里野无耕种，村无炊烟。”曾国藩的幕僚赵烈文在《能静居士日记》中记载破城后七天时他所目睹的情形：“其老弱本地人民，不能挑担，又无窖可挖者，尽遭杀死，沿街死尸十之九皆老者。其幼孩未满二三岁者亦斫戮以为戏，匍匐道上。妇女四十岁以下者一人俱无，老者无不负伤，或十余刀，数十刀，哀号之声，达于四远，其乱如此，可为发指。”天京城攻陷后，城内大火燃烧一周左右，大部分民房被毁。如此惨状，以至于清廷认真讨论，是否要把两江总督、江苏布政司的驻地移到扬州。曾的幕僚还说：“自湘军平贼以来，南民如水日深，如火益热。”直到湘军攻破南京三十年后，城内仍然萧条，谭嗣同有句“顷来金陵，见满地荒寒气象”。

这就是曾国藩不得不为的霹雳手段，他扬言“即臣身得残忍严酷之名，亦不敢辞”，就是说，既然溥天之下莫非暴民，那么他施于其上也就是率土之滨莫非暴行。他也因此得到了“曾剃头”的称号。一个圣人完人得到民间如此“赐福”，不知道他的圣德如何附丽，大概只及于以他为中心的“差序格局”的小圈子内。这也是声称民吾同胞物吾与也的不肖儒生们的真实面目，他们安身立命完全跟民众无关，跟个体无关；即使有关，也只是吸民脂民膏以成全自家的神圣，故此我们的社会高深莫测谓之神圣，神圣也是以民众血肉筑养而成的。他的弟子兼接班人李鸿章后来访德，与俾斯麦闲谈时，曾夸讲自己打太平军的“功劳”。俾斯麦说：“欧洲人以杀异种为荣，若专杀同种，反属可耻。”

《儒脉斜阳——曾国藩在官场和战场》一书重在讲曾的事功。作者以文人水墨画的笔致勾勒出曾国藩的人生轨迹，既为传主写生，曾的主动性或不得不如此的言行都有了开阔的空间。正是借助于这些边界可以看到，曾的成就确实大哉伟哉，可也确实跟他的个人情感爱憎无关。他跟清廷打哑谜也好，捉迷藏也好，跟左宗棠、李鸿章跳杂耍也好，都已经跟原儒情怀大相径庭了。曾国藩的儒家真诚有了一个“游”字做底色，游儒的真诚跟世道人心无关，只是跟他想象的世道人心有关。作者的史家功力如此深厚，以至于我们借助作者的笔力贴近了曾国藩的内心。他是认真的，又是虚无的；他是严格的，又是赏玩的。是的，正是作者从奏折、日记、对话中翻捡出一个游儒之圣，我们本可以分享他的难处，却最终发现他跟我们无关。这真是落日满山，是温情，更是阴冷。是圣之老者，是素王，更是雷霆雨露的翻覆游戏。

流沙河说过曾国藩“可怕”，的确，在曾的圣人温情后面，是刀锋的惨烈严苛。流沙河曾感慨：“这家伙，体孔孟思想，用禹墨精神，操儒学办实事，玩《庄子》以寄闲情，由封建文化培养见识，从传统道德汲取力量，也许厉害就厉害在这里吧！”

这大概也是一个现代国民的感慨。

张静江：开创革命世纪

20世纪的中国是一个革命的世纪。革命的队伍里诚然有投机者、起哄者、小贩、幻想症患者，但开辟新世纪的革命家们多有理想，有仗义疏财、毁家纾难的精神和实践。他们视金钱如粪土，而视道义、友谊、文明等等为生命的最高价值，人生的飞扬展开在他们看来是自然之事，又是他们不得不如此的本质。在后革命或祛魅社会的人们看来，革命家们那种集理性、欲望和精神气魄于一身的人生行状已经是不可理喻的张狂之举，是不可企及的德性高标。

张静江就属于这样的革命家。

张静江本是商人的后代，他自己在商场也长袖善舞。他跟晚清名臣孙宝琦出使巴黎，在父亲的鼓励下，发展海外贸易，获得成功。但他并没有为此满足于做社会分工中的商人角色，或做政府的小公务员，而是因缘际会，进入了国家制度的参与建设层面，他介入了时政。

在巴黎，对清政府腐败无能反感的张静江受无政府主义的影响，成为一名激进的反清革命的倡导者。1905年，张静江与吴稚晖、李石曾三人成为莫逆之交，联合陈璧君、蔡元培等人在巴黎成立世界社，刊行《新世纪》周报、《新世纪丛书》和美术画报《世界》，开中国人宣传无政府主义之先河。他经常在旅欧华人中发表反清言论。由于他的清使馆随员的特殊身份，听众怀疑他别有用心，不敢与他交往。尽管如此，以“宣讲师”自居的张静江依然故我，逢人即倡言革命、寻找知音。一次，他陪同孙宝琦到比利时参观，见人大谈革命道理，结果被当地留学生中的革命党人误认为奸细，几乎遭到殴打，幸亏他一阵疾走才逃脱。这种狂热而孤独地宣扬革命的经历，几乎是任何时代渴望变革又找不到具体道路的众多仁人志士的共性。这些人也容易颓废成为大变革时代的“多余人”“畸零人”。

但张静江却没有怀才不遇的伤感，也没有犬儒颓丧的消沉。为寻求中国社会发展进步之路，他主动结识同路人。1905年，二十八岁的张静江坐船办事，得知孙中山也在同一船上时，就去结交孙中山：“君非实行革命之孙君乎？闻名久矣，余亦深信非革命不能救中国。近数年在法国经商，获资数万，甚欲为君之助，君如有需，请随时电知。余当悉力以应。”张静江给孙中山留下地址，相约通电暗号，电文以ABCDE代表不同的数码：A为一万元，B为两万元，C为三万元，D为四万元，E为五万元。两年后，东京同盟会本部经费枯竭，筹款无着。孙中山万般无奈之际想起与张静江邂逅之事，便对黄兴谈起，想往巴黎发一封电报试一试。他们就给这个清政府使馆官员发电文，写了一个“C”字。很多人大惑不解，有人说孙幼稚可笑，有人说孙滑稽荒唐，还有人跟孙中山打赌：“仅凭一个C字，能讨来三万法郎，岂非太阳从西边出。”（据说当时孙中山的生活费一天仅为一角五分。）但数日后果真有三万法郎从巴黎汇来，革命者们大为惊喜，视若“天佑”。

后来孙中山为筹集广东及云南革命起义所需款项，又先后以A字和E字致电张静江，张两次都如约汇去一万和五万法郎。为此，孙中山让胡汉民代笔函谢张静江，并详述军事行动及款项开支情况。张静江复信说：“余深信君必能实行革命，故愿尽力助君成此大业。君我既成同志，彼此默契，实无报告事实之必要；若因报告事实而为敌人所知，殊于事实进行有所不利。君能努力猛进，即胜于作长信多多。”以后孙中山有急事需求援，张静江总是想办法如期按数汇款。孙中山曾说：“自同盟会成立之后，始有向外筹资之举，当时出资最勇而名者，张静江也，倾其巴黎之店所得六七万元，尽以助饷。”古人有为国毁家纾难之说，张静江的行为正是这样。孙中山与张静江初识时即称他为“奇人”，后称他为“民国奇人”，以后称“革命圣人”，并题“丹心侠骨”相赠。

把家产捐给革命，张静江对国民革命的贡献可见一斑。有人曾说，没有张静江就没有辛亥革命的早日成功。实际上，张静江的侠义不仅表现在对革命事业上，在生活中，他也是一个拿得起放得下、有勇气有毅力的人物。他本名增澄，字静江。年少即好交友，喜欢李清照“生当作人杰”之语，而改名人杰。他小时即富有远见，在他的建议下，家里购置灭火器材，时人称为“洋龙”，以取代我国传统的老式的救火工具。他虽是富家子弟，却跟工人们一起救火。因救火落下残疾，但他有毅力让自己成为骑马和骑自行车的高手。十八岁时，张静江乘轮船去上海，轮船被撞下沉，张静江得船主之助脱险后，马上想办法救其他人，他请众人帮忙：“谁能救出一人，愿赏大洋一百元。”船上人都知道张家公子说话算数，纷纷下水救人，他当场写了十四张纸条给救人的乡民。当他后来回家查账时，发现凭条领取谢银的只有八人，还有六人没有来拿钱，就让账房去查明姓名，马上送银上门。此事一传开，南浔镇上一片赞誉，张静江急公好义、慷慨豪侠的美名一时传遍。

可以说，张静江当得人杰之名。从他少时的作为中不难理解，这个有见识也有担当的人迟早会进入时代的中心地带，而对国家社会有所贡献。这也符合民族国家的现代化历史规律，即必须有一批个体成员超越现成的社会结构，而努力把自己发展成为跟国家社会同等高度的精神人格，以参与国家制度的安排建设，民族国家才会摆脱传统社会的超稳定局面，而获得长足的进展。张静江虽然是商人之后，却在这种大变革的年代里弄潮，以政闻名，以至于有人称他是“现代吕不韦”。他在20世纪初的历史上留下了浓墨重彩，是20世纪初江浙财团的四大亨之一，是国民党的四大元老之一。孙中山称他为中华第一奇人，毛泽东认为他是有“经济眼光的人”，陈果夫则称他为“党国理财”第一人，蒋介石更称他为“革命导师”。孙中山去世后，正是张静江的远见和鼎力相助，他的盟弟蒋介石才得以在巨头林立、一盘散沙的国民党内脱颖而出，入主国民政府。

南京政府成立后，张静江呼吁全国转入建设，他对人说：“总理（孙中山）提过的，革命就要建设，不建设，革命就要失败。因此，我党政军都可不管，唯有建设，我是一定要干的。”他的呼吁得到了吴稚晖、李石曾、蔡元培、于右任等国民党元老的支持。1928年2月，国民党中央做出了决议，成立建设委员会，直属国民政府，由张静江任主席。1929年，张静江就组织举办了杭州西湖国际博览会，开我国商贸博览历史之先。他还从发展基本建设入手，确立铁路、电气、通讯、水利为国家第一先上项目。亲自选人才、订计划、设机构、筹经费，强调勤俭快捷的办事作风。先办电厂，又筹建全国无线电台，创办淮南煤矿，开办江南汽车公司、淮南铁路公司。建设委员会从成立之日起至1938年的十年间，在经费极其困难的情况下，不拿政府薪水的张静江仅领公款十余万元，而为国家创造财产达五千余万元，为后来国民政府的经济建设奠下了坚实的基础。

顾准曾说，革命者在革命胜利后应从理想主义走向经验主义，张静江可以说是最早的实践者之一。但并不是所有的革命者都如此，相当多的革命者在“将革命进行到底”的旗帜下走向自己的反面，以革命的名义腐败，享受、独占权力。张静江在革命的异化年代不可避免地被排挤出权力的核心，他以盟兄之患难帮助蒋介石执掌最高权力，但他并没有分享什么权力，反而跟盟弟逐渐疏远。当宋子文的全国经济委员会成立后，他就成了有职无权的摆设。最后，花甲之年的张静江在空门中找到了归宿。

张静江的晚年备受冷落，只到死时才又极一时哀荣。1950年9月3日，七十四岁的张静江病逝于纽约。国民党中央党部和蒋介石等都纷纷电唁，并给遗属汇寄治丧费。9月16日，台湾“国民政府”明令褒扬。中央党部特设灵堂公祭，蒋介石亲自为他主持追悼会，亲书“痛失导师”的挽词。六年后，在张静江八十诞辰纪念会上，蒋介石又为其题词：“毁家纾难，以从事革命，踔厉无前，以致力建设，侠骨亲情，高风亮节，一代典型，邦人永式。”

一代人杰，如此人生，不算悲剧，更不枉虚度。

张静江故居在浙江湖州古镇南浔，是典型的江南豪宅。大厅内有清末状元张謇所题的匾额“尊德堂”，中堂系谢公展的画作，两侧是孙中山题写的对联：“满堂花醉三千客，一剑霜寒四十州。”抱柱联则为翁同龢所题：“世上几百年旧家无非积德，天下第一件好事还是读书。”我国革命家的风范令人感慨。

一代人杰，如此人生，已泽亲朋，更惠及后世。

宋耀如：缔造宋氏王朝

经常有论者以为宋明理学束缚了中国文化的创造力，千年之间，中国男人们阳气不足，在刚健、进取、冒险、原创方面的表现多不及格。但这种似是而非的命题总是有意无意忽略中国的南方，华夏文明艰难向前，自宋以来，南方人民的生活却给了华夏文明新的内涵。这种生活及个性的坚韧表达，有着足够的实例说明中国人生生不已的创造。如福建一弱女子青春妙龄死后为神为圣，不仅成为国家祭祀的对象，而且成为声势活力都堪称奇观的一大宗教崇拜；而海南一普通人家的男儿漂洋过海，使自己成才，又回报母国，深刻影响了中国的近现代史。这个直到今天仍被忽视的人，即是被一些人称为“宋氏王朝”的开创者宋耀如。他们给老迈、衰弱的传统文化注入了新异的因素，这也是今天的中国人需要正视并从中受益的。

宋耀如出生于1863年，乳名阿虎，本名韩教准。其父韩鸿翼，是广东文昌县（今属海南省）的一位儒商，因公益而耗尽资财；人到中年，不幸染病而亡。韩家家境日渐窘迫，生活的重担压在了母亲韩王氏的身上。宋受惠于母亲的贤德，她持家有方，而且颇有文化修养，能够背诵唐诗宋词，并写得一手娟秀的好字。宋耀如颇见功力的书法及对诗词韵律的熟谙，最早便得益于母亲的教育。

但家境的困难给少年宋耀如很深的印象，因此他的舅舅从美国回乡短暂逗留时，一下子吸引了年仅十岁的他。他恳求随同舅舅出洋谋生。舅舅起初嫌阿虎太小，怕他经不起大风大浪，但阿虎以他的勇敢打动了舅舅。见识了阿虎心性定力的舅舅说："我看准了，这小仔有出息，将来绝非等闲之辈。"舅舅保证"要像爱护自己的亲生儿子一样照料好阿虎"。阿虎成为舅舅的嗣子，从此改姓为宋。但养父的天地也不足以供他施展才华，传统的"求田问舍"或"光宗耀祖"已经不足以成就他，他后来不得不离开要他一心做好生意的养父，去追寻更大的天地。

这个后来以宋耀如之名进入历史的杰出人物，从少年时即依傍他人而不寄人篱下。他的运气似乎还算不错，美国联邦海军军官查理·琼斯、船长艾里克·加布里尔逊上尉先后帮助他谋生，并惦记着他求学的梦想，为他铺路。朱利叶斯·卡尔将军做了他的监护人，把他安排进达勒姆三一学院（后改名杜克大学）

学习。宋耀如用一年时间读完大学预科，于1882年转到田纳西州的万德毕尔特大学神学院就读。1885年宋耀如以优异的成绩结束学业，被授予“监理会见习牧师”称号。这个年轻人即以传教士的身份游走东西方，并做出了一番影响中国历史的事业。他的事业远非其养父所能想象、理解，但总结起来，他仍属于养父所代表的一类开拓进取的中国人，只是他提升了这类中国人的社会价值。

宋耀如的学习精神值得称道，他一生似乎没停止过学习：十来岁时，舅舅（即养父）判断他非等闲之辈而决定收养他，养父母让他受益的教育是：“要别人尊重你，就必须比别人干得出色！”当他想求学而养父不同意时，毅然离家出走。在家乡他学会了织吊床，在漂洋过海的轮船上他学会了吹小号，他向牧师学做人，向将军学经营……这些经历只是小菜一碟，因为他向孙中山学习革命并资助革命，以西化之人回归中国传统……这些举动更能证明一个学习者向世界敞开的心灵。

宋的创业之路是艰辛坎坷的，但他从不畏难而退。在昆山传教时，他自制小船在昆山和上海之间搞营运，短短几个月便筹足了建教堂所需的费用。在七宝，他购置单驾马车，载客运货。丰富的经历培养了他的冒险、开拓精神。从海南到爪哇，再从南洋至美国，途经美洲南端麦哲伦海峡时经历了惊涛骇浪、船撞冰山、漂流至南极圈、遭遇海盗抢劫……大凡一流人才的身心时空感都是强大的，宋耀如可算是一个例子。

清末民初的中国有混乱的自由，世人称之为“冒险家的乐园”。从社会学的角度看，当一个社会旧的结构崩解、新的结构未定型之际，最易出现一些超乎常规的现象，所谓梦想成真的概率要高得多。一个本名韩教准的普通少年被舅舅收养改名宋耀如，他的人生路上没有条条框框。比较起来，他的亲侄儿韩裕丰反而不如他敢想敢为。当宋子文要堂兄韩裕丰到南京做事，并想收养他的儿子时，韩裕丰想的似乎也很合乎常理：自己只念过三年书，是个半文盲，没什么本领，哪敢去南京瞎闯，宋子文虽然是他的堂弟，毕竟人家已经飞黄腾达了，官至国民政府经济委员会委员长，他不敢也不想高攀。至于把儿子交给宋子文抚养，他更是不愿意，因为他只有这么一个男孩，怎舍得让他离开自己呢？

宋耀如比自己的亲侄儿更敢把握自己的命运。他经南洋辗转到美国生活，八年后回国来到上海。他就完全成了我们中国人所说的上层精英：奔走教会，驰骋商海，投身革命，创造了从一名学徒到享誉海内外的实业家、从一个虔诚的牧师到民主主义革命先驱的辉煌人生。资助宋耀如进美国达勒姆三一学院学习的卡尔将军在回忆监护、担保宋耀如入学就读这件事时评价说：“这一天是达勒姆历史上难忘的日子，它影响了世界上人口最多的国家的现代史。”

这个将军确实足以自豪，因为他们代表的美国梦想跟中国文化的理想在宋耀如那里合流了。宋耀如在个人、家庭和社会方面的成绩都斐然可观，他虽然近乎从一个沦落的家庭里起步，却只手打造了一个有着历史意义的王朝家族，并力行立下极有社会意义的家风家教。

什么是宋氏王朝的家教？用宋耀如的话说就是：培养孩子成人，做伟大人才。这个从海南岛文昌县走出来闯世界的普通人家的孩子，首先把自己培养成人，把自己培养成当时世界一流的人才。

宋耀如在有生之年已经看到了自己和孩子们的部分成功，但更辉煌的还在他死后。他的六个子女都在美国留学，其中三个是经济学博士。用后人的评论，他的六个子女中，三女都是倾国倾城的绝色天后，三男都是潇洒倜傥的豪门相公。他的家族出了三位国家元首：中华民国开国大总统孙中山，中华民国委员长蒋介石，中华人民共和国名誉主席宋庆龄；出了两位政府首脑：中华民国行政院院长孔祥熙、宋子文；出了两位“第一夫人”：“国母”宋庆龄、“第一夫人”宋美龄。

宋耀如实现了自己的梦想，他说：“只要一百个孩子中有一个成为超人式的伟大人才，中国就有四百万超人，还怕不能得救？现在中国大多数家庭还不能全心全意培养子女，我要敢为天下先。”

宋自己的超人能力表现在家教上。他平时忙于上帝、实业、革命，他对上帝虔诚，对实业敬业，对革命忠诚，但他从未忽略自己的家庭责任。无论事务如何忙碌，他一回到家便同孩子们亲个没完没了，跟孩子们打成一片，一道玩耍，一起游戏，在共享天伦之乐的同时，对孩子进行潜移默化的教育。美国作家埃米莉·哈恩称他为“模范公民、教堂的台柱、出色的丈夫和优秀的家长”。

在送女儿去美国留学时，宋对孩子们说：“爸爸要你们到美国去，不是让你们去看西洋景，而是要将你们造就为不平凡的人。这是一条艰苦的、荆棘丛生的路，要准备付出代价。不管多么艰苦，都不能终止你们的追求。”

但他和夫人又从不溺爱孩子，“简直像对待男孩子那样对待女孩子”。他们是“文明其精神、野蛮其体魄”的实践者。遵循孟子“天将降大任于斯人也，必先苦其心志，劳其筋骨，饿其体肤，空乏其身”的教诲，并借鉴斯巴达式训练勇士的方式，宋耀如夫妇对孩子们实行近乎严苛的生存训练和意志训练。他们要求孩子“纳于大麓，烈风雷雨弗迷”。在雨横风狂的日子里，宋耀如带着孩子们顶风冒雨，忍饥挨饿，在野外徒步跋涉，以此锻炼孩子们对环境的适应能力。

他要孩子成人，宋子文曾说：父亲生前嘱咐过他，做不成人，不能回去文昌认祖宗、见父老。但他又绝不专制，当宋庆龄跟孙中山相爱，他和大女儿宋霭龄一度想以禁锢的方式来阻止时，最终又容忍了女儿的自由。他是严父，也是慈父。

他的孩子们也都在自由和专制、独立和干涉之间寻找到平衡。宋庆龄自主选择了自己的婚姻，宋美龄同样如此。当宋美龄要跟蒋介石结合时，宋家人也多反对，时已成为一家主心骨的大姐宋霭龄也不同意，但后来被宋美龄说服，“这桩婚事自始至终都是我自己做主，与阿姐何干？至于蒋介石和我结婚是为了走英美路线，那更是天大的笑话……”从而促成蒋宋联姻。

宋氏子女政见不同，情感也一度受到影响，但他们都最终超越了党争。远隔千山万水，时隔十年三十年，但他们间的亲情难为外人道。据说，1981年宋庆龄去世时，远在美国的宋美龄，虽对内对外都没有公开说一句话，也没有任何唁电，但她当时就失声痛哭，并且私下里多次流泪，虔诚为二姐做祷告。

用我们当代人的话，像宋耀如这样的超人极懂得资源的优化组合。他为孩子们操心婚事，当他遇到孔祥熙时，能够迅速理解孔宋联姻的意义。在当时的中国，还没有哪个家族可以跟孔家相比。历代帝王都要举行祭孔大典。孔子后裔不论散落何地，一直保持着族谱不乱的排辈，这是一个有文化象征的家族。而宋耀如自己出身寒微，子女受的都是西洋教育，对中国传统、中国文化都缺乏很深的了解，这种联姻的优势不言而喻。

当然，跟宋耀如一样理性、强势的宋霭龄也懂得欣赏、发现异端之美。尽管在遇见孔祥熙之前，她见了太多优秀的男人，但她还是看到孔祥熙之于她人生的意义。宋霭龄见识过现代生活的繁华奢侈，她想象孔祥熙一类山西土财主的家，以为“那里的生活是艰苦的、原始的”，但当她坐着一乘由十六个农民抬着的轿子，进入孔祥熙的故乡山西省太谷县时，惊异地发现了一种前所未闻的最奢侈的生活。在山西大院里，服侍她的用人仆役就有几十人之多。这样的生活还不是个案，当地的许多商人家族都过着同样的日子。

当然，宋家人的能耐在于他们能够支配最好的资源。民间传说，宋霭龄爱钱，宋庆龄爱国，宋美龄爱权。这其实低估了宋氏家族成员们生存的意义。他们可能有私心杂念，但他们不是暴发户，他们的聚敛与其说是本能，不如说是立功立业的必需。一句话，他们都有使自己的社会变革起来的功利心。尽管他们之间也不和，但他们懂得边界和沟通。徐家涵就说过："蒋介石、宋子文、孔祥熙三个家族发生内部摩擦，闹得不可开交时，只有她这个大姐姐可以出面仲裁解决。她平日深居简出，不像宋美龄那样喜欢抛头露面，可是她的势力直接可以影响国家大事，连蒋介石遇事也让她三分。"

宋耀如去世后，宋霭龄做了家族第二代的核心，她也无愧于这一角色。《纽约时报》在她死时形容她："这个世界上一个令人感兴趣的、掠夺成性的居民昨天在一片缄默的气氛中辞世了。这是一位在金融上取得巨大成就的妇女，是世界上少有的靠自己的精明手段敛财的最有钱的妇女，是介绍宋美龄和蒋介石结婚的媒人，是宋家神话的创造者，是使宋家王朝掌权的设计者。"宋霭龄的贪婪大概有很多种原因，用宋庆龄的话说："倘若大姐是个男人，委员长恐怕早就死了，她在十五年前就会统治中国。"

谈论宋家，最令人惊异的不是他们的能力，从宋耀如、倪桂珍夫妇，到宋霭龄、宋庆龄、宋美龄，以及经济天才和外交家宋子文，以及同样有才华的宋子良、宋子安，都可圈可点，但最令人惊异的是他们那种强悍的生命力。这种生命力绝不缺少人生的深度和重量，也不缺乏对外界的接纳和弘扬。有人专门盯着宋家的自负一面，却很少注意他们对世界的包容，对人类文化的熟悉和运用。

抗战期间，宋美龄在美国参、众两院演说，引用中国谚语“看人挑担不吃力”。宋美龄说：“我们不要忘记在全面侵略最初的四年半中，中国孤立无援，抵抗日本军阀的淫虐狂暴……中国国民渴望并准备与你们及其他民族合作，不仅为我们本身，且为全人类建设一合理进步之世界社会，这就必须对日本之武力予以彻底摧毁，使其不能再作战，解除日本对于文明的威胁。”

这样的例子举不胜举。可以说，奠定这个家族世界眼光、历史和文化情怀的，仍是宋耀如。年轻时的宋耀如热心传教和实业，但绝非不关心政治，相反，他也向往革命，结识了不少革命志士。1894年，经朋友的介绍与牵线，宋耀如在上海结识了正取道上海准备北上天津上书李鸿章的孙中山，二人一见如故。孙中山从天津回到上海后，宋耀如联系中文版《万国公报》编辑部，把孙中山的上李鸿章书改成短论形式，在《万国公报》第九、第十号上发表。这期间，孙中山、陆皓东和宋耀如三人在宋耀如家里“屡作终夕谈”。只是他的作用不被后人重视，人们没有理解，这个传教士是中国革命的最重要的推手之一。

宋耀如尽其所能地支持了孙中山。他曾多次冒着砍头的危险，在他的华美印书馆以印刷中文《圣经》作为掩护，秘密印刷反清和传播革命思想的宣传品。在孙中山的早期革命活动中，宋耀如的捐助曾在较长时期内成为其重要的经费来源。他被尊称为革命志士，但是，结合他一生的实践，可以说，他是一个到今天都被论者低估的人物。

黄　兴：独立苍茫的国父

孙中山被称作现代中国的“国父”已近百年，虽有争议，却也基本上成为定论。仍有文章可做的，不过是对“国父”究竟为单数复数的讨论，以及复数状态中哪些人可称“国父”：黄兴、宋教仁、章太炎、黎元洪等等，有人甚至都把袁世凯也拉进来……不管这个名单有多长，但革命党人为主体却应是一个正见。而发掘现代中国开国之父们的人物性格、立国思想、彼此分歧……可能是更值得的工作。

这其中，最无争议的“国父”黄兴却也最被大家忽视了。在近年的社会纪念和学人论述中，黄兴的哀荣和寂寞是一个经常被提及的话题。即使人们在做一些还原的工作，但作为辛亥革命的元勋和现代中国的“国父”，他的面孔仍是模糊不清的，远比不上孙中山、宋教仁、章太炎等人那样鲜活。同时，“告别革命”一类的“知识正确”指导下的历史梳理，把革命党人的罪错放大到一种假设历史的地步，轻率地审断我们民族的先贤。这种“小丈夫”行径在当时也曾甚嚣尘上，今天仍搅动历史尘埃，以一己之昏昏使人昭昭其心智。是的，当时就有人说过孙中山是清朝的密探，有人骂过黄兴“刚愎自用”，有人说过章太炎是“疯子”……但就是这些有各种局限的英雄圣贤合力推动了历史。

如果论者在革命还是改良、法治还是武力中炫示自己的正确，他们实在不必那样去做大时代历史中的“扒粪者”。这些以为自己具有上帝一样完美之能、可以假设布局的史者，对现实和历史都无真切的理解，而任意打扮我们的历史。

事实上，革命党人的历史观不论，仅其历史感可能是今天的中国人都望尘莫及的。因此，在那样一个“数千年未有之奇变”的时代，辛亥革命党人的答卷还算及格，还算校正了历史的发展轨迹，并把一个列强环伺的中国带入了一个现代世界。较之清朝官吏、遗老遗少、社会的士绅阶层和新兴的商人、买办等等，辛亥革命党人及其功业真正是梁启超等人呼唤的“少年中国”，他们的历史感较之古老文明中的坐井望天的子民更实在。在这些人中，黄兴更是有着健全的历史意识。

黄兴出生于湖南长沙一个名门望族，宗族中世代都有出仕为官者。清廷入主中原，给这个家族的生活带来了变化，即一个家族成员跟政权的距离意识确立了，数百年的坚持，恐怕很少有人像黄家那样具有历史情怀了。黄兴曾对李书城等朋友说："我的远祖在清初曾写过遗书，要黄氏子孙永不出仕清朝。"按他自己的理解，读书不是为了求仕，而是为了求"真知识"。

黄兴的祖父、父亲都是当地的学者，用后来的语言说，黄兴出身于一个"地主阶级知识分子"家庭。黄兴中过秀才，在留学日本之前，即已"字习东坡，文宗韩柳"，旧学的根基不浅。中国旧学的殿军人物王先谦是其读书的书院的山长，王先谦受时代的影响，也让书院订阅新学书刊，使得学生们接受了良好的教育。

在这种家庭背景和文化背景下，黄兴的历史使命意识几乎是注定的了。他参加革命，在很大程度上是受到历史的召唤。他同时也注意吸取历史的经验教训。用他自己的话说："我革命的动机，是在少时阅读太平天国杂史而起……但是又看到太平天国自金田起义之后，起初他们的弟兄颇知共济，故能席卷湖广，开基金陵。不幸得很，后来因为他们弟兄有了私心，互争权势，自相残杀，以致功败垂成。我读史至此，不觉气愤腾胸，为之顿足三叹。"

黄兴从历史的教训中认定了革命事业"不能有丝毫私意、私见、私利、私图"，并为自己取名"轸"，"就是前车既覆、来轸方辖的意思"，他不想重蹈太平天国当年的覆辙。这也可以解释在革命党人中，他的执行力、威望一度在孙中山之上，却始终不愿取代孙中山。革命党人多次倒孙中山，黄兴都坚定地站在孙中山一边。一般人以为是谦让，其实这也是黄兴的见识高出众人之处。孙中山的人格魅力是一般犬儒难以理解的，他们隔着百年的时光回过头看，以为孙中山是一个说空话放大炮没发挥作用的人，这完全是想当然。我相信黄兴是读懂孙中山了，因此他知道一个时代的到来，需要它当之无愧的领袖。历史学者傅国涌先生再三感叹，黄兴甘当配角，成就了辛亥革命。

这种历史情怀不仅表现在推动历史的角色意识上，也表现在黄兴对现代社会思想资源的重视上。用现在的话说，要做革命事业，得有革命的意识形态。刘道一等人回国策动会党、军队起义前夕，他嘱咐他们多注意思想上的指导："今之倡义，为国民革命，而非古代之英雄革命。洪会中人，犹以推翻清廷，为袭取汉高祖、明太祖、洪天王之故智，而有帝制自为之心，未悉共和真理，将来群雄争长，互相残杀，贻害匪浅。望时以民族主义、国民主义，多方指导为宜。"

这种历史感还表现在他对未来的认知方面。1912年，革命党人多有毁党建国的提议，立宪派也要求革命党人撤销党名，手握重兵的黄兴耐心回答了不能取消同盟会名称的理由，表示"将来政治竞争，但能以政见相折冲，不愿以武力相角逐，各国政党大抵如此"，并袒露心迹，"盖自束发读书以来，即知立志自爱，凡一切谋利禄、争权势与夫寡廉鲜耻、卑鄙阴贼之念，不待禁革，早能自绝于心"。

自然，黄兴的历史眼光也非常人所及。还在日本主持同盟会工作时，黄兴就知道储备人才的重要，当时在日本留学的陆军士官生有近百人加入同盟会，包括李根源、李烈钧、程潜、李书城、赵恒惕、黄郛等等后来的民国风云人物。在各省响应武昌起义的也是以这批人为主。李书城回忆说：“黄先生以为陆军学生须在回国后掌握兵权，不可暴露革命的真面目。因此，他嘱陆军学生中的‘同盟会’会员，不到‘同盟会’总部往来，陆军学生的入党证也由黄先生一人独自保管。并商议由陆军同学在‘同盟会’会员中选择一批坚贞可靠的同志另组一个团体，名曰‘丈夫团’，以孟子所说的‘富贵不能淫，贫贱不能移，威武不能屈’作为团员应具的品德。”黄兴还鼓励有家产的人出资捐官，这样获得兵权的机会就更大更快些。武昌起事后，各地纷起响应，做了都督、军、师、旅、团长的人中，“多属‘丈夫团’的同志，都是黄先生所熟知的人。因此革命军人与黄先生有特别深厚的感情，他在革命军人中具有极高的威信”。

他的历史远见非止一端。当上总统后的袁世凯给黄兴封官授爵，黄兴多次辞谢。袁世凯派人将陆军上将的委任状与勋章、授勋令一起送到上海，还送来了几件礼物和两匹英国种的枣骝玉点马。黄兴的儿子黄一欧回忆说：“先君严肃地对我说：‘这有什么用，你知道吗？这是袁世凯的笼络手段，可是我不会上当的。’接着又说，‘这些东西都要退回，把马留下来。’我问先君：‘为什么要留马？’他说：‘因为将来还要我打仗的。’他随即将委任状、授勋令、勋章及所有礼物都退回去了，只留下两匹马。”

由此可见，黄兴的历史眼光即使放在今日仍堪称健全。纸上谈兵的论者会把革命党、当权者、立宪派放在一起演兵布阵，以求结果最优，以结果去苛责阵营中人，或责其认知有问题，或斥其私心自用……这实在是戏论。历史的阳光既照耀善，也照耀恶，我们后来人当给予同情的理解，真正还历史人物以公道。否则，我们就叫活回去了，我们还不如前贤的眼界和心地。事实也是，一个世纪的历史进程中，祖父祖母一辈较之不肖子孙们更开放、更雄健阔大。

黄兴虽然有新兴的国民主义、民族主义，但他没有我们后来者那样强烈的民族中心主义和病态的中国特色意识，作为一个伟大的爱国者，他有着我们已经难以理解的人类情怀和世界眼光。1912年黄兴回乡之后，为一个教堂写下了几个字，至今流传：“耶稣圣名，敬拜宜诚，辞尊居卑，为救世人。”黄兴给五个儿子分别命名欧、中、美、球、寰，女儿的名字都有一个“华”字。他曾经发起创办《世界报》，希望人们以“世界之眼光为眼光，世界之生活为生活”。

因此，黄兴的事功行迹非我们当代人所能想象。为了革命，他做到了毁家纾难。

1903年11月4日，是黄兴虚岁三十的生日。从日本回国不到半年的黄兴组建革命团体华兴会，他先后联系了尚在武昌文普通中学堂学习的宋教仁、他在武昌两湖书院的同学周震麟以及他在长沙明德学堂教书时发展的进步学生胡瑛，利用做生日酒的名义，办了两桌酒席。在举杯碰盏的掩护下，一个以推翻专制统治为目的的革命组织——华兴会宣告成立，黄兴被公举为会长。

华兴会成立没有经费来源，黄兴劝说家人，卖掉了老家凉塘的“祖遗田产近三百石”。黄兴长女黄振华曾经回忆，当时家里的田地一季稻米的收成约七百至八百石，折合七万至八万斤。

这种革命，绝非投机的后来者所能想象。革命成功后，他仍在捐献。1912年，民国成立，黄兴连写两封信给继母，劝说她和妻子尽快搬离长沙的住宅，因为“现住之卢宅，今已捐入国民党”，用作国民党湖南支部筹备选举，黄兴还郑重地说：“此事关系我之信用。”

黄兴的生日用于华夏的复兴，家产用于事业，他的身家性命也当然在所不辞。他被清政府通缉后只得流亡，扔下一家老小。黄振华回忆说，母亲隐姓埋名，拖儿带女，四处躲藏，日子过得拮据艰难。黄兴的大儿子黄一欧也到处流亡，最后辗转到了日本跟黄兴团聚。1906年冬，在孙中山、章太炎的介绍下，十四岁的黄一欧加入中国同盟会，成为当时同盟会最小的会员。

献身革命的黄兴组织策划了萍乡、浏阳、醴陵起义，镇南关起义，钦州、廉州、上思之役，广州新军起义，广州黄花岗起义，等等，因此获得了巨大的威望。辛亥革命爆发，武汉危在旦夕，黄兴赶到武汉。军政府派人骑马举着上书“黄兴到”三个字的大旗，在武汉三镇革命军控制区跑了一圈，革命军顿时人心大振。

这些起义，他都是冲锋陷阵的，多次负伤，留下终身残疾。为了组织黄花岗起义，他把时年才十八岁的儿子黄一欧也召集参战，他自己则在枪林弹雨中被打断了手指。“孙氏理想，黄氏实行”，无论孙中山，还是黄兴，都是付出了后来者难以想象的代价。

黄兴一类的革命家早就脱离了“低级趣味者的蝇营狗苟”，只有那些无行无耻的犬儒或帮闲们才会把他们当作“恐怖分子”，才会用小男人一样的心思去寻找他们的自私或短板。黄兴的人生是壮丽的，又是秀雅的。辛亥革命期间，黄兴在汉阳鏖战，儿子黄一欧在上海参加了攻打江南制造局的战斗。在前线时，黄一欧收到了父亲寄来的一封信，信上只有八个字：“努力杀贼！一欧爱儿。”胡适为此感慨：“当年曾见将军之家书，字迹娟逸似大苏。书中之言竟何如？‘努力杀贼！一欧爱儿’八个大字，读之使人慷慨奋为而爱国。呜呼将军！何可多得！”

因为“蚂蚁撼大象”的革命在当时看来是无望的，一次次起义也是自杀性的，黄兴组织的战役多以失败告终。他早已把生死置之脑后。虽然他只是一介书生，军事并非他的专业，但华兴会计划在湖南起事，他即自任总指挥，武昌起义后做战时总司令，南京临时政府时为陆军总长，随后还做南京留守。革命党人才结构单一、专业人才欠缺等现象是必然的，黄兴勇于担当，在众人中脱颖而出，最终众望所归。每次起义他都亲自策划，身临前敌，冲锋陷阵，表现得异常勇敢。

世人都说黄兴是“常败将军”，但黄兴以文人作战，虽败犹荣。辛亥革命期间，正是他在汉口、汉阳苦战整整一个月，才为各地独立赢得了时间。汉阳兵败，他在引咎辞职后有着以死谢天下的心思。李书城等则力劝：“军家胜负无常，今二十余省之响应而独立者，已三分有二，必能指日推倒清廷，建立民国。故汉阳城暂时之得失，似已无足深忧。而公之一身，则关系大局，较汉阳尤重，万望留以有待。”战友们强拉着他退出汉阳，“当江轮渡至中流时，公目睹汉阳城，忽疾走船舷，纵身投水，使非副官长曾昭文与揆一追随左右，合力抱持之”，后果不堪设想。

这样的轻身以酬革命非一时血气之勇，而是真正明了革命的意义。在黄兴的身上，有着湖南人的担当，有着曾国藩、胡林翼、左宗棠等人的天命感，有着谭嗣同、唐才常等人的献祭牺牲意识。他当然有他的是非、主见，你可以说是他的局限、他的缺点，但你不能非议或诽谤他对革命事业和对中国的忠诚。比如革命成功后他仍一度迷信武力，他对国会议员开会而不决的现象极度反感，他独裁过。据说他也爱听恭维话，年纪不大就被称为“克公”“黄老”……但从年轻的革命党人队伍看来，或从当时中国先进分子的气局来看，黄兴已经是历史借其书写革命文本的圣者时者，他是自觉的。

因此，这个革命时代的中国豪杰勇于开拓，敢于牺牲。革命爆发后，国内形势更为复杂。因为实力悬殊，内外交困，孙中山决定把总统一职辞让给袁世凯，希望借袁世凯的力量推倒清政府。黄兴身为军事首脑，出于军饷严重不足等原因，也主张借袁的力量完成共和革命。他曾写信给汪精卫、胡汉民："和议若不成，自度不能下动员令，唯有割腹以谢天下！"

因此，在黄兴去世后，远在日本治病的蔡锷写下挽联，极为精当地概括了黄兴的事功人格："以勇健开国，而宁静持身，贯彻实行，是能创作一生者；曾送我海上，忽哭君天涯，惊起挥泪，难为卧病九州人。"

意识形态的宣传都对黄兴敬而远之，使其面孔模糊，任后人肆意评说。幸而我们不必起先烈于地下，我们仍有中国的诗教传统。因为诗可以兴观群怨，推己及人，可以伪作一时，难以作伪一世。从一个人一生的诗中能够评断出他的心地、人格和气象，就像鲁迅和钱穆等人都从毛泽东的诗文中见到了"大王"一样，黄兴虽然以武事和功业著称，却也是能作诗的。这种诗文，发乎自然，更能看出一个人的境界。

求学时的黄兴写过一首《咏鹰》："独立雄无敌，长空万里风，可怜此豪杰，岂肯困樊笼？一去渡沧海，高扬摩碧穹。秋深霜气肃，木落万山空。"这种少年言志的诗可以看出一个人的追求和自我期许，虽不必过度诠释，却也能够看出人的从俗或不同流俗。

黄兴毕业时跟同学的赠别诗一以贯之，“沉沉迷梦二千载，迭迭疑峰一百重。旧衲何因藏虮虱，中原无地走蛇龙。东山寥落人间世，南海慈悲夜半钟。小别何须赋惆怅，行看铁轨踏长空。”

一个人走上社会的表达日趋自觉。三十三岁的黄兴早已以革命事业为己任，他挽刘道一的诗：“英雄无命哭刘郎，惨澹中原侠骨香。我未吞胡恢汉业，君先悬首看吴荒。啾啾赤子天何意，猎猎黄旗日有光。眼底人才思国士，万方多难立苍茫。”泼墨志哀，极其自然，从中可看出他没有自恋自大的情结，而是平等精神。

黄兴的诗也多用历史典故，如赠王颖的诗：“破碎神州几劫灰，群雄角逐不胜哀。何当一假云中守，拟绝天骄牧马来。”如赠日本志士宫崎寅藏的诗：“妖云弥漫岭南天，凄绝燕塘碧血鲜。穷图又见荆卿古，脱剑今逢季札贤。七日泣秦终有救，十年兴越岂徒然。会须劫到金蛇日，百万雄师直抵燕。”仍属于言志的诗，从中可知他对历史烂熟于心。

辛亥革命爆发，黄兴有致谭人凤诗：“怀锥不遇粤途穷，露布飞传蜀道通。吴楚英雄戈指日，江湖侠气剑如虹。能争汉上为先着，此复神州第一功。愧我年年频败北，马前趋拜敢称雄。”革命后，黄兴又有《赠宫崎寅藏》：“独立苍茫自咏诗，江湖侠气有谁知？千金结客浑闲事，一笑相逢在此时。浪把文章震流俗，果然意气是男儿。关山满目斜阳暮，匹马秋风何所之？”这是英雄豪杰的诗。

革命成功后，黄兴有《回湘感怀》：“卅九年知四十非，大风歌好不如归。惊人事业随流水，爱我园林想落晖。入夜鱼龙都寂寂，故山猿鹤正依依。苍茫独立无端感，时有清风振我衣。”这首诗里有功成身退之意。他曾说：“名不必自我成，功不必自我立，其次亦功成而不居。”看来是他一贯的想法。

但革命事业是艰难曲折的，辛亥革命的果实不仅让给了前朝重臣，袁世凯等人更变本加厉，窃国于私囊。“二次革命”“护国运动”等等成为历史必然的剧目，因情势复杂诡异，任何置身其中的当事人都曾受误解、猜忌，黄兴当时即不免战友们的流言。黄兴有《吴淞退赴金陵口号》二首：“东南半壁锁吴中，顿失咽喉罪在躬。不道兵粮资敌国，直将斧钺假奸雄。党人此后无完卵，民贼从兹益恣凶。正义未伸输一死，江流石转恨无穷。”“诛奸未竟耻为俘，卷土重来共守孤。岂意天心非战罪，奈何兵败见城屠。妖氛煽焰怜焦土，小丑跳梁拥独夫。自古金陵多浩劫，雨花台上好头颅。”这里面抒发其回天无力的愧疚和悲愤，他不怕死，他是随时可以一死谢天下。

综观黄兴壮盛即毁折的一生，他都献身了革命事业，无暇吟业，所作不多。但其存世者仍足见儒雅本色，天纵风华。有论者说：“其最后十年的诗词作品，简直就是其革命生涯的一部编年史，且艺术品位甚高，即使与古今大诗人同列，亦不遑多让。”但真正值得注意的是这些文字中自然流露的心性，这是开国气象的文字，大气磅礴、心底无私、性情纯粹。为了革命，黄兴体味着开拓者、先行者的寂寥，但他仍能够成全自己。在他去世二十年后，另一个能文能书的革命家于右任先生还为他挥毫：“开国之功未可忘，国人犹自说孙黄。黄花满眼天如醉，猛忆元戎旧战场。”

遗憾的是，从当时到现在，人们对黄兴都有这样那样的私心作怪，而妨碍了公正地整理这位当之无愧的“国父”的遗产。革命党内部说他好听恭维话，袁世凯为了打压他而莫须有地说他“胆小识短，易受小人欺”，蒋介石主政的国民政府遵从着自己的一种道统而有意忽略黄兴等为主体的湖湘革命党人，后来的意识形态史观更对黄兴们避之唯恐不及……到“告别革命”等思潮争胜，人们开始寻找革命党人的罪错、过失，等等，黄兴们的革命行径再打折扣。

其实从诸多细节中即可知道黄兴的为人。他年轻时应县考，胡雨田和刘石介凑巧都被分配在同一个字号，当时应试要作八股文，黎明前进场，即日交卷，不许续烛。黄兴写了一篇觉得不好，被刘石介要去抄了；第二篇仍然不满意，被胡雨田要去抄了。最后发榜时，却只有胡、刘榜上有名。黄兴不服气，拿着三篇文章去找祖父，被祖父首肯了第三篇最好才服气。可见科举在黄兴的心目中并不高高在上，功名也并不为他所注重。

李书城曾回忆说：在1911年12月底，黄兴本拟早日赴南京，就任副元帅，代行大元帅职务，组织临时政府，“但在预定起程赴南京的前一天晚上，黄先生忽向我说，他明天不去南京了，我问何故不去，黄先生说：‘顷接孙中山先生来电，他已起程回国，不久可到上海。孙先生是同盟会的总理，他未回国时，我可代表同盟会；现在他已在回国途中，我若不等待他到沪，抢先一步到南京就职，将使他感到不快，并使党内同志发生猜疑。太平天国起初节节胜利，发展很快，但因几个领袖互争权力，终致失败。我们要引以为鉴戒……’我听了黄先生的这番话，感到他的人格伟大”。可见黄兴胆大心细，用心良苦。

类似的事举不胜举。黄兴在黄家家风中增添了“无我”“笃实”等特征，并惠及子孙。

他的战友们、辛亥革命的仁人志士们知道他的重量。孙中山当年说：“黄君……身为同志之所望，亦革命成败之关键。”宋教仁则说：“黄兴与中山先生同为吾党泰斗。”章太炎在选总统时更是直言：“论功归黄兴。”

在他死后，孙中山挽说：常恨随陆无武，绛灌无文，纵九等论交到古人，此才不易；试问夷惠谁贤，彭殇谁寿，只十载同盟有今日，后死何堪。章太炎的挽联是：谤满天下，泪满天下；创造共和，再造共和。蔡元培说：无公则无民国，有史必有斯人。

黄兴死了，但拂去历史的尘埃后，他的光芒反而更为耀眼夺目。公正地说，湖湘文化开结的现代花实，开结的内圣外王之人格，在黄兴那里，才是尽善尽美的。

宋教仁：渔父不是宋江

我们中国的现代转型是一件空前复杂的大事，历史人物、英雄与时势、社会基础之间的关系也异常复杂。归根到底，英雄们可以打造时势，可以指示历史的道路，但却不能创造历史，他们创造的只是自己的历史。历史是合力的结果。固然“人亡政息”的事实历历在目，但我们不能庆幸说，袁世凯死了，皇帝制度算寿终正寝了，因为如此我们就太小看当时的其他人，小看我们自己的历史性。可惜的是，我们中国人经常会持有如此的“英雄史观”，尤其是，这种英雄史观用在负面的历史人物身上显得牵强、滑稽，因此人们弃而不用，但人们却多用来看待历史上的正面人物或悲剧人物。宋教仁就是后者的典型。因为他的死，人们感叹说，中国的宪政梦想破灭了。

宋教仁字得尊，号敦初，或钝初、遁初，因为桃源渔父所救，后来别号渔父，笔名犟斋。1882年4月5日生于湖南省桃源县上坊村湘冲（今八字路乡渔父村）。天资聪颖，勤奋好学，自幼以文名于乡里。十岁时，其父宋宗泮不幸病逝，赖母亲万氏抚孤苦读，而眼光放在历史国是上。1894年，甲午战争中国败绩，签订了丧权辱国的《马关条约》，消息传到湘冲，宋教仁写下“要当慷慨煮黄海，手挽倭头入汉关”的诗句。

在漳江书院，少年宋教仁研读明末黄宗羲、顾炎武等人的著述，并开始接触《原富》《法意》以及《天演论》等书。眼界大开的宋教仁在自己的书房内挂出“办天下事，自欧亚始；读古今书，在秦汉前”的自勉条幅。有一次，宋教仁意气风发地对朋友说：“中国苦满政已久矣。自英雄出，雄居武昌，东扼九江，下江南，北出武胜关，断黄河铁桥，西通巴蜀，南则取粮于湘，系鄂都之头于时，然后可以得志于天下。”

出生在19世纪80年代的宋教仁，因此在新世纪之初就已经崭露头角。1903年11月4日，黄兴在长沙筹备成立华兴会，二十一岁的宋教仁应邀参加，是筹备会十二名成员之一。1904年2月15日，宋教仁又参加了华兴会正式成立大会，他和刘揆一均被推举为华兴会副会长。宋教仁、胡瑛还奉命去湖北，在武昌成立华兴会湖北支部。随后又前往东京，与孙中山结识，参与同盟会的组建工作，担任同盟会司法部检事长。他与陈天华、程家柽创办《二十一世纪之支那》，宣传革命思想。后来这份报纸改名《民报》，也就是同盟会的机关报。

1906年2月1日，二十四岁的宋教仁入早稻田大学预科学习。在此期间，他翻译了《日本宪法》《英国制度要览》《德国官制》《美国制度概要》《万国社会党大会略史》《各国警察制度》《国际私法讲义》等十多部有关国家制度和法律的著作，著译增进了他对资本主义各国政治制度和宪法的了解，使他成为中国人中研究近代政治制度方面屈指可数的理论家，被视为宪法的化身。

这个年轻的理论家开拓了一片属于自己的园地，但他在革命实践领域同样当仁不让。当孙中山、黄兴策动东南沿海会党起义的时候，宋教仁则看到东北地区的“马侠”也可加利用。1907年3月，他把同盟会代理庶务之职移交给刘揆一，随后回国到辽宁安东（今丹东）县，与大孤山“马侠”首领李逢春等人取得联系，并联络在东北的革命党人建立了同盟会辽东支部，作为领导东北地区活动的领导核心。

在此期间，中日之间为“间岛”发生争议。“间岛”是图们江口与朝鲜接壤的中国领土，后日本于该地驻兵，交涉初起，清廷与民间苦于无法击破日本的阴谋。对历史地理学烂熟于心的宋教仁先后到汉城图书馆和日本帝国大学图书馆查阅了大量资料，于1908年写成长达六万多字的《间岛问题》一书，综合各种资料证明“间岛”乃中国领土，论据坚强不可破。书中引用日、韩方面的资料尤其丰富。书稿为日本人所知，重金购买不得。宋教仁将书稿交由清驻日公使誊正转交清外务部，在中日交涉中起了重要作用。袁世凯电令驻日公使，特致意宋教仁来京予以擢用，宋教仁说：“我是通缉有案的人，怎能归国？”袁世凯得公使馆报告后复电，允请西太后取消通缉，并赏四品京堂官衔，遭到宋的拒绝。后来，袁世凯通知驻日公使馈赠酬金两千元，宋教仁不接受，驻日公使坚持要给，宋教仁就把这些钱散发给留学生中的困乏者。后来，当俄国企图派兵驻守撒拉时美时，宋教仁旁征博引，作《承化寺说》，以翔实的史料考证撒拉时美即中国古代之承化寺，各国舆论为之折服。连素以高傲古怪著称的章太炎也对他敬服不已，称“遁初有总理之才”。

革命党人在东南沿海起义的多次失败，使身在日本的宋教仁、谭人凤等人深感忧虑，他们征得赵声的同意，数次召集在东京的部分革命党人开会，讨论革命进行方略。宋教仁提出了著名的“革命三策”，即在边地进行为下策，在长江流域进行为中策，在首都和北方进行为上策。开始时，大家以为“下策不济事”，“上策太不容易”，应以中策为宜，后来与会同志“咸主激进”，最后通过了由谭人凤提出的“事权统一，责任分担，不限时期为原则”的修正方案。

这一时期，东京同盟会本部经济异常拮据，宋教仁负债累累，一筹莫展。他于1910年12月31日离开东京，起程回沪。适值于右任正在上海办报，便请宋教仁担任《民立报》主笔。他以“渔父”的笔名，发表了大量文章，抨击清政府的内外政策，宣传“三民主义”等民主革命思想，在社会上引起强烈反响。

1911年4月，黄花岗起义以失败告终，革命的精英损失惨重，同盟会的军心受到极大动摇。宋教仁对军事行动进行反思，与陈其美等人再推他的革命三策：效仿法国大革命，直接占领北京，号令全国，实行中央革命，此为上策；在长江流域，各树潜力，同时并举，创立政府，然后北伐，此为中策；在边陲各省起义，此为下策。经过分析，大家一致认为中策可行。7月31日，宋教仁和谭人凤、陈其美等各省代表二十九人，齐集上海北四川路湖北小学，召开中国同盟会中部总会（简称中部同盟会）正式成立大会，作为领导中部起义的指挥中心。中部同盟会根据宋教仁谋“长江革命”的方略，决定首先在武昌发难，并在湖北、湖南、安徽、四川等省设立分会，以便届时组织响应。三个月后武昌起义的胜利，证明了这个战略决策的成功，尽管武昌起义的胜利也极为偶然。

武昌起义后，宋教仁因病未能及时赶到武汉，革命领导权落到了旧官僚黎元洪等人手中。10月28日，宋教仁与黄兴赶到武汉。黄兴出任战时总司令，宋则负责外交工作，他以自己的政治技巧和对世界公法的熟悉，成功地斡旋了与各国的关系，保证了列强在武汉严守中立。此外，他还主持了鄂军都督府的所有公文的制定颁布，其中《鄂州约法》堪称中国第一部共和法典，后来的《中华民国临时约法》即以此为蓝本。为了同盟会的利益，宋教仁力推黄兴出任湖南湖北大都督，但遭到立宪派反对而没有成功。12月2日，南京光复，宋离鄂赴宁，调解各派矛盾，推举程德全任都督，自己则担任政务总长，为革命党在南京的发展打开了局面。

12月25日，孙中山从海外归国到达上海，次日晚，同盟会主要领导人孙中山、黄兴、宋教仁、陈其美、胡汉民、汪精卫等人开会，讨论成立临时政府问题，大家一致推举孙中山为临时大总统。孙主张总统制，效仿美国；但宋则认为美国是联邦制国家，地方对中央的约束大，而中国是中央集权，又有两千年的专制传统，故应实行内阁制。“盖内阁不善可以更迭之，总统不善则无术变易之。如欲变易之，必支援国本，此吾国人所以不取总统制，而取内阁制也。”后经黄兴调解，“询众议，多数赞成总统制”，宋教仁的主张被否决。

12月29日，十七省代表在南京举行临时大总统选举，孙中山以十六票当选。1912年元旦，孙中山宣誓就任南京临时政府大总统。有人认为宋教仁权力欲重，对他意见很大，甚至多把他看作一个威胁。孙中山提名宋教仁为国务院九部之一的内务总长的建议也没有通过，只给了他一个“法制院总裁”的头衔。宋并不介意，积极投入到临时约法的制定工作中，并以充任民主政权的叔孙通自勉。有人为他抱不平，他坦然说：“总长不总长，无关宏旨，我素主张内阁制，一个总长不做也罢。”

孙中山的临时大总统让位于袁世凯，为限制袁世凯专权，在南京公布了《中华民国临时约法》，将总统制改为内阁制。据此，袁世凯任命唐绍仪为第一任总理，宋教仁为农林总长。但强势人物非一内阁所能制约，袁世凯根本不愿受《临时约法》的约束，不到三个月，唐绍仪内阁即宣告垮台。面对袁世凯的坐大，同盟会已无力量抗衡，同盟会内部人心涣散，章太炎甚至宣扬："革命功成，革命党消。"孙中山也有心转向建设铁路一类的实务。为保卫革命果实，宋教仁大力倡导"政党政治"和"责任内阁"，与政治专制倾向进行斗争。

1912年8月25日，他征得孙中山、黄兴同意，将同盟会与统一共和党、国民公党、国民共进会、共和促进会合并，正式成立国民党，取服务国民之意，孙中山任理事长，宋教仁当选为理事，嗣又被孙中山委任为代理理事长。宋教仁在湖北国民党支部欢迎会上所做演讲指出："以前，我们是革命党，现在，我们是革命的政党。以前，我们是秘密的组织，现在，我们是公开的组织。以前，是旧的破坏的时期，现在，是新的建设的时期。以前，对于敌人，是拿出铁血的精神，同他们奋斗，现在，对于敌党，是拿出政治的见解，同他们奋斗……我们要在国会里获得过半数以上的议席，进而在朝，就可以组成一党内阁，退而在野，也可以严密监督政府，使它有所惮而不敢妄为，该为的，也使它有所惮而不敢不为……如不能达成政党内阁，宁甘退让；如可改组政党内阁，虽他党出任总理，亦赞助之。"

这个年仅三十岁的革命者在关键时刻将革命党向执政党、议会党的功能大大推进了一步。由于他的努力，总统专裁的政治格局再次变为龙虎风云际会的政坛热闹。合并后的国民党在国会占了优势，宋教仁以为，只要控制了议会，就可以成立政党内阁和制定民主宪法。不仅他这样看，就是爱看戏的中国人也如此看待当时的政治。从1913年元月开始，宋教仁在长沙、武汉、黄冈、九江、上海、杭州、南京等地发表竞选演说，做政治鼓动，批评袁世凯政府一年来的政策，言论风采，倾动一时。历史学家唐德刚如此写道："他少年气盛，精力过人，心比天高，自命不凡，又生个倔强的个性和毫无顾忌的大嘴巴。做起演说来，听众掌声如潮，欢声雷动，使政敌听来，就真以为他是拔毛成兵的齐天大圣了。其实宋教仁不是袁世凯、蒋介石那一流的人物。在聚义堂中坐第一把交椅的不是八十万禁军教头的林冲，更不是力能打虎的武松，而是能调和一百单八条好汉的'及时雨'宋江。虽然宋教仁也曾被他的政敌叫成梁山盗魁，但是渔父（宋的别号）是个直来直去的革命者，毕竟不是宋江。"

这个张狂的年轻人被人讥为"议会迷"，他三十立于中国，已经超前多多却狂性不改。在宋教仁看来，发表政见，评论政府失政，正是现代政治的当然现象，是自己爱国的表现。然而，却引起旧官僚和袁世凯的仇视。袁认为这是"非难政府"，故意"捣乱"。当时，宋教仁及其他国民党人在各地的演说词都登载于报纸。宋教仁在湖北黄州的演说词"甚激烈"，袁阅后，极为不满地说："其口锋何必如此尖刻！"

1913年2月4日，中华民国第一届国会在北京召开，参、众两院复选，国民党获三百九十二席，而共和、统一、民主三党仅得二百二十三席，国民党取得了占绝对多数的胜利。宋教仁的政党政治和民主宪政主张，使其对手章太炎、梁启超都十分佩服。宋为此说“大局已定，政党责任内阁一定可以成功”，并对外表示将绕道沪宁返京，准备组织第一届责任内阁。宋还联合章太炎等人，准备在1913年的正式大总统选举中，与他党提携，通过民主的手段，选举“最为愚呆脆弱的黎元洪”为总统，以便控制，抛开专横跋扈的袁世凯，使国家大权牢牢掌握在革命派手中。

他的张狂是真实的，他的天真也是真实的。旧官僚们都看到了中国政治的秘密，只有他和章太炎那样的狂生充满了书本和理论上现代政治的梦想。在武汉，谭人凤曾告诫他“责任内阁现时难望成功，劝权养晦，无急于觊觎总理”。谭人凤还将听到“将有意外之事发生”的消息告诉他，劝其“稍加戒备”，但宋认为是“杯弓蛇影之事”。

在上海，陈其美也要宋教仁提防暗杀，宋笑说：“只有革命党人会暗杀人，那里还怕他们来暗杀我们呢？”许多朋友来信要他多注意安全，他都以为是谣言。3月20日，宋教仁动身北上那天，跟《民立报》的记者徐血儿话别，徐请他慎重防备，他坦然地说：“无妨。吾此行统一全局，调和南北，正正堂堂，何足畏惧？国家之事，虽有危害，仍当并力赴之。”同日晚，宋教仁与黄兴、廖仲恺、于右任等人取道沪宁津浦路北上，拟赴北京。10时45分，当进入上海车站站台时，被预伏在那里的杀手武士英持枪击中腰部，于右任等人立即将他送往车站附近的铁路医院抢救。终因伤势过重辞世，年仅三十一岁。

宋教仁的死，给人们留下了无尽的哀思。4月13日，国民党人在上海举行追悼大会，参加者两万余人。各界人士慷慨陈词，赞扬宋的革命斗争精神，要求政府追缉凶犯。4月25日，谭人凤等人致电政府："为宋教仁铸像，开设公园。"1914年6月，宋教仁墓园落成。宋教仁遗体迁入墓地当天，送葬者达数万人。墓地近似正方形，墓寝坐北朝南，为圆柱体半拱顶状，墓前立墓碑，"宋教仁先生之墓"系集孙中山墨迹而成。墓顶塑有雄鹰斗蛇的青铜雕塑。墓区正中石柱顶端耸立宋氏全身西服坐像，用大理石雕刻而成，坐像底座正面刻"渔父"两字，系章太炎篆文手迹。于右任所书的铭文是："先生之死，天下惜之。先生之行，天下知之。吾又何记？为直笔乎？直笔人戮！为曲笔乎？曲笔天诛。呜呼！九泉之泪，天下之血。老友之笔，贼人之铁！勒之空山，期之良史。铭诸心肝，质诸天地。呜呼！"

宋教仁的死使政党政治没及开卷即收回，中国社会仍回到革命政治和暴力政治中去。甚至说，中国社会本来还停留在暴力政治和革命政治阶段，宋不过象征了政党政治的可能，不过寄托了中国人的宪政梦想。故这个年轻人的死去，使得当时和后来的人都痛悼天不怜惜中国。汤化龙当时的挽联是："倘许我作愤激语，谓神州将与先生毅魄俱沉，号哭范巨卿，白马素车无地赴；便降格就利害观，何国人忍把万里长城自坏，从容来君叔，抽刀移笔向谁言。”林长民的挽联中也有“政举人存，人亡政息”的句子，对宋教仁推崇备至。

但这种评价只是历史的假设而已，汤化龙和林长民的盖棺定论，有着中国人传统的溢美的成分。死者为大，死者意志为英魂为毅魄。传统文化的人物品评并非英雄史观，而更近于英雄死观。至于同时代人的比附，如章太炎对宋教仁以“江左夷吾”目之，张謇则称宋为来君叔，认定宋死以后，再求一个调停南北的鲁仲连已不可得，更是传统的人物观念。

对宋教仁的评价，倒是梁启超、谭人凤、孙中山等人的看法庶几接近本来。梁启超称宋教仁为“我国现代第一流政治家”，谭人凤称宋教仁为“破坏建设一身肩，有思想，有学问，有才能”的一大政治家，孙中山的总结是：“作民权保障，谁非后死者；为宪法流血，公真第一人！”这些评价比较到位。因为宋确实是我们中国近代以来最有现代气质的政治家，他的组织能力是一流的，他的合作能力也是空前绝后的。合作，是我们中国政治家直到今天仍极为匮乏的品质。

但这样的政治家自有其历史和个人的局限。历史当然不容暴力政治的逻辑骤然转换成政党政治，它需要时间和生命的献祭牺牲。一如谭嗣同为变法流血，宋教仁命定为宪法流血。而就宋教仁的个性而言，他的革命年代太自信也太顺利了，二十而不狂非吾子也，他顺应革命，而以天下为己任，并在理性、战略和才识上均秀出众人，这是即使百年后的新一代人，尤其是80年代出生的新人类所需要参照的人物。但三十以后，他仍那样勇往直前、孤军深入地用革命手段来实践自己的宪政梦想，实在是完全走到社会的对立面，或说跟社会脱节。他自负“民众信赖我们，政治的胜利一定属于我们”，他忘了民国初年的中国社会空间或说社会公共领域是极为虚幻的，更不用说，他的同志都不一定信赖他。

宋教仁的政治锋芒太露是明显的，他在孙中山、黄兴、章太炎都开始游离于政治时，提出了“责任内阁”“政党政治”，并把同盟会改造成国民党，确实为中国政治的现代化找到了新路，是中国现代史上的里程碑之一。但他不仅在党内党外树敌太多，招忌太甚，就是一般国人、党人对他也不太理解，对比国人的政治觉悟，宋教仁超前而不为超前做人才储备，因此孤绝，虽然理性而不够务实，虽有战略而无战术权宜。他提倡内阁制，但当实力派同意内阁制时，他又加码要求责任内阁或政党内阁，这就强人所难，甚至强一国之难了。袁世凯曾有意召宋教仁为总理，另组“混合内阁”（只重人才不分党派），宋教仁不能也不会入阁，原因是，他虽然是最有合作精神的政治家，但为推销自己的政治观念而在各党派中树敌太多，不易领导混合内阁；其次，他坚持政党内阁（清一色由国民党成员组阁）。袁世凯当然不同意宋教仁的想法，袁的借口是当时任何一党都没有足够的人才，这显然是事实。

后来人不理解历史的复杂性，一味抽取简单的轮廓，为历史的假设而寄托自己的白日梦，持论说“年轻的宋教仁发出了响亮的民主宣言”“他创造了中国历史上第一个民主的春天”等等，实在是对我们中国的历史谬托知己了。这些前现代国民的依附心理也许是“我之不出若天下苍生何”的社会基础，但历史人物可谓多矣，又若中国苍生何?

这个三十已过的政治家完全沉浸在自己的梦幻中了，他是全新的，以至于显得不属于中国，而跟中国暴力逻辑支配的政客、群众、党徒们格格不入。他临终前还致电袁世凯，本已决意倒袁，却又对袁寄予期望，章士钊说他是“至死不悟”。蔡东藩评论说：“宋教仁为国民党翘楚，学问品行，均卓绝一时，只以年少气盛，好讥议人长短，遂深触当道之忌。”“锋芒太露，英气未敛。”“不少晦其锋芒，储为国用。”跟宋教仁一样明白政党政治意义的左舜生却没有宋的好运，左生不逢时，他在蒋介石的党国专制里根本无能施展，因此更有实践经验来评点宋的宪政好梦：“中山与克强，仅在民元八九月间，与袁有过短时期的接触，他们对袁不能深知，自在意中。宋教仁比孙、黄年事更轻，阅世更浅，读书也不够深入，以为只要一部‘约法’，一个在国会拥有多数议席的‘党’，借着‘责任内阁’的空名，便可以对付袁氏而有余，这岂不是书生之见？”

黎元洪：自有纯德

对历史人物的解读和评论是一个冒险的事，我们极易囿于时代社会的偏见或误判，或谬托知己。举例来说，生活在阶级斗争年代的论者一定相信，辛亥革命中武昌起义的革命军拖出黎元洪来做他们的领袖，体现了“资产阶级革命的妥协性与软弱性”，黎本人也是抢夺革命果实的投机者；生活在和谐社会“告别革命”的论者则会认定，辛亥革命是黎元洪等旧军人、立宪派与革命党人合力促成的；以为自己站在人性立场上的人则会分析，黎元洪是一个没有什么本事的“墙头草”，是运气好风云际会成为历史伟人的庸人……这些说法都有其自身立场上的正确性，但跟黎元洪本人似乎没有多大关系。我曾经说过，我们仍生活在辛亥革命开启的大时代里，这个时代没有结束，关于其人物的神话或妖魔化就不会结束。

历史学家都有自己的偏好，他们留意过众多中国现代开国者的遗产，如孙中山、袁世凯、黄兴、宋教仁等人，但很少有人发掘黎元洪的遗产。比起前几位开国之父，黎元洪更被论者和一般读者矮化、小丑化了。如果我们能够客观地考察黎氏一生，我们其实可以得出结论：他的人格和行迹更值得今天的人们致意。他虽然缺少崇高和壮美的风采，但他的柔暗亲和是更具有“现代性”的国民理性。

黎元洪字宋卿，1864年生于湖北汉阳黄陂，故世人称其为“黎黄陂”。黎元洪出身贫寒，父亲黎朝相为谋生到天津（直隶）投军，他和姐姐衣食无着，讨饭，为人放牛。十四岁时，父亲回湖北接他到天津，生活才变得稳定一些。即使如此，黎家仍不宽裕。到1883年，由于家贫，为了拿到奖学金，二十岁的黎元洪选择报考天津北洋水师学堂。严复、萨镇冰等人是其恩师，“公习业水师，勤学为诸生冠”。毕业后，相继任清朝海军“二管轮”、南京炮台总教习和总台官。

1894年，中日甲午战争爆发，黎元洪随舰队北援。舰船被日舰击沉，黎元洪不会游泳，投海后因为穿救生衣而逃生。甲午之战，中国竟败于日人之手，中外瞩目。两江总督张之洞深感练兵重要，他在南京组建自强军，即南洋新军，招募各方人才，黎元洪投奔张之洞。张任命黎元洪监督修建炮台工程兼自强军翻译。

在短短几个月内，黎元洪仅用不足四万两银子就修建成西式炮台七座、弹药房八间、总药房六间、暗路四道等众多工程。张之洞对此大加赞赏，亲自手书“智勇深沉”相赠以示器重。

自此以后，黎元洪成为张之洞最为赏识的将官。但张之洞的丫鬟嫁给了不学无术的张彪，张彪被称为“丫姑爷”，地位在黎元洪之上。在这种复杂的官场上历练，黎元洪表现出了宽容大度、忍辱负重、温柔敦厚、老成持重的性格，人送外号“黎菩萨”，谐音“泥菩萨”。

张之洞器重黎元洪，派他多次赴日本学习考察。回国后，黎元洪制定了中国陆军改革的第一个法规《湖北练兵要义（十条）》。1904年，黎任护军前锋一、二、三、四营督带。次年12月，湖北常备军改编为两镇，黎任第二镇第三协统领官兼护该镇统制官。

1906年，清军改制，黎元洪任协统，成为湖北军界真正的佼佼者。他在军中获得士兵广泛拥戴，威信极高。在当年清政府举行的彰德会操中，由于南军获胜，黎元洪随之声誉鹊起，成为全国名将。1907年，张之洞奉调入京之后，黎元洪则成为湖北新军实际上的真正能够一呼百应的首领。1909年，黎元洪以军界代表的身份参加“湖北铁路协会”。

有人说，袁世凯的北洋新军被人谈论极多，而张之洞的南洋新军却很少为人注意。晚清有两大汉人官僚集团，袁世凯可以说是李鸿章系的继承人，领北洋军；黎元洪算得上是张之洞系的继承人，领南洋军。在某种意义上，南洋新军的文化程度要高，故辛亥革命最终在南洋新军内部发动。

黎元洪出身行伍，却嗜好读书，手不释卷，而且十分爱惜人才。他从日本考察回国后，极力建议张之洞派员到日本学习先进技术与军事。到1906年，湖北地区派出留学生达一千三百六十人，占全国派日留学生总数的四分之一，这也是日后辛亥革命的中坚力量。黎元洪还以整顿部队为名，招募大批富有新思想的知识青年入伍，仅从黎元洪的家乡黄陂就走出了诸如军事家、政治家、教育家、书法家、医药专家等五十多名时代的风云人物。据说，当时军中流传着这样一种说法：湖北新军如此人才辈出，多亏了黎元洪在张之洞面前的鼓动。

对当时的革命党人，黎元洪是宽柔的。对革命活动，他睁一只眼闭一只眼，没有维稳镇压。甚至说，他对革命党人是另眼相看的。1903年，著名革命党人刘静庵得黎元洪提拔，后来刘静庵与黄兴的信件被截获，黎元洪让刘静庵辞职了事。1906年，黎元洪奉命率部前往湖南去镇压同盟会发动的萍浏醴起义，进军前，他召集军官训话说："吾侪此行，当先辨暴徒之性质，果为党人含有政治上之意味，诚不必与战，宜设法解散之。若土匪，尔等宜努力绝之，以绝根株。"1907年，革命党人季雨霖入狱，黎元洪将其保释。1909年，革命党人张汉杰因揭露湖广总督陈夔龙贪赃枉法而获罪，黎元洪为其说情，并将其保出。1910年，湖北新军中的革命党人成立振武学社，其中六人是黎元洪军中之人，事情败露后，黎元洪将这几名士兵开除军籍礼送出营，其他人概不追究。

黎元洪被称为“爱护当兵文人、厚重知兵”的“当时名将”。他在军界确实甚得“军心”，有“开明”之号。专制毁灭人性，但黎元洪没有丧失这一人性底线。从某种意义上说，革命党人的活动其实最初都是在规则内进行，黎元洪是否同情不论，他的宽柔肯定不算失职。革命团体文学社、共进会在他的部队里大规模发展下线，使他的混成协成为有史以来第一支有着革命思想的中国军队。

1911年10月10日，武昌新军工程营士兵率先起义，湖广总督瑞澂弃城而逃，第八镇统制张彪也随即撤出。武昌起义出乎意料地顺利，但是革命党的领袖们不在武昌，黄兴、宋教仁远在上海，孙中山还在美国，群龙无首。义军们只有寻找近水楼台，黎元洪众望所归，但他一时作难。义军之举在当时的报纸上只在一个角落里占豆腐块大小的位置，没有多少人能够预料事件的发展。黎元洪躲到部下刘文吉家中，“我身居协统地位，部下兵变，如果革命党失败，我必定会受到朝廷的严厉处分；如果革命党成功，我能否活命也不得而知”。

追踪到黎元洪的革命党人蔡济民要他出来，对他喊话：“黎老师在此，我等侦察确实，毋庸讳言，我等皆公之学生，今日举动，实我公平日教育之所致，对我公绝无残害之理，请公速出，主持大计，不要畏惧，不必怀疑。”另一革命党人朱继烈甚至要举刀自杀以逼黎元洪就范。

因此插曲，黎元洪后来被妖魔化，人们说他在革命发生时吓得躲到床下，甚至说他躲到小老婆床下，说他是“床下都督”。人们还说他被革命的枪声吓破胆了，当义军要他出任军政府首脑时，他连说“莫害我，莫害我”……这些演义都没有事实根据。

尽管起义军人以枪相逼，让黎元洪做义军都督，但他“态度沉默，不多言语”，在三天内一言不发。其间，革命党人多次威逼，甚至要枪毙黎元洪。三天后的10月13日，黎元洪最终同意出任都督。这天下午他在革命党人的劝说下剪掉了辫子，还摸着光头笑道：“有点像弥勒佛了。”黎元洪出任都督之后，一反呆若木鸡之态，即刻主持军政会议，称“自此以后，我即为军政府之一人，不计成功利钝，与诸君共生死”。

他接见了美国驻汉口领事，决心“废除封建帝制，建立民国，以共和为政体”。17日，革命党人在武昌阅马场举行设坛、祭天、誓师活动，设黄帝轩辕氏牌位，树“湖北军政府都督黎”大旗。黎元洪宣誓：“以我五洲各国立于同等，用顺天心，建设共和大业！”

当黎元洪就任湖北军政府大都督的布告贴出后，一位武昌起义亲历者记述说：“往观者途之为塞，欢声雷动。至有艰于步履之白发老翁，请人扶持拥至布告前，必欲亲睹而后快。旅汉外籍人士，闻之亦为之（震）动，皆曰：想不到黎协统也是个革命党！残敌更心惊胆裂，易装潜逃者，不可胜算。”当时的湖广总督瑞澂乘一只舰艇在长江上观望。他原以为这是一小撮士兵作乱，不久即会被平定。当听说乱军首领是黎元洪时，顿时绝望，下令开船远逃。

黄兴得知武昌起义的消息后，曾对亲信说，黎元洪不是革命党人，必须取而代之。但等他抵达武昌之时，黎元洪令人制作写有“黄兴到”字样的大旗以鼓舞人心，并在江边列队欢迎。随后，黎元洪在都督府前面的阅马场设拜将坛，拜黄兴为“战时总司令”，交付军事指挥全权。

清政府派水师提督萨镇冰率舰队前来协助陆军镇压，黎元洪在给恩师的私信里如是表白：“谁无肝胆？谁无热诚？谁不是黄帝子孙？岂甘做满族奴隶而残害同胞？洪有鉴于此，识事体之大有可为，乃誓师宣言，矢志恢复汉业，改革专制政体，建立中华民国。”萨镇冰见信后沉吟良久，最终选择了弃军而走。黎元洪一封书信，使得清朝海军瓦解。

黎元洪的作用几乎可圈可点。他义无反顾的革命态度，跟开明士绅汤化龙等人一起，影响了全国的立宪党人和开明人士，他们纷纷协助革命党人“光复”本省，或打起反清义旗，或宣布独立，不到两个月，便有十七省脱离了清政府，革命形势顿时一片大好，武汉也由此转危为安。

学者周锡瑞断言：“确定黎元洪领导新的湖北军政府，这恐怕是在武昌起义过程中做出的最关紧要的选择。一直到1913年年终，黎元洪都控制统治着湖北，成了袁世凯在长江流域的重要同盟者。更重要的是，他创立了一种由军界上流人物与绅士及官僚的支持者结合起来的统治方式，这种方式直接延续到军阀时代。”

1912年1月，中华民国临时政府在南京成立，当孙中山被选为临时大总统时，黎元洪被选为副总统兼领鄂督。当袁世凯被选为大总统时，黎元洪仍在湖北。这一年8月16日，黎元洪与袁世凯合谋，诱杀湖北军政府军务部副部长张振武和湖北将校团团长方维。黎元洪平生最为人诟病处即是此举。

张振武在武昌首义中与蒋翊武、孙武并称“三武”。军政府成立后，张振武担任军务部副部长。张振武在革命暂时成功后迅速腐化，飞扬跋扈，贪污受贿，为害一方。但他毕竟是首义元勋，故黎元洪在国人的眼中由“菩萨”变成了“屠夫”。在黄兴的电报质问下，黎元洪发一长电，列举张振武罪行，解释自己请求袁世凯立诛张振武的三条苦衷。电文中说：“但当为民国固金瓯，不当为个人保铁券。”此电一出，舆论才渐渐平息。

1913年3月，宋教仁被刺杀身亡，孙中山发动的“二次革命”失败，革命党人流亡海外。10月6日，袁世凯任中华民国正式大总统，黎元洪为正式副总统兼领鄂督。没有了革命党掣肘的袁世凯把黎元洪当作心腹大患，他以“磋商要政”为由，软硬兼施要黎元洪进京。进京的黎元洪就只有名位，再无军队实力。这也是北洋军与南洋军的差异，北洋军文化偏低，成为袁世凯及其部将段祺瑞、冯国璋们的私家军，黎元洪统辖的军队没有这种意义的效忠。但无多少实力的黎元洪却有德望，他的德望也是一种政治力量。

为了拉拢黎元洪，袁世凯让第九子做了黎家的女婿。袁世凯想当皇帝，曾数次试探黎元洪口气。有次问他："近来有许多人要我做皇帝。亲家，你看怎样？"接着马上又表白，"这些人当然是胡闹。"黎元洪回答说："革命的目的是推翻专制，建立共和。亲家如果做了皇帝，怎样对得起武昌死难烈士？"

袁世凯利令智昏，欲复辟称帝。黎元洪态度坚决，他在帝制闹剧甚嚣尘上之时对记者说："目前国情，以统一及安定民生为主，若全国统一，国会告成，项城（即袁世凯，袁为河南项城人）如有野心，变更国体，即为违反约法，为国民公敌，不啻自掘坟墓。予当追随国人之后，誓死反对，即使予毁家灭身，继起者亦大有人在，中华民国断不灭亡。"但袁世凯决心更大，黎元洪只好以辞职的方式消极抵制。1915年9月，黎元洪提出辞去副总统、参政院院长等职，回原籍休养，袁世凯未予批准，更以荣禄的旧宅相赠，黎元洪于9月迁入，闭门谢客，不发一言。

1915年12月12日，袁世凯正式接受拥戴，准备在1916年元旦登基做皇帝。12月15日，袁世凯发布了他接受帝位后的第一道册封令，册封黎元洪为"武义亲王"。黎元洪明确表示拒绝："鄙人决不敢领受……武昌起义，全国风从，志士暴骨，兆民涂脑，尽天下命，缔造共和，元洪一人，受此王位，内无以对先烈，上无以誓神明。愿为编氓，终此余岁。”他对周围人说，“我志已定，决不接受！即牺牲个人，亦所甘心。”袁世凯让文武百官一齐出动，到黎宅致贺。黎元洪答道：“大总统虽明令发表，但鄙人决不敢领受。盖大总统以鄙人有辛亥、武昌首义之勋，故尤于褒封。然辛亥起义，乃全国人民公意，及无数革命志士流血奋斗，与大总统主持而成，我个人不过滥竽其间，因人成事，决无功绩可言，断不敢冒领崇封，致生无以对国民，死无以对先烈。”说罢径自回屋，留一班帝制余孽呆在那里面面相觑，黯然解散。

袁世凯不死心，又命九门提督江朝宗到黎宅跪拜宣封。手握兵权的江朝宗来后欲有所规劝，黎元洪指着江朝宗大骂道：“江朝宗，你怎么这么不要脸，快快给我滚出去！”

其实不要脸的岂止江朝宗一人，还有他的老师严复，大名鼎鼎的中国近代启蒙思想家。保守、复辟与启蒙、革命，历史的吊诡也在这里。严复评价自己学生黎元洪是“德不济才”：“黎公大德，天下所信。然救国图存，断非如此道德所能有效。何则?以柔暗故！遍读中西历史，以为天下最危险者，无过良善暗懦人。下为一家之长，将不足以庇其家；出为一国之长，必不足以保其国。”在强人环伺的民国初年，黎元洪的德性光辉倒确实被遮蔽了。

袁世凯称帝失败，不久去世。袁世凯的政治遗产落到段祺瑞等人之手。1916年6月7日上午10时，在段祺瑞的支持下，黎元洪就职继任中华民国大总统。黎元洪在通告里说："自惟德薄，良用竞竞，惟有遵守法律，巩固共和，期造成法治之国。"

1916年12月22日，黎元洪接见了蔡元培。随后，北京政府教育部奉大总统令于12月26日正式任命蔡元培为北京大学校长。

1917年1月4日，蔡元培正式到校就职，陈独秀、李大钊、胡适、鲁迅、周作人、梁漱溟等民族精英云集北京大学。我们现代中国的头脑终于诞生，迟于辛亥革命的新文化运动至此蔚为大观，为一个民族的涅槃新生背书，提供强健的思想资源和知识产品，并为后来的"五四"运动做准备。一时人才济济，如百葩怒放，群星璀璨，神思煌跃，与日争辉。有报道说："北京政府有这个度量把全国最好的大学交到国民党人蔡元培手里，在北洋时代，没有谁比黎元洪当政时表现得更为开明与从容。"

但头脑的风暴尚未影响肢体，尚不能左右肢体的乱动。在黎元洪总统和段祺瑞总理之间开展的"府院之争"，于黎元洪乃是不得已。梁启超等人都看出黎元洪有位无权，因此选择了跟实力派段祺瑞合作。段祺瑞认为黎元洪是自己一手扶上总统宝座的，打心眼里瞧不起他。有论者说："黎元洪在总统任内没有过一天舒服的日子，因为黎、段之间势成水火，遂致总统府与国务院之间也无法调和。"国务院秘书长徐树铮是段祺瑞的心腹，也是手握重兵的实力派新秀，当然也不会站在黎元洪一边。段祺瑞和徐树铮等人理解的黎大总统只是他们的“橡皮图章”，这些军人出身的政府大员欺负起人来也直截了当。徐树铮曾写了一张通知，派人送到新华门总统府传达室，说现在是责任内阁制，所有总统的信件，包括私信，皆要送到国务院开拆。直到徐世昌一日来访，问及前几日所寄的信件，黎元洪方才知晓此事。有一天，徐树铮送一份公文进府盖印，内容是山西省更动三名厅长，黎元洪问原因何在，徐竟不耐烦地说：“总统但在后页年月上盖印，何必管前面是何事情！”黎大为不悦，愤慨地说：“现在哪里是责任内阁制，简直是国务院秘书长制。”

为中国参加欧洲大战，段祺瑞和黎元洪再起矛盾。段祺瑞绕开黎元洪跟日本签订军事借款，经报界披露后，一时舆论大哗。黎元洪借人们反段情势，免去段祺瑞的总理职务。于此拉开了民国分裂的大幕。虽然，这一分裂是迟早的，在革命党人被排挤到南方后就开始了，但民国政府的架子还在，神器未失。北京的乱局使这一神器真正丧失了。自此以后，暴力撕开了遮羞和制约的规则，粉墨登台。

徐树铮联合北洋督军准备在天津拥徐世昌为大元帅，建立临时政府，推翻黎元洪为首的北洋政府，拥段上台。没有武装实力的黎元洪病急乱投医，邀请张勋入京调停，不料张勋来个倒戈，拥立溥仪复辟。1917年7月1日凌晨3时，溥仪在乾清宫升座，宣布大清复辟了。大清还派代表劝黎元洪辞去民国总统之职，以“归政”大清。黎元洪大为愤怒，斥责前来劝退的代表，他骂王士珍“毫无心肝，背叛民国”，又对梁鼎芬说：“民国系国民共有之物，余受国民付托之重，退位一举，当以全国公民之意为从违，与个人毫无关系。君欲尽忠清室，当为清室计万全，复辟以后，余对于清室即不负治安责任。”

北京城里再挂大清龙旗，只有黎元洪的总统府挂着民国的五色旗。黎元洪发出通电说：“天未厌乱，实行复辟。闻清室之上谕有‘黎元洪奉还国政’之言，不胜惊骇。因思中华国体，由帝制而共和，根据五族人民之公意，元洪受国民之托付，当兹重任，当与民国相终始，此外他非所知。特此电闻，以免误解。”

为了挽救民国，黎元洪不计前嫌，致电身在南京的副总统冯国璋，让他在南京代行总统职权，又起用段祺瑞为国务总理，讨伐张勋。此时，张勋的驱逐令也到了。黎元洪从后门出府，住进了法国医院，后又到了日本使馆。

平定张勋之后，段祺瑞亲自到日本使馆迎接黎元洪回总统府，但黎元洪拒绝了，他通电全国引咎辞职。冯国璋也登门劝驾，黎元洪坚辞总统之职，并通电检讨自己五大失误：不能疏通国会，尔后又解散国会，援引张勋，不能反抗复辟，托庇于外国医院，等等。其中解散国会尤其令黎元洪痛心不已，他自责“寡草随风，卒隳操持”。表示既铸大错，无颜再居大位。“心肝倘在，面目何施？”“若必使负疚之身，仍尸高位，腾嘲裨海，播笑编氓，将何以整饬纪纲，折冲樽俎？”自己今后将“杜门思过，扫地焚香，磨濯余生，忏除夙孽”。

少了黎元洪的北京政府就像少了黏合剂，大批议员南下，在广州举行了非常会议，通过了《中华民国军政府组织大纲》，推举孙中山为大元帅。南北中国至此彻底分裂，一国之内出现了两个政府。历史学家称此为“民国史上之最大不幸也”。

五年后，黎元洪又有一次机会当总统。1922年6月，直系军阀曹锟、吴佩孚把徐世昌大总统赶下台，执意要请黎元洪“法统重光”再任大总统。黎元洪深感军阀混战之害，觉得还能东山再起做点事情，便向曹、吴提出“废督裁兵”的条件，声明不答应不出山。曹锟大骂黎元洪不识抬举：“还要提条件，这是什么话！捧他做现成总统，他却要整垮我们，真是岂有此理！”

第二年，由于曹锟选举作弊，黎元洪总统被迫下台。这一次他受的羞辱同样深刻，6月11日，他被逼出北京，在去天津的火车上，他被直隶省长王承斌拦下来，要他交出总统大印。黎元洪悲愤得举枪自杀，枪被人夺下，黎签字通电，交出权力：“元洪迟暮之年，饱经凶衅，新站之危，已拼一死已谢国人，左轮朱殷，创痕尚在，夫以空拳枵腹，孤寄白宫，谓为名则受谤多，谓为利则辞禄久，权轻于纤忽，祸重于邱山，三尺之童亦知其无所依恋，徒以依法而来，不能依法而去，使天下后世知大法之不可卒折，正义之不可摧残……”

通过这种戏剧化的大时代中的人物命运，我们大概能够想到，黎元洪非通常所理解的那样简单。他绝不是一个投机分子，也不是一个柔弱任人宰割者。通观黎元洪一生，我们可以说，他是一个情感丰富、有人格尊严、有人伦善意的中国人。他自己承认，辛亥革命以后，“我虽然三度因缘际会，有两戴总统桂冠的风光，但更多的是交瘁的身心和梦魇般的回忆。”袁世凯安排他住在瀛台的时候，他对国家大事没有决策权，每天唯有读书练字，修心养性。几乎落得和傀儡皇帝光绪一样的命运。据他的副官回忆，黎元洪读书之际，突然会掩卷大放悲声。

这是何等的动心忍性。他就像孔子称道的儒，懦懦若无能。然而他一生数次被逼，都能够有所成全。以孔子列数的儒行，对照黎元洪，多有中的。“儒有可亲而不可劫也，可近而不可迫也，可杀而不可辱也……其刚毅有如此者。”

张之洞被清廷调到北京后，湖北官场走马灯一样，黎元洪的官职没有得到升迁。有一任湖广总督叫陈夔龙，其女儿病死，在湖北大办丧事，张彪送丧仪十几万元，而黎元洪仅送了五元钱。时隔不久，湖北地区遭受洪涝灾害，汉口慈善机构募捐，黎元洪一捐就是三千元，是其半年的薪水。“儒有不宝金玉，而忠信以为宝；不祈土地，立义以为土地；不祈多积，多文以为富；难得而易禄也，易禄而难畜也。非时不见，不亦难得乎？非义不合，不亦难畜乎？先劳而后禄，不亦易禄乎？其近人有如此者。”

黎元洪吃得了苦，他在任上以廉洁自律著称。他经常住在军营，深知士兵的疾苦，对待士兵十分爱惜体贴，他为士兵慷慨解囊的故事极多。武昌起义之初，他与军政府的职员一样，每月只支二十元的生活费。这与他效命清廷的五百元大洋的待遇不啻天壤之别。据说，海军提督萨镇冰奉命率海军来汉镇压民军，在听到这个报告后，内心受到了强烈的震撼。

“五卅”惨案时，黎元洪的长子黎绍基所在的天津南开大学学生为声援罢工，推黎绍基为后援会募捐组组长。黎元洪得知此事后，除自己出资捐助外，还亲笔函介黎绍基前往拜见顾维钧、杨以德、鲍贵卿等名流，故使黎绍基在三日内募得一万一千余元，大大超过了预计数目。“儒有居处齐难，其坐起恭敬，言必先信，行必中正，道途不争险易之利，冬夏不争阴阳之和；爱其死以有待也，养其身以有为也。其备豫有如此者。”

退出政坛后的黎元洪投入实业。他很佩服孙中山的《建国方略》，认为实业救国才能使中国富强。黎元洪去世前，曾留有遗书告诫子女勿问政治，从事实业。当时的《申报》发表了黎元洪的遗嘱，念念仍在国家社会：“振兴实业，以法律保障人民权利”，“正德、利用、厚生，不可偏废”，“革命为迫不得已之事，但愿一劳永逸”，“参酌近今中外情况，似应采用国家社会主义，不可遽思废除国界，为列强所利用”……

黎元洪的政治实践光芒为强人所遮，但他的实业成就在当时即有影响。他先后投资于银行、采矿、证券、面粉、保险等行业，获利丰厚。他的很多资金最后都投向了教育及一些社会事业。他一生不断地捐资助学，先后创办多所学校，比如天津北塘贫民小学、武汉黄陂黎家河孝义小学、黄陂私立前川中学，并给了南开大学不少捐款，还在武汉大学修建了宋卿体育馆。他一直想在武昌创办一所江汉大学，可惜直至其去世，都未能如愿。

黎元洪被称为“泥菩萨”，可以说虽然他有金刚怒目的一面，但多数时候仍是善意的，是菩萨心肠的。有人说他后来也像一个裱糊匠，希望撑住民国的大舞台。有一年“双十”节，因为共和重建，他发表大批授勋令，几乎囊括中国社会的各派势力，其中首授孙中山大勋位，蔡锷、唐继尧、陆荣廷、梁启超、黄兴、岑春煊六人是勋一位，段祺瑞、王世珍、冯国璋三人以一等大宝光嘉禾章，其他的西南反帝制派的、北洋帝制派，乃至逊清皇室的载涛等人，分别都有颁赏。由此可见黎元洪的为人。

他有幽默感，他在武昌起义被逼为军政府都督时剃了光头，摸着自己的脑袋说：“像个弥勒佛了。”他知道别人说他傻，称他为“黎大苕”，但他不以为意：“大家都说我是黎大苕，今天我，黎大苕，又回来坐天下了！”他流露的真情也令人感动，1925年2月12日孙中山不幸病逝，黎元洪甚感悲伤，在私宅中设立灵堂祭奠孙中山先生。

1928年6月1日，黎元洪的生命到了最后关头，他找来秘书起草遗嘱：“元洪遭逢时会，得与创建民国之役，德薄位尊，时深惕厉……不意十七年来，民生疾苦愈甚。所幸南北宗旨，既已相同，此则深望我同志相策励者也……”两天之后，黎元洪去世，享年六十四岁。

第二天，天津《大公报》载："综观君于民国首义元勋任合法元首，及晚年下野，爱好和平，反对专制……君可谓保其勋明之人矣！中华民国史之第一页，将永远与君名字以并传。"

国民政府于6月8日发出优恤令，并嘱内政部按元帅典礼规范治丧。黎元洪病逝后，国民政府曾两次发令举行国葬，其丧葬过程经历天津殡殓、北京追悼、武昌安葬三个阶段，历时近十年，盛况空前。在第三阶段，即1935年11月24日中华民国国民政府于武昌为黎元洪举行国葬典礼，遗体归葬于武昌卓刀泉。

他的遗嘱和一生的多次通电中一再强调"德薄"，但他的功德在当时人心中已经显示出重量。孙中山称其为"民国第一伟人"；他的老师严复说"黎公大德，天下所信"。湖北省国民党党部给他送的挽联是："首义建共和，大勇若怯，大智若愚，自项城以下无余子；平民起革命，见利不趋，见害不避，除中山而外独以公。"人们称他是"共和磐石"。

当时的名作家蔡东藩在《民国演义》中说："黄陂（指黎元洪）起义武昌，首创民国，论革命之功，自属千秋不朽，即以人格而论，民国十余年来，自总统以迄军阀，亦未有洁身自好如黄陂者。故以功业言，以道德论，均不得不为民国完人。惜其才识稍短，不免受人利用……不能不哀黄陂之长厚，而痛恨军阀政客之无赖也。"

遗憾的是，当时以至今天的汉语世界仍对人格、德性、尊严等文明要素漠然置之，我们多信奉“历史由胜者书写”“胜利者不受谴责”……我们对革命、成功等等的理解也停在一个极片面的地步，难以理解黎元洪的意义。在黎元洪那里，革命不是要人死而是要人活的，革命不是赶尽杀绝……因此，黎元洪才有那样一句名言：“有饭大家吃。”这在今天的中国和文明社会，都是一种文明理性，值得汲取。

黎元洪在寓居津门期间，常带家人一起光顾剧院。一次看完电影，黎夫人的钻戒被小偷偷了，小偷还给他写了一张字条：“贵夫人的钻石戒指本人想借用一下，明晚放在门口右角处。”黎元洪大笑说：“有饭大家吃是我多年的宗旨，有钻戒大家戴又何妨？”

这样的人在强权逻辑支配的国度里是一个异数。就是这个人成为我们现代中国的开国之父之一，作为政治家，他在民国政府两任大总统、三任副总统。武昌起义出任鄂军都督，在武汉首倡的“军民分治”，开创民国党政分开、军政分开的先河；率先实行“省长制”；二度当国时提出的“废督裁兵”等依法治国主张，旗帜鲜明地反对袁世凯称帝，断然起用自己的政敌段祺瑞镇压张勋复辟。此外，他还是实业救国的企业家，是书法家、慈善家……

现代中国的大文人鲁迅涉笔成趣，在他传世的《阿Q正传》里写到了黎元洪。黎在小说里是一个不出场的人物：“我是性急的，所以我们见面，我总是说：洪哥！我们动手罢！他却总说道：No！——这是洋话，你们不懂的。否则早已成功了。然而这正是他做事小心的地方。他再三再四地请我上湖北，我还没有肯。”

鲁迅的老师、革命文人章太炎在《大总统黎公碑》里赞美黎元洪远超同时代人，这篇墓志铭被称为民国润笔费最高的文字。章太炎说黎元洪：“丰肉、舒行、身短，望之如千金翁，而自有纯德，不由勉中，爱国恳至，不怵强大，度越并时数公远甚。”

唐绍仪：总理县长

唐绍仪是清末民初著名的政治活动家、外交家，清政府总理总办，山东大学（时称山东大学堂）第一任校长，中华民国首任内阁总理，晚年最受人瞩目的官位是中山县县长……我们中华民族推翻帝制，首任总理就是唐绍仪。这样一个总理居然是在西方成长、受教育，中西合璧式的人物，他的人生选择，后人已经难以理解了。毛泽东在1957年提到过唐绍仪，并说："旧社会的一个内阁总理可以去当县长，为什么我们的部长倒不能去当县长？我看，那些闹级别，升得降不得的人，在这一点上，还不如这个旧官僚。"这样的认知其实也是一百多年来中国人的认知，把民初的政治人物划入官僚行列而少有同情之理解。

1862年，唐绍仪生于广东香山县（今珠海）。他的父亲到上海做茶叶生意，故唐小时候即到上海读书，耳濡目染，受到开放社会的影响。1874年，十来岁的唐绍仪因族叔唐廷枢的保荐和同乡容闳的亲自选拔，成为留美幼童被选派到美国留学，由中学升入哥伦比亚大学。历史学家说，从日后唐绍仪的表现来看，他在美国的七年，“这不仅令他掌握了流利的英文，还熟练掌握了将政治作为走秀的美式风格。”

1881年，唐绍仪归国，被派往天津的洋务学堂读书，随后被政府征调。1884年朝鲜发生甲申政变，朝鲜亲华高官被亲日派打伤，袁世凯前去探望，正好唐绍仪奉命守卫在门口，二十二岁的唐绍仪给二十六岁的袁世凯留下了深刻印象。第二年，袁世凯奉诏出使朝鲜，“办理朝鲜交涉通商事务”。袁粗鄙少文，故对自幼出国学外文、中外皆通的唐绍仪十分看重。唐绍仪也向袁介绍一些政经读物，如《孟德斯鸠法意》《欧洲新政史》，还有《万国国力比较》《日本宪政略论》等，并向袁介绍美国实地见闻，使袁世凯大开眼界。正是在朝鲜期间，唐绍仪与袁世凯建立起深厚友谊。

受袁世凯信任，1889年，唐绍仪被委任为驻龙山商务委员，即驻朝鲜汉城领事。甲午战争打响之前，有情报显示日本人决心刺杀抗日最力的袁世凯，为协助袁撤离，唐绍仪亲自带着两支枪、两把刀、两匹马，连夜护送袁世凯搬到英国军舰上。1896年10月，清朝政府正式委任唐绍仪为中国驻朝鲜总领事。1898年9月，唐绍仪因奔父丧返国，结束其出使朝鲜近十年的外交生涯，他的才能已经众所周知。

1899年，“山东教案”发生，法国政府要求清政府赔款八十四万两白银，唐绍仪接手了谈判任务，在他的努力下，赔款数额由八十四万两白银降为十七万两，大大减轻了清政府的负担，从而深得清政府的赏识，使得唐绍仪有机会参加多次外交谈判，并一次次取得重大胜利。

袁世凯擢升为直隶总督兼北洋大臣后，重用唐绍仪为天津海关道。唐绍仪不负厚望，他通洋文也懂洋法，可与外商直接沟通，将天津海关治理得井井有条，积累了许多经验，为摇摇欲坠的清廷亏空的财政源源输血，提供了比上一任多出许多倍的关税白银。当袁世凯出任山东巡抚时，唐绍仪协助袁处理最为棘手和微妙的外交事务，为袁平安度过义和团及八国联军之祸立下汗马功劳。

1902年，英国入侵西藏，攻陷拉萨，清朝驻藏大臣令西藏地方政府与英国签订了《拉萨条约》，严重损害了中国的主权。清政府向英国政府提出谈判的照会，唐绍仪成为此次谈判的最佳人选。经过一系列的准备，唐绍仪于1905年2月率代表团抵达印度加尔各答。在谈判过程中，唐绍仪以流畅的英语发表讲话，评点“各国宪法大纲”，倒背如流，并对大不列颠及北爱尔兰联合王国政体、地貌、物产、人情、风土等进行评述。唐认为应该废除英藏签订的条约，因为这个条约不合法。英国代表不得不心悦诚服，同意继续谈判。谈判地点转移到北京后，由于唐绍仪的坚持，加上英国政局的变动，英方在承认中国在西藏的主权的前提下，与中国签订了《中英新订藏印条约》，并承认西藏是中国的一个地方政府，从属于中国。尽管该条约仍然失去了一些权益，但在当时的情况下，维护了西藏主权，无异于是唐绍仪最大的贡献。

此后，唐绍仪升官，并且参与主持中日、中俄关于东北问题的谈判。在客观条件十分不利的情况下，他力争避免损失过多的权益，抑制了日本在东北扩张侵略的野心，并完全拒绝了俄国企图保留在东北利益的要求。可以说，唐绍仪是当时中国政府中少有的现代意义上的事务官。

1906年起，唐绍仪先后被委任为全国铁路总公司督办、税务处会办大臣、邮传部左侍郎。不用说，他是一个干才。

1907年，唐绍仪任奉天巡抚，并负责东北地区的对外交涉。他企图引进英、美资本，修筑一条贯穿东北全境的铁路，以制约日本，但英商在日本的抗议下退缩了，唐绍仪又打算联美制日，计划依赖美国资本开发东北来遏制日本。翌年，美国以部分庚子赔款退还中国政府，唐被派为专使，赴美活动，并响应德国皇帝的号召，争取建立中、美、德三国同盟。

武昌起义爆发后，清廷起用袁世凯为总理大臣。袁世凯派出唐绍仪为南北议和北方总代表，赴上海与南方民军总代表伍廷芳谈判议和。孙中山归国抵沪，很快跟唐绍仪见面。两人“同乡里，彼此一见，以乡音倾谈，握手称孙中山，似故交。此后不三五日而一晤，尽掏肺腑”。自此，唐绍仪的思想有了新变化，对孙主张的西方议会制表示赞成。他是袁世凯的代表，却有了自己的主见，他以“清廷不足保全，而共和应当推动”为自己参加议和的指导思想，并规劝袁世凯：“共和已成定局，乃人心所向，唯一之法，立与孙中山周旋。”

可以说，正是南北和谈，使唐绍仪的人生自我由事务官向政务官跃进。他的独立倾向，使谈判的几件关键事项，如停战、召开国民会议确立国体、优待退位的清廷等，迅速达成协议，为南北统一、清帝退位、建立共和政府奠定了基础。

但由于唐绍仪在和谈中未能尽如袁世凯之意，对南方让步过多，引起了袁世凯的不满，他在中途被撤销了总代表资格。袁亲自出马，以电报方式与伍廷芳交涉，并不断地对革命军施加政治、军事压力。和谈的结果是清帝退位，建立民国，孙中山临时总统职位让给袁世凯。但由于伍廷芳、唐绍仪在议和中所签署的条款已产生重要的影响，使辛亥革命的成果得以巩固，使革命党人处于较有利的地位。

1912年3月，唐绍仪出任内阁总理。他认为“孙中山的思想、袁世凯的实力”，是中国统一的发展基础。他的内阁因此成为“同盟会中心内阁”，他挑选宋教仁、蔡元培、陈其美等同盟会骨干成员入阁，担任农林、教育、工商总长，使同盟会会员在政府中占据多数。一周后，唐绍仪由黄兴、蔡元培介绍，孙中山监誓，加入了同盟会。曾担任清政府外务部侍郎、邮传部尚书、奉天巡抚、袁总统内阁国务总理的唐绍仪，竟加入了革命党的同盟会！唐绍仪勤于公务，注重办事效率，使政府呈现一派新气象。

这个当初属袁世凯部属的人此时跟袁世凯平起平坐了，他显然走得太快了，他遭到了袁世凯的反击。袁世凯多次暗示他“有所为，有所不为”，他没有听进去。1912年6月初，直隶省议会选举王芝祥为直隶都督，袁世凯不予承认，并抛开总理附署权，公布另任命令。唐绍仪见《临时约法》已遭到破坏，“彻悟袁之种种行为，存心欺骗民党”。唐绍仪的反应是，宣布辞职。袁还假惺惺地说：“才任职四个月，怎么就辞了呢？”唐绍仪回说：“也不算短了。”两人的缘分到此结束。

此后，唐绍仪寓居上海经商。1913年袁世凯刺杀宋教仁，唐绍仪予以强烈的谴责，并拒绝袁世凯拉拢其复任北洋军阀政府总理。1915年，袁世凯复辟，唐绍仪与蔡元培、汪精卫联名致电，警告袁“取消帝制野心，并辞职以谢天下”。护国军兴起后，唐绍仪再次致电袁世凯，劝其退位：“……近闻报悉撤销承认帝制之令，而任总统之职。在执事之意，以为是可敷衍了事，第在天下视之，咸以为连吃道丧，为自来中外历史所无。试就真理窥测，今举国果有一笃信执事复能真践前誓，而真心拥护共和者乎？……此次举义，断非武力可解决，为执事劲敌者，盖全国人心，人心一去，万牛莫挽。此陈唯一良策，则只有请制事以毅力自退，诚以为约法上自有规定相当继承之人，亦正无俟张皇也。”这个喝过西洋墨水的政治家劝说袁世凯，只有退位才是“唯一良策”，他要求袁“为国家计，为公（袁）计，例当引避、辞职”。

可以说，由于唐绍仪没有留下多少自己的文字，我们今天已经难以想见他的心地。这个西方文化中熏陶出来的中国第一代政治家，跟清末民初的众多政治人物有所不同，跟李鸿章、袁世凯、康有为、梁启超不同，跟成年后才去西方的孙中山等人也不同，他确实有着西方人对政治的豁达。因此他一生都有着十足的底气去劝人退位，劝清廷退位，劝袁世凯退位。

遗憾的是，唐绍仪远没有成长为继往开来的政治家，他即使跃升为政务官，但他仍属于事务官，敬业、专业、职业有余，而谋略、战略、策略不足。政治家对自己有着期许，即使垄断资源，也不会予人以口实。但唐绍仪出身商家，长在美国，对日常生活的享受肆无忌惮。他的洋派，甚至表现在他的家事上，他亲自为女儿挑选夫婿顾维钧，自己也要迎娶第三位夫人。为不使两事冲突，他让女儿的婚事在他婚事两天后举行，此事成为当时新闻界大事。这种跟国人道德感有距离的行为一如今日八十老翁迎娶二八少女，私德当然私德，但这也太不中国了。显然，唐绍仪对他生存的国土缺乏足够的认知，他只是依他见识过的世界的丰富性行事。他小看了中国。在他依傍又离心的强人袁世凯死后，他的政治前途就更得任人摆布了。

1916年，国会任命唐绍仪为外交总长，但张勋等实力巨头联名通电，反对唐绍仪入京。该电文声称“唐绍仪学识凡庸，才智猥下，除奢华外，别无所长，故不适合担任外交总长”。可见，这个洋气十足、奢侈过度的人物缺少人格魅力。

好在唐绍仪明白历史的方向，他站在孙中山的革命党一边。1917年8月，国会非常会议在广州正式揭幕，大会选举吴景濂、王正廷为非常国会的正、副议长。随后，中华民国军政府在广州宣告成立，唐绍仪被任命为财政总长，并被非常国会通过。1919年初，北洋军阀政府与护法军政府谈判议和，唐绍仪担任南方总代表。“五四”运动时期，唐绍仪通电北洋军阀政府表示支持爱国学生。他去电巴黎，要求出席巴黎和会的中国代表、他的女婿顾维钧拒绝在和约上签字。

但在南方，唐绍仪失去军头的庇护，跟孙中山一样被任意利用。1920年6月，唐绍仪与孙中山等在上海通电反对桂系军阀，11月，桂系军阀势力被驱逐出广东，唐随孙中山回到广州，重建军政府。同是书生、老乡，此时的唐绍仪与孙中山的分歧越来越大，他对孙中山的通过军阀战争完成统一来恢复共和体制已失去信心。或者说，作为一名曾经留美七年的留学生，唐绍仪对美国的政党体制多少有所了解，他倡导“政党政治”和“责任内阁”。即使孙中山的军政府，在唐绍仪看来也只是一种军人政府，不符合西方的文人治国的体例。而且他认为孙中山的理想太高，难以实现，因此他拒绝出任军政府财政总长一职。

这个在西方生活过的中国人并不消极悲观，他反而像一个智者一样敦劝他遇到的政客、政治家、军阀们退出政治舞台，以促成中国新的政治生态。他曾经劝清廷退位，劝袁世凯退位，劝段祺瑞退位，现在他又劝孙中山退位。好在孙中山这样的政治家不以为意，对他一笑置之。但他一旦面对军阀一类的枭雄，或枭雄一样的政治人物，他的劝退就是不识时务了。他不理解，在美国，退位是一种荣誉；在中国，退位是要人的命。

因此，在实力派如陈济棠、蒋介石眼中，他本应该低三下四的，但他有着外来和尚的真经在手，毫无顾忌。他平视他们，甚至对他们指指点点，他在陈济棠的属地工作，却自成一统，因此让陈怀恨在心；他要求蒋介石退位，因此让后者怀恨在心。

1929年，年近七十岁的唐绍仪任广东省中山县训政实施委员会主席，他表示要“将中山县建设成为全国各县的模范”。两年后，他出任中山县县长，集中精力实施建设模范县的计划。在不到四年的工夫里，他四处化缘，修马路，建医院，把自家的花园改建成城市公园，对市民开放……据说，至今中山还流传着他的逸事，说他修马路的时候，碰到土地公挡路，民工不敢动，他就用手杖敲敲土地公的头，然后让民工下手。因为下水道的井盖老是被偷，唐绍仪下令在井盖上铸上“盗买与盗卖，均罚五十元；报信或引拿，均六成充赏”的字样，后来就没有人偷了。

从一国总理到一县县长，他都做得有声有色。在县长任上，唐绍仪甚至一除旧时奢华习气，比较注意为政清廉，革除官吏衙门陋习，并微服察访，及时解决一些实际问题，因此有“布衣县长”之称。但他没想过中国官场在恶化，1934年10月，陈济棠通过亲信在中山唆使县兵以索饷为名发动哗变，包围唐绍仪的寓所，逼其去职。

抗日战争爆发后，唐绍仪由香港还居上海，他的政治声望使得他被视作“以华制华”傀儡的最佳猎物。据说日本方面计划由唐组织全国性伪政府，取蒋介石地位而代之。日本特务如谷正之、土肥原等和汉奸陈中孚、温宗尧等频繁往来于唐府，于是唐绍仪出任伪职之说通过各种渠道流传散播。国民政府派人劝说唐离开是非之地，唐的态度暧昧不明，加上蒋介石对他的独立超然姿态早有忌恨，因此由国民政府军统派员刺杀唐，既威慑异己，又断日人妄想。

1938年9月30日，唐绍仪被国民政府特务刺杀身亡。10月5日，蒋介石等以国民政府主席林森、行政院长孔祥熙等名义，特地颁布《唐绍仪褒扬令》，同时拨付治丧费五千元，并令将唐氏生平事迹“宣付国史”。国史馆撰写的《唐绍仪传》，称唐晚年被日本人拉拢，要其充当傀儡，“终不肯出”。后来的台湾地区杂志所载军统北平站站长的回忆录中说：“因唐已定意做汉奸，故予处决。”而留在大陆的军统骨干沈醉先生认为，刺唐是军统的奉命行事，堪称“误杀”。对于唐绍仪之死应该说是“晚节未失，惨遭错杀”。

因为这些原因，这位中华民国的首任总理至今不为大众所知并纪念。他的人格光环也因洋派而失去可亲可界定之可能，我们今天也似乎难以理解他的心路历程。但考察他的一生，用旧官僚、守旧派、政客等来形容他显然是不够的。因为他在清政府、北洋政府、国民政府等多朝为官，有的历史学家甚至直指他为“风派”，这显然是误读他了。不夸张地说，唐绍仪是中西文明交汇后的第一代政治家，他有着至今中国人难得的现代精神。

跟唐绍仪关系密切的叶恭绰曾回忆说：唐绍仪“有劝人退位之习惯，以为政治家无身临绝境之理，退可复进。故劝清帝退位，劝袁退位，劝段（祺瑞）退位，又劝孙（中山）退位，劝蒋退位，而不知除清室被逼外，余皆不听其言，蒋尤误会，以及干祸”。这种政治人格，不仅当时人不理解，不仅他的朋友不理解，就是今天的中国人也少有理解，今天的历史学家甚至称他为魏延式人物，脑后有反骨。实际上，把唐绍仪的政治人生放在西方的背景下，无论他劝政治人物退位，还是他从总理之尊屈身为一县之长，都是再正常不过的了。

因此，我们说，这个中华民国的首任总理是最具有现代精神的人物。他也年轻过，也有过中国人生的正常欲望。比如，他年轻时在个人操守上不太谨慎，《申报》就曾报道说，唐绍仪在担任副部长时，嫌工资待遇低，“用款浩繁，入不敷出”。《申报》评价其“实不外拜金主义也”。以至于清政府翰林院的侍读马吉樟弹劾他，说他在担任邮传部左侍郎即副部长时，“所用垂参，皆其同乡亲戚，以贿而行，咨调司员，亦多以贿成者”。当时的报纸也报道说，唐绍仪出任邮传部尚书即部长后，“日食非百金不乐，一切举动，皆模仿西洋豪华，非中国诸王大臣所可及。唯对于部中司员异常刻薄，闻近日又有裁员减薪之举，邮部之司员无不怨形于色。夫减之诚是，然唐自待亦太过也”。时人也记载说唐绍仪“广交游，善挥霍，每日四餐，每餐十金，犹云无可下箸”。日本人佐藤铁治郎的记载干脆说：“唐本骄奢淫佚，无利不为。”

但这个得中西文明精髓的政治人物并非止步不前，因为他的本性仍在，他自始至终就没有失去中国的认同，也没有失去对文明责任的皈依。在唐绍仪留学归国时，他的日本同学曾问他：“四十年前，大英帝国的利炮坚艇，如果不是打到中国而是日本，你认为结果将是怎样？”唐绍仪回答说：“英国的舰艇，不论是打到中国抑或日本，都是侵略行为，是非正义的，全世界都应该予以谴责，你说是吗？”日本留学生嘲讽道：“绍仪君，你不认为这是答非所问吗？”唐绍仪毫不客气地回击：“不知有汉，无论魏晋！”日本同学到处向人讨教唐君的话是何意思，另一位中国留学生告诉他：“这句成语是告诫你，说你知识浅薄，对中国知之甚少。”

因此我们能够理解，唐绍仪在积贫积弱的清末，能够最大限度地为政府和国家争取利益。他比之前曾纪泽（曾国藩的儿子）

的职业外交才华更为出色，他影响了自己的女婿顾维钧，做了一个敬业的事务官或政务官，只是他生不逢时。

1905年，在印度举行中英谈判时，唐绍仪几乎征服了对手，即使英国人向他施压，他仍敢自决："我是来谈判的，要我签字，我不签！"这几乎是顾维钧在巴黎和会谈判态度的先声。唐绍仪在征得清政府的同意下，宣布中止谈判，使英方的企图无法得逞。

因此，我们才能理解，晚年的唐绍仪在政治人格的演进中日趋完善。1928年，国民政府在南京成立。当日的南京仅为中等城市，一时拥入中央、直辖市两级政府，役员遍地，人满为患。两级政府决定，划分建房地域，解决住房办公困难。南京大片的闲置地成了热门抢手货。有人找到担任中央赈灾委员的唐绍仪，请他挪用赈灾款合购地皮，以求牟取暴利。唐毫不为之所动，告诉对方："连划分给我建房的地皮我都不要了，还有必要动用灾民救命钱去抢购土地吗？"

因此，我们才能理解，他后来会投身于社会公益、中国基层建设。1915年，唐绍仪从北京退出政坛时，回乡建造了一所"共乐园"，他希望这个花园是全城人所共有的。为恐日后子孙侵占此园，他还履行了赠送仪式，写出字据，自己签名，妻室子女都在字据上签字："共乐园"为乡亲共有。

20世纪50年代，毛泽东几次用唐绍仪"当了总理再当县长"的例子，来教育干部能上能下。同样是50年代，美国第三十一任总统胡佛出版《回忆录》，其中多次提到好友唐绍仪，对他的评价是：“为人正直，有才干，对中国的未来怀有远大的抱负。”……可见，唐绍仪虽然死于非命，但他的人格意义仍有待今人挖掘。

阎锡山：阎公雅望

用今天的话说，阎锡山算得上80后的佼佼者。隔着一个世纪的1905年，他才二十二岁，加入了同盟会，登上政治舞台。二十八岁时，辛亥革命爆发，阎锡山发挥了很大的作用，用孙中山的话说："不惟山西人当感戴阎君，即十八行省亦当致谢。"在革命期间被军民公推为山西都督。

这个年轻人的命运是奇特的。当是时，山西处于北洋军阀势力的觊觎之中，阎锡山周旋于袁世凯、黎元洪、曹锟、吴佩孚、段祺瑞、张作霖等人之间，"备受风云险恶之苦"，但他能够因势得保，不断扩张实力，一度统治晋、察、绥及平津地区多年，以一青年而终为中国地方实力派之强人，他的命运似乎比南北军阀如唐继尧、陈炯明等人要好得多。他活了下来，能够跟冯玉祥、李宗仁、蒋介石等后起实力派争雄，甚至一度问鼎中原。

阎锡山执掌山西军政大权四十年，称山西王当之无愧，至今仍被论者称为山西现代转型以来最好的地方长官。雄才大略的蒋介石、毛泽东都曾向他致意。蒋介石有一次在国民党的高级干部会议上说："过去，我们学苏联、学美国、学德国，都失败了，还不如阎锡山在山西有办法，我们今后要学阎锡山。"毛泽东则在"西安事变"之际给阎锡山写信说："共维大局之语，至理名言，曷胜钦佩……愿我公出以有力之调停手段。"

但阎锡山被新旧、国共、传统保守或现代等多方面几乎都看轻了，他算得上中国人视野里的明星级历史人物，但他被想当然了，甚至被漫画化脸谱了。人们或把他当作军阀，或把他当作投机政客，或把他当作一厢情愿的"土财主"，张学良就称其为"账房先生"……阎锡山的遗产：他的事功、言行、精神世界……有待我们去挖掘。

其实，在当时，就有人注意到阎锡山的事功的意义。

1930年的美国《时代》杂志发现了他："作为山西省的'模范督军'，阎实际上耸立在一个独立王国之中——处于各军阀的包围之中。尽管目前晋西南地区还存在粮食短缺，但阎为一千一百万人带来了繁荣，在中国，他们最富裕，因而使他显得出类拔萃。阎的嗜好不是女人、酒、鸦片，甚至也不是金钱，而是优质的道路、纺织、防御部队、维持秩序的警察，发展优良的牛、马、耕具、家禽、肥料——所有能为他的乡亲直接带来好处的事物。”

这个年轻的实力派并非一开始就如此自持而成熟。他虽然是老同盟会员、国民党人，但在北中国那样一个强人林立的地方，他也曾站在北方的立场上，如拥护袁世凯，如反对南方的护法运动……这些逆时代潮流而动的举动为他带来了灾难，他吸取教训，奉行“三不二要主义”，即“不入党、不问外省事、不为个人权利用兵，要服从中央命令、要保卫地方治安”。后来他概括为“保境安民”，要求“与邻省联络，使能不为我患，或竟邻疆乐与合作，进而为我用，代我御侮”。至1924年，他多次拒绝参加军阀混战，使山西维持了数年的和平与安定。

在民国成立后的头二十年里，阎锡山为山西带来了稳定与繁荣。河南、山东、河北等邻省的灾民大量涌入山西，寻求安居乐业之所。山西曾获得了“模范省”的称号。1919年胡适陪同杜威到太原，1934年潘光旦走在正太路上，都曾留下赞美之词。曾任北京政府总理的许世英给阎锡山祝寿说：“都督阎公之雅望，晋国天下莫强焉。”

阎锡山事功最大的特点是以治国之策来治理山西一省。

因此，山西教育的成绩在当时极为突出。阎锡山很早就推行国民义务教育，他说：“国民学校的功课，就是修身、国文、算术、体操、图画、手工等事，有四年工夫就毕业，学下算盘、写信、记账的本事。稍有钱的，再上高等小学校；实在穷的，也可自谋生活。这就是求知识的第一样要事。”到1916年，山西每万人中有小学生二百九十名，居各省之首。从1924年起，山西适龄儿童入学率每年都在80%以上。到了1937年，山西有五十五所中学、十七所师范、六所大学。黄炎培在《读中华民国最近教育统计》中说：“民国初年山西学校、学生数量的增长‘速而最稳’。”

阎锡山还自己拿出钱来支持在家乡河边村创办的川至中学和小学，共七排一百四十间瓦房，礼堂、会议室、生化研究室、标本陈列室、运动场等一应俱全。头四年不收学费，每年还给学生发一身校服、一双皮鞋（后改为帆布鞋）。

极有创意的则是阎锡山的农村政策。从1917年起，他在山西搞起了“编村”“村治”等基层民主。在他看来，实行民主和人民的素质没有必然联系，因为一般的是非曲直在人心中是几近本能的东西。

《督军兼省长阎告语各县街村长副闾邻长及人民举办村民会议文》中说：“有人说同治主义不能实行，是人民程度不够的缘故。我问他什么叫程度。他答有真知识是程度。我又问明白是非曲直是真知识抑或是知道条文法理是真知识。其人不答……程度愈高距人情愈远者何贵乎？”

早在1920年，阎锡山提出过“田由公授”的主张，他深知土地问题是这农业国家的命脉。十多年间，因为战乱与动荡，农村破产情况普遍，自耕农降为半自耕农，半自耕农降为雇农佃农，土地越来越集中在大地主手里。如此趋势，“必然激起土地所有者不劳而获，坐享其成；土地使用者终岁劳动，不得一饱”。

他想出的办法是动用早年推行的“村本政治”，不是将土地收归国有，而是收归村有，希望在实行土地分配时有村人理解，手续也简便易行。

可以说，他的基层治理和农村土地村集体所有的政策影响到后来的中国，对改良的乡村建设派和革命的国共党人来说，他都堪称我们中国农村现代化的先驱之一。他有全局眼光，即非局限一省来治理一省，因此能够模范全国。

“非典”期间，山西籍学者谢泳想起了阎锡山，因为1918年的《山西省疫事报告》充分说明了阎锡山的“善治”。该报告说：当年1月5日，阎锡山接到晋北肺病疫情严重的报告，立刻通电各县，遮阻交通，严格检查，并要求官民清洁隔离、埋尸封室。当时内务部派了个叫杨怀德的美国医学博士赴山西，阎立刻授以医务全权。同时，他相信并借助一切社会力量，如聘请当时在山西的各国医生、牧师和教士，参与救治。如此开放的胸怀和当机立断的决策，在后来的中国都是少有的。

考察阎锡山的一生，他是有根柢之人。文学史家曾概括19世纪末以来的中国文化的关键词有“焦灼”“心碎”“嫉羡”等等，因为中西文明的冲撞、融汇如此不平等，在西方的强势下，中国的一切从道德到器物到文章都相形见绌……连孙中山都曾作激愤语："我中国近代文明事事皆落人之后，惟饮食一道之进步，至今尚为文明各国所不及。"

但阎锡山作为一省大员，却没有这种"时代病灶"。他是知道中国社会落后情形的。1924年5月，到太原访问的印度诗人泰戈尔问阎锡山，东方文化是什么？阎答，是中。泰戈尔问，什么是中？阎说，有"种子"的鸡蛋的那"种子"即是"中"；宇宙、造化都把握了这个"中"。泰戈尔问，我们此行经上海、天津、北京，为什么概见不到一点中道文化的痕迹？阎锡山说，就是太原也找不到了，你们想要找，去乡间还可以找到一点。

阎锡山也知道时代正在激进化，他是一个敏感的政治家。1917年俄国发生了十月革命，在俄国经商的山西商人有被驱逐回国者，阎锡山听了商人的报告后，召集山西各界人士开会，研讨"人群社会组织怎样对"的问题，会议认定，"共产主义是错误的……民生主义的经济是合乎中道的"。研讨会每星期两次，每次两小时，从最初的二十四人增至百余人，持续两年又四个月。研讨期间，有人认为阎氏对"俄式革命"过于敏感，"中国不可能遭遇共产的祸害"，阎锡山提醒说：你们今天不注意研究这个问题，将来必有严重后果。

作为一个中国人，他跟孙中山一样对外人和现代文明持有平视的态度。阎锡山反对资本主义，也反对共产主义，但他又能够吸收两者的长处。他并不唯洋是崇，他认为马克思把资本主义的交易问题当作分配问题来处理是一个错误。1936年，阎锡山发表了一篇《防共应先知共》的文章，印成小册子，另印行一本《共产主义的错误》小册子。他说："我是现代政治上的一个负责人，跟一百多年以前的一个学者没有什么争辩的必要。只是为了人类命运，不得不说一说。"

一般以为，阎锡山受的是旧式教育，儒家传统影响了他的一生，这在脸谱化他的人看来，当然是一个局限，但在阎锡山那里，这未必不是一笔财富。阎锡山在列强环伺中能够自立自强，绝非遗老遗少的冬烘先生可以胜任。他确实有中国的根和中国本位，他的大量讲话中随处可见"四书五经"的句子。他反复强调，"井田的经济制度，传贤的政治制度，是中国文化的精髓。"

阎锡山因此表达出一种中国本位的现代进取人格，这种集思辨事功于一体的人格是为一般论者忽略的。在蒋介石之外，这个现代中国的政要也留下了大量的日记，但他的日记特点是多记理少记事。这本身说明他的思考的精进勇猛。"不慎于初，必悔于终"，"跳出陷阱，始可以入坦途"，"柄不在手，转不由己"，"物质过乏则朽志，物质过量则放志"……

有人嘲笑他的做法是"用不同的语言来重复前人智慧"，却没能同情这位中国人"誓为人类抱不平"的信仰情怀。他的爱国、爱省、爱乡或说爱人类，绝非出于虚伪、权宜，而是有一种至诚。他为乡村学校捐钱不遗余力；抗战爆发，他又以继母陈秀卿的名义，将父亲的遗产八十七万元捐给前线；他还摒除党派之见起用共产党人，放手让薄一波发展壮大牺盟会，使山西当时成为陕北之外的又一个抗日中心，吸引了许多爱国志士……凡此种种，说明阎锡山的不同寻常。

他确实重复了别人的智慧，但他是一个吸收他人成果的大师。阎锡山很少说套话，一切对他有启发的思想，在经过他自己一番思考后，转换成他自己的语言说了出来。比如“财产是身外物，易于失靠。技能是身上物，身在即有。人生当重技能。”“大错成于渐，大病成于微，大患成于细，大富积于零。”“恭维我者，有损于我。责备我者，有益于我。积损则凶，积益则吉。”……这既说明他的思想偏好，也说明了他的信念坚持。

阎锡山的自信其实也正是因为他善于学习。跟民国初年的政界明星相比，他显然是一个小字辈，根基不厚。故有史料说他在袁世凯面前紧张得要命，他也确实一度对实力派俯首。但他风云际会，抓住了时势，也成全了时势。他的同学程潜说，阎“在日本留学时成绩平常，土气十足，谁知回国后，瞬间驰名全国，是日本留学生回国后在政坛上表现最为辉煌的人物”。

不仅如此，他后来以一省之力敢于跟蒋介石平起平坐。在一些论者看来，蒋介石之能统一全国，阎锡山的功劳最大，患得患失、出尔反尔，使蒋介石赢得了各个击破的空间，可以说，阎锡山帮助蒋介石度过了数次危机。因为他跟张学良一样明白，兵力再强，无政治理论基础也是不能成功的，蒋介石毕竟有孙中山传给的“三民主义”，有现代革命精神，而他还有所欠缺。

因此，这个有自知之明的政治人物不惧强人，反而有着难得的雅量和善愿。1934年，他给蒋介石写信，帮蒋出主意，说了很多个人感悟。他说因为蒋是元首，所以他对国家大事的认识，应该告诉蒋。对当时的“异端邪说”，如共产主义，他也能够吸收其长。他的理论研究会可以谈共产主义，可以看马列主义书籍，有的成员则在家里翻译《资本论》。当时有两个研究者被指为“托派理论”代言人，因为他说得很干脆：“托派的说法，咱也听听。”

在为父亲庐墓守制期间，阎锡山在河边村召集过一个扩大的理论研究会，将社会的两大病根定为“资私有”和“金代值”，并确定了资公有、产私有的按劳分配理论。他说：“按劳分配就是大同社会。”

而因为阎锡山与共产党的合作，在国民党内部有“山西赤化”的诘责。1960年5月23日他在台北去世，有报纸刊载社论《阎锡山值得国葬吗》，认为他“大量培植‘左’倾分子，卒使共党势力在山西坐大”，结果“晋西事变”后，新军加地方团共约十五万人同时叛变，携带新武器，投向朱德、刘伯承、林彪和贺龙；还有人暗示说，阎锡山是国民党垮台的“首祸”。

谈论阎锡山的不足或投机性一面已经有大量的文字。比如说他的迷信，他的封建意识，他的铁算盘算计，他的家族统治，等等。如果我们设身处地，或对阎锡山抱同情之了解，如他自喻

“在三颗鸡蛋上跳舞，踩破哪一颗都不行”，我们可知，他已经做得相当不错了。他当然在中国的“差序格局”里，但他的治理并未因此失去效能。当时的山西能够最大限度地吸引各种人才，就是因为他还能够“知人善任”，“赏罚严明”，“先求诸已而后求诸人”。

国共决战之际，中共解放太原用了整整六个月，攻守双方伤亡均在三万以上。城破在即，阎锡山发电报说：“万一不能支持，可降。”结果，梁化之命副官在省府院的钟楼一侧备汽油和木柴，然后进入钟楼服毒自杀；特种警宪指挥处的部分成员也先后服毒或开枪互击；同时服毒的，还有阎锡山钟爱的五妹阎惠卿。阎锡山到台湾后，立了一座“太原五百完人招魂冢”。太原之战曾被编入台湾小学课本，被称为“戡乱战史上最悲壮的一页”。由此也可说明阎锡山之得人心。

在考察阎锡山的精神世界时，最值得注意的是他的谨慎、忧患。少年时的阎锡山经历过世态炎凉，十几岁时，父亲阎书堂开的钱铺破产倒闭，欠下一屁股债，父子两人只好躲债。那时的阎锡山还叫万喜子，曾到亲戚家借钱，被赶出来。他曾提着盒子走街串巷，遇人小声问：“买饼子吗？”日后发达，有人编排了俏皮话：万喜子卖饼子——不敢吆喝。

这种忧患也可以说伴随了阎锡山一生，他的一生就是在政治强人和强势政治面前讨生活。从袁世凯、蒋介石，到日本人、共产党，即使他建设的山西成为全国模范，但他仍得在“三颗鸡蛋上跳舞”。但他都忍了下来，而且化压力为修身财富。这种忧患也许让他显得迷信，比如他的内室常设香堂，剪子巷吕祖坛的扶乩生常被找来问福祸。抗战前有一回迎接蒋介石到山西，在哪里迎很是费了一番周折：在运城，那可不成，最后选在介休，让老蒋休了才妥。

他的忧患和谨慎也让他一度失去理智。在国共决战之际，阎锡山特地接见美国驻太原的新闻记者。桌上摆着五百小瓶毒药水，门外停着一口棺材，阎锡山对记者说：“咱阎某决心死守太原，如果失败，咱就和咱的干部们饮此毒药，同归于尽。”还令侍从给他物色一个有“武士道”精神的日本人，随身带枪，事到临头将他打死——“这个任务非日本人不能完成，你们是无勇气下手的。”

但大体说来，阎锡山是理性的。他的忧患使他在革命世纪里活得踏实，活得精彩。在其部下亲信眼中，他就是一位儒雅之将，“阎先生绝不会有狂笑的时候，他像一位道学老夫子，炉火纯青，无一丝一毫暴急浮躁的火气……”

在激进的时代思潮面前，阎锡山没有屈服，反而兼收并蓄，总结出他的中道哲学。他说过：“天理与人欲相合为一，始可做无过之人；事实与理论相合为一，始可做成功的事。”阎锡山一生既信奉孙文的“三民主义”，亦推崇儒教，从政后，以求内圣外王，他认为：“圣不在儒书中，圣在汝行中；从儒书中求圣，只能得些圣形，在汝行中求圣，始能得到圣行。”因此有人认为他是一个“中本位的理性实践主义者”。

我们中国人对现代化的偏见尚不止于激进的革命思潮，在对现代文明生活状态的理解上，我们也多以为是付出最少而享有最大福利的。因此，人们对精英、成功人士的理解，也就是垄断资源而为所欲为，就是科层官僚有其不得已的合理性，但阎锡山却说，“绝不以政罔民”，这也是他民心归附的一个重要原因。他所治理的山西省政府有过这样一条标语：“民主政治的公务员，做甚不务甚，人民应起来制裁他！”他的解释是：当一个公务员，受国家的优遇，岂可不专心职务？

而对不劳而获或少劳多获的现代庸俗哲学，阎锡山的应对是平实的。他同意按劳分配的原则，在日记中，他一直歌颂劳动，认为劳动创造收入。他的两个儿子去美国创业，阎锡山告诫他们说：“我负山西责任时，你祖父说我，要知道你要负这么大的责任，我一定教你背几回炭，掏几回厕所，你才知道生活的困难和工作的艰苦，处理民事才有标准。你们生长在衙门里，不知道生活的困难、工作的艰苦，没碰过钉子，没挨过骂，完全同一般平民的精神环境脱离了，这可以说是你们做事进步上的一大障碍，也是你们前途上的一大损失。”他送给两个儿子十六个字：“轻财重义，讷言敏行，俭己厚人，恭己恕人。”

1960年5月23日，阎锡山病逝，终年七十七岁。他生前就挑选了墓地，墓前有个巨大的“中”字，象征着其人生哲学——“发于仁，归于中”。

顾维钧：弱国之幸

我国的近现代史是一部充满屈辱、苦难的历史，一个有悠久文明的东方大国处于“半殖民半封建”状态。毛泽东准确地抽象出的这一国史性质，在国家而言，是被列强欺凌的弱国；在国民而言，是弱势子民臣民市民，而难以代表中国人新生精神的公民个人。在这方面，当然有例外。1972年9月，中国代表团赴纽约出席第二十七届联大。临行前，毛泽东交给代表团成员一项特殊任务：在美期间看望顾维钧先生。毛说：“我很敬佩顾维钧先生的外交才华和为人。”

对中国近现代史研究多有贡献的唐德刚曾感慨，清末以来中国有两个半外交家，李鸿章、周恩来，半个是顾维钧。唐德刚的理由是，顾维钧未曾有过决策权，而他认为李、周都有过决策权。我多次批评唐德刚的史观，对唐德刚的两个半说，不少读者也质疑他作为历史学家的洞见。顾维钧行使过决策权，在巴黎和会上他和陆澂祥就决定不理会北京政府的命令，自行决定拒绝在对德和约上签字。

巴黎和会，中国代表团五位代表，陆澂祥、王正廷、施肇基、魏宸组、顾维钧。陆是外交总长，王是南方政府代表，驻英公使施肇基和外交部秘书长魏宸组是外交前辈，顾则最年轻（只有三十一岁），资历最浅。在陆总长呈报给当时的北洋军阀主政的民国政府时，将魏、顾排序置换，在民国大总统徐世昌回复的训令中，顾的排名则提前至第二名。

代表团的不和因素因此更为显然。比内部更严重的是，日本先发制人，率先在五个大国的“十人会”上提出德国在山东的权益应直接由日本继承。而英、法、意等国在“一战”中跟日本签约承认过此一问题，在此时站在日本一边。事关中国，美国总统威尔逊提请中国代表对此进行说明。结果，陆澂祥称病无法赴会，王正廷、施肇基称对山东不熟而推由顾维钧代表中国发言。顾维钧没有退让。

他做了准备，他在大战结束前就在驻美使馆内成立小组，专门研究与战后和会相关的问题，并将研究报告送交国内，主张应向和会提出收回德国强占山东的权益。因此面对英、法、意、日、美等大国“十人会”的十人代表，他的演讲非常成功。这是顾维钧第一次在国际讲坛上发表长篇演说。他克服了紧张情绪，

“初似发言稍颤，既乃侃侃而谈”，要求“根据和会承认的民族主义和领土完整的原则，中国有权收回（山东被占的）那些领土”。结果，“全场鼎沸，掌声如雷”。他的很多话成为名言，“中国的孔子有如西方的耶稣，中国不能失去山东正如西方不能失去耶路撒冷。”这句名言，被《费加罗邮报》等多家重要报纸引用。美国国务卿蓝辛在自己的会议笔记中说：“顾的论点完全压倒了日本人。”法国总理克雷孟梭则评论道：“顾之对付日本，有如猫之弄鼠，尽其擒纵之技能。”

因此，巴黎和会到后来几乎成了顾维钧一人独立施展中国外交的舞台。北京政府电令出席巴黎和会的中国代表团：“对于此项草约，大体应行签字，唯山东问题应声明另行保留，以为挽救地步。”当保留签字的要求被拒绝之后，北京政府再次训令：“如保留实难办到，只能签字。”但顾维钧在称病住院的陆澂祥支持下，违抗北京政府训令，拒绝出席6月28日对德和约签字仪式。据说这是我国近代外交史上的第一次说“不”。他的女儿顾菊珍就曾说：“中国现代史表明，先父顾维钧是在国际会议上对列强说‘不’的第一人。”

顾维钧说的“不”是建立在理性的、和平的外交基础上，他改变了弱国任人欺凌、弱国无外交等似是而非的命题。弱国无外交一类的妄言，在相当大的程度上，是上层无能而欺瞒民众的谰言。对于真正的爱国者来说，身为弱国国民，仍有足够的外交机会可以为自己的国家谋福。这种外交机会，不仅涉及理性的力量，也涉及事无巨细的准备工作；不仅涉及外交技巧，也涉及人类的尊严。综观顾维钧一生的外交成就，无不着眼于尊重对方并赢得对方的尊重。

在前往巴黎参加和会的前夕，顾维钧整天埋头准备工作，为中国代表团草拟了一项计划，包括《二十一条》、山东问题、收回租借地等七个问题。此外，他还对国联问题进行了认真的研究，为中国代表团在巴黎和会上的工作打下了坚实基础。此外，顾维钧还专门拜会了以威尔逊总统为首的美国代表团，向他们阐述了中国对和会的要求，获得了美国政府在和会上尽力支持中国的承诺。而在为中国陈情时，顾维钧提及了人类的尊严，他代表中国表达感谢，他说："尽管深怀感激，但是中国代表团认为通过出卖同胞的天生权利，借以对协约国表示感恩，这将是对中国和世界的失职行为，并因此播下未来混乱的种子。"

因此，顾维钧赢得了国际社会的尊重。他的爱国热情、职业伦理、外交才能，使得李鸿章代表的弱国外交成为过去。历史掀开了新的一页。他说的"不"也不是弱者非理性的反应，而是抗议强权、抗议大国分赃的政治。如果李鸿章式的外交是努力使国家和民族的损失降到最低地步，那么，到了顾维钧这里，外交参与了国际事务，参与了国际政治经济秩序完善的艰难历程。从顾维钧开始，一批在美国、欧洲留学外交的专业人士进入外交界。中国真正意义上的外交开始了。

在顾维钧的外交努力下，中国拒签对德和约。不少弱小国家和民族的代表，像阿拉伯的费舍尔亲王和印度的土邦主们，在顾维钧那里看到了希望。后来，罗马尼亚、塞尔维亚、南美洲各国也仿效中国代表，采取了拒绝签字的外交手段。可以说，中国成为“第三世界”的榜样，从巴黎和会就开始了，弱国外交的意义是深远的。除拒绝签字对德和约之外，顾维钧还以列国侵犯土耳其领土、主权完整为由，拒签对土和约。弱国外交在此已主持了国际正义。

但顾维钧不仅是说不，他也承认了现实中的国际秩序，他代表中国签署了对奥和约，不仅成为中国废除不平等条约之首创，而且因此成为国际联盟的会员国，后来还被选为国联行政院六个非常任会员之一。这是中国首次进入并被承认为国际社会的一员，此前中国被认定为非国际社会成员，无资格适用国际法的。此外，中国还签署了对匈（牙利）和约、对布加利（保加利亚）和约，第一次以战胜国姿态出现于国际社会。顾维钧等还签署了国际航空专约，使中国与其他国家具有同样的领空权。可以说，巴黎和会除对德和约有辱中国主权外，在其他方面，中国都取得了相当的外交成就。

当时的《东方杂志》报道：“被举（选入国联行政院——本文作者注）以后，惊骇者若而人，庆贺者若而人，华族寓公，人人色喜。记者目击情状，汗流浃背；思中华民国自九年十二月十五日起，在国际上所处之地位，已与列强同等矣。”英国驻北京公使艾思顿（Beilby Alston）在给英国外交部的年度报告中写道："尽管内部可悲的困难，中国赢得外国更高的尊敬；当中国拒签《凡尔赛和约》时，国际尊敬的高潮开始涌起。日本虽然取得当时政治上的胜利，中国赢得道德上的胜利，并在赢得国际行政院席位时达到巅峰。"

在顾维钧一生的外交生涯中，他极为看重中国介入国际事务的可能性。早在日本要求《二十一条》时，顾维钧就认识到，中国需要国际上的支持。在日本要求绝对保密的谈判期间，他没有征求袁世凯的同意，悄悄把消息透露给了英美。果不其然，国际反应对日本构成了压力。在这种情况下，袁世凯看到对外界做一定透露有助于中国，开始有意地让顾维钧继续透露消息。顾维钧的勇气和才能，使得他在二十七岁时被袁世凯任命为驻美公使。一般以为林则徐代表了近代以来首批具有"世界眼光"的人，从袁世凯临死前的行迹看，当时中国顶级的政治人物才开始具备"世界眼光"。

有了巴黎和会上的外交成果，在国联中，顾维钧不失时机地向国联大会提交废除《二十一条》、归还山东权益的"鲁案"。日本为此表示，只要日中开始单独商议，愿意归还山东权益。顾维钧再次说不，他拒绝有条件地归还，拒绝单独开议。最终于1921年11月12日由美国发起华盛顿会议，中国在会议上提出废除《二十一条》的要求，日本迫于美、英压力，终于在1922年2月4日与中国签订《中日山东悬案条约及附约》，《二十一条》及山东问题的换文、对德和约关于山东的条款被推翻；并于6日签订了《九国公约》，强调尊重中国的领土完整和主权独立，给予中国以自行发展的机遇。

随后，顾维钧于1924年5月同苏联代表加拉罕签订《中苏解决悬案大纲协定》及其附件。这不但是近代中俄第一次平等地签订条约，也是中国凭借外交途径废除不平等条约的开始。

1925年6月24日，北京政府正式向各国政府发出修改不平等条约的照会，要求召开华盛顿会议确定的关税会议和法权会议。同年10月26日，关税特别会议在北京召开，共十三个西方国家参加。11月19日，会议第二委员会通过决议："承认中国享受关税自主之权利，允许解除各国与中国间现行各项条约中所包含之关税束缚，并允许中国国定关税率条例于1929年1月1日发生效力。"

因此可以说，顾维钧改写了弱国无外交的历史。

这个堪称近代以来中国第一外交家的爱国者，当然知道实力的重要，并知道弱国外交所受的屈辱。1933年2月，通过颜惠庆、顾维钧、郭泰祺等人的艰苦努力，使国际联盟以压倒多数通过了关于中日冲突的报告书，中国在外交上居有利地位。当是时，日军发动对热河的进攻，顾氏等人急盼中国军队奋力作战，可是中国军队一再溃退。日内瓦的外交官们，"看到中国军队这般软弱无能，与中国代表团在国联大会上辩说时所持的强硬态度形成强烈的对照。”中国代表立即转为尴尬的处境，顾说：“不论我们每次怎么说，宣称要坚决抵抗，但是到了第二天，传到日内瓦的消息总是又丧失一块土地。”在此情况下，颜、顾、郭联名致电政府辞职：“自报告书公布后，军事方面重要甚于外交。将来外交前途，多视军事为轻移，惠等心余力拙……应请准予开去代表职务。”顾维钧晚年忆及此事，仍是“犹感难堪”。

但顾维钧更坚持弱国外交的可能性，并奠定了现代国际外交的重要原则。他曾反复阐述关于外交谈判的基本，即否定全胜论。顾说：“每一个中国知识分子都记得一句古话：宁为玉碎，不为瓦全。换句话说，坚持原则比只顾局部利益为好。我一向把这句话看作是个人一生中的宝贵箴言，因为一个人的生命是有限的；但这项箴言不适用于外交，因为国家是永存的，不能玉碎，一个外交家不能因为必须坚持原则而眼看着其他的国家趋于毁灭不顾。”这个否定全胜论的思想，不仅适用于弱国，也适用于强国。

作为一个政治人物，顾维钧在民国风雨飘摇的政坛上始终屹立不倒。其原因，除了他有钱，他热衷做官，他知道自己从政的价值外，也在于他维护了现代国家极为珍贵的人格独立。这种人格独立体现了相当程度的利益中立上。有人为此问顾维钧，在中国政府权力处于风雨飘摇中，他何以能够左右逢源，官运亨通？顾维钧回答说：“问题很简单，我从不介入派系之争。我的活动纯以国家民族利益为依归。凡是有益国家的事，我必尽绵薄之力，反之，有害的事，我宁愿挂冠而去。”

他的人格独立甚至体现在做人的细节上，即他尊重对手。人们回忆说，顾维钧的态度非常雍容，从来没有疾言厉色。他对人总不称“你”而称“您”。他说：“在外交上讲话，一定得有礼貌。例如知道对方不会同意自己的意见，而话一定得这样说：‘我相信您一定会同意我的意见吧。’”

英国人因此称道他：“中国很少有比顾维钧博士更堪称典型的人了。平易近人，有修养，无比耐心和温文尔雅，没有哪一位西方世界的外交家在沉着与和蔼方面能够超过他。”

顾维钧的人生可圈可点。

作为一个家境并不殷实的孩子，顾维钧可谓得上天眷顾。十二岁时，他跟上海道尹袁观澜之子袁履登为同学。袁幕府中张衡山会看相，他说，这两个孩子皆非等闲之辈；唯履登不正，将来恐难有善终（后沦为汉奸）；维钧则一帆风顺，富贵双全。张为此把女儿许配给了顾维钧，是为顾第一次婚姻。张还为此资助顾维钧，变卖祖产送顾去美国留学。

这个美男子有着匪夷所思的好运气。当他还在美国读书时，唐绍仪作为清朝政府的特使访问美国，在大使馆里接见了四十位中国留学生，顾维钧作为学生代表致辞，给唐绍仪留下了好印象。当袁世凯执政，唐绍仪出任袁世凯的内阁总理时，他向袁世凯举荐了顾维钧。那时，顾维钧的博士论文只写了一个序章，他准备拒绝来自北京的邀请。他的导师约翰·穆尔对顾维钧说："你学习外交就是为国报效，现在有这么好的机会，你应该抓住。"在导师的理解和支持下，顾维钧以一篇不成熟的论文《外人在华地位》而拿到了博士学位，回国赴任。多年后，顾维钧回忆起导师时说："约翰·穆尔是对我一生影响最大的人。"

这篇论文据说是顾维钧的遗憾，唐德刚也评其"不够"，实在是学人书生之气。反而顾的导师，做过美国国务卿助理的约翰·穆尔更懂得学术论文和事功之间的关系，甚至他的母校，也更能理解一个现代公民的意义。在哥伦比亚大学的杰出校友排名榜上，顾维钧、胡适、吴健雄是最早列入的三个中国人。

顾维钧认识了唐绍仪的女儿，唐小姐很快坠入了情网，并要挟父亲出面。据说，这个学者气很足的唐绍仪被逼无奈，只好以国务总理之尊授意给淞沪护军使（警备总司令）何丰林，叫他负责顾维钧退婚一事。何丰林本是粗人，亲自带了百名士兵，跑进张公馆，找到张衡山，逼他立刻写退婚书。张衡山向来不畏强暴，愤然地对何丰林说："顾维钧不是东西，我当然不要他做女婿，退婚可以，但我不能受你的威逼，你带了大兵包围我的住宅，太侮辱我了。"何丰林拍桌子大声地直嚷："你不退婚，我公事上怎么交代？我官做不成，和你拼命！"退婚事成，张衡山感叹："我只会看相，不会看心。"不久便抑郁而死。事实上，会看相的张衡山的悲剧才是当时中国新旧交替中注定的悲剧。

但顾维钧在中国如鱼得水。他的第二次婚姻以1919年夫人病亡而告一段落。唐小姐的死使得顾维钧一度心灰意冷，想辞去公职，但他还是以国事为重，在巴黎和会上展示了中国人的形象。

很快，顾在伦敦的社交场合结识了“糖王”黄奕柱的爱女黄蕙兰。黄某为英伦华侨第一巨富，死时积财五百万镑。据说，长相平平的黄蕙兰生怕顾维钧被别人夺走，她老练而坦白地对顾说：“我的金钱力量，可以保证你事业的成功，我们来开始合作吧。”据说顾曾找过一个有名的星卜家，出了一个金镑的酬劳，为他占卦这门亲事。卦占结果，佳偶天成，大吉大利，顾意始决。二人在伦敦结婚，时人称“一镑缘”。

黄蕙兰精通几国语言，婚后跟随丈夫活跃于国际政坛上，处处能为丈夫助一臂之力。但他们个性并不适合，夫妻一起生活了三十余年，最后仍劳燕分飞。顾维钧娶的第四位夫人严幼韵，充当了“好管家、好护士、好秘书”的角色。顾维钧在九十六岁高龄时，还完成了一万一千页的口述回忆录，即与夫人的精心照护息息相关。他晚年过着“不忮不求，不怨不尤，和颜悦色，心满意足”的生活。在谈到长寿秘诀时，他说：“散步，少吃零食，太太的照顾。”

有人说，这个弱国的幸运国民得益于他的长相、婚姻，他的四段婚姻或主学、或主贵、或主富、或主情，给了他近乎完美的人生。但综观他的一生，他配得上他的际遇。用我们现在的话说，他贱而不肆志，富贵不骄人。他给过章士钊这些同时代的人暴发的错觉，但他做人做事仍立足于国家、个人。他是他那个时代在国家和个人上做到双赢的人，既为国家做了贡献，又成全了自己。

他的爱国出于至诚和人的尊严。当他还是一个少年时，经过外白渡桥，看见一个英国人坐着黄包车，急着要去看跑马。拉车上桥本来就累得很，他还用鞭子抽打车夫。顾维钧愤怒地斥责这个英国人说："Are you a gentleman？"（你还算是个绅士吗？）今天看着城管殴打小商贩们的国民该在顾维钧面前羞愧吧。

他对文化文明的尊重也融进了血液，养成了习惯。他以外交干才著称，用英语多，用中文少，但他非常看重中文。他曾要求秘书杨玉清每天从古文中选一点材料抄给他，他夜晚回家去读。他对杨玉清说："一个中国人，当然应该把中文学好。一个人不能说年纪大了就不求进步。我应该学中文。你这样做，是帮我的忙。"

林　森：被忽略的“神位”

1937年11月17日凌晨，南京。

这是上海沦陷后的第五天。在严密的保安措施和新闻封锁下，年逾古稀的国民政府主席林森率领一千余名官员，携带中华民国印信旗幡，穿过挹江门，行政、立法、司法、监察、考试等五院随迁，漏夜登载内河装甲兵船“永绥号”，撤离南京。

蒋介石为林森送行，林森反复告诫他“将来一定要再打回南京”。向蒋介石等人告别时他说：“我已是古稀之人，将来是否能回到南京，已不敢作想，但你们一定要坚决抗日，肯定会取得胜利！”林森甚至立下了遗嘱交代后事，以示持久抗战、以身许国的信念。

20日，林森途经武汉，公开发表《国民政府移驻重庆宣言》：“国民政府兹为适应战况，统筹全局，长期抗战起见，本日移驻重庆。此后将以最广大之规模，从事更持久之战斗。以中华人民之众，土地之广，人人抱必死之决心，以其热血与土地凝结为一，任何暴力，不能使之分离。外得国际之同情，内有民众之团结，继续抗战，必能达到维护国家民族生存独立之目的。”

此时是长江航运的枯水季节，宜昌至重庆段的川江航道狭窄险峻，“永绥号”兵舰不能继续前进，林森在宜昌换乘较小的川江客轮“民风轮”，最后顺利进入重庆。11月26日下午4时，“民风轮”出现在重庆朝天门江面，早已恭候在此的海军“巴渝”“长江”二舰齐鸣礼炮二十一响，并随侍两侧，为“民风轮”护航。林森一行到达重庆码头时，“各界代表、军队、学生军、童子军等列队欢迎者万余人”。军乐声中，林森身披“青色斗篷，持黄色手杖，徐步登岸，态度极为严肃，默然无语，忧国之情溢于眉间，频频以右手举至胸前答礼……观者无不肃然”。

这一史称“衣冠西渡”的计划，当时乃至今天来看，都极为悲壮。作为中国现代史上的国家元首，林森的意义被后人忽略了。但林森本人对其职责并没有丝毫懈怠。1938年12月，汪精卫叛逃投敌，林森以国民党中央监察常委身份力主开除汪精卫党籍，并明令通缉。汪精卫成为南京伪政权主席之前，致电林森说，他资历尚浅，只有林森才够担得起“国民政府主席”一职的重任，并“力促”林森赴南京就任“主席”。林森痛斥汪精卫：“无耻之尤，可耻亦复可笑。”

1941年12月9日，林森以国家主席名义，向德、意、日三国宣战。此后致力于废除美、英等不平等条约。1943年1月，中美、中英新约签署，林森不胜欣喜，特邀宋庆龄、于右任等国民党元老合影。1943年8月，林森因车祸在重庆逝世，终年七十五岁，国民政府为他举行隆重国葬。中共中央致唁电说："林公领导抗战，功在国家。"《新华日报》发表社论《为元首逝世致哀》："林主席逝世，这是抗战中全国人民最哀痛的事情，是'国父'逝世后我国最大的损失。"

林森能在国民党内派系复杂的情形中"脱颖而出"，赢得各派的认可，获得国共两党的尊敬，他的道德人格是无可挑剔的。他曾联名反蒋介石，受到通缉，以后仍得到蒋介石的体谅和支持；他曾组建"西山会议派"，故世时却依旧受到共产党人的哀悼和赞誉。这是一个在现代史上极为特殊的国家元首。

林森，原名林天波，福建人，字长仁，号子超，自号青芝老人，别署百洞山人、虎洞老樵、啸余庐主人。少年时渡海投考台湾的西学堂，在教会学校受过十多年的西式教育，毕业后在台北"电信局"工作。1895年，中日《马关条约》签订，中国割让台湾给日本，清政府驻台机构撤迁福建，二十七岁的林森没有撤回，反而投奔了刘永福的"黑旗军"，这是一支有名的抗日部队。"黑旗军"抗日失败后，林森"奔走于沪、粤及日本各地，联络革命志士，并与中山先生联系"。由于他的革命行动，林森被清政府当局作为“乱党”通缉。

辛亥革命爆发时，林森参与领导了九江起义，并促海军反正，派兵援鄂、皖，稳定革命大局，任九江军政府民政长。孙中山在南京成立中华民国临时政府，林森被推举为民国开国参议院议长。1913年4月，林森出席北京第一届国会，被选为参议院议长。

林森是一个有血性、有性格的人。他为官清正廉洁、不慕名利、自律甚严，尤其崇扬民主和法治精神。在任参议院议长时，他对孙中山和袁世凯这两位“大总统”的决定都有过否决的记录。民国初年，袁世凯在北京参议院就任大总统时，佩带指挥刀、全副武装地来到参议院。当时正在担任参议院议长的林森看到袁氏如此耀武扬威，便毫不客气地对他说：“此地乃代表人民之最高机关，不得佩带武器入场，以崇法治。”

1920年8月，林森再次当选为参议院议长。他以议长名义筹款修建黄花岗七十二烈士墓，编纂《黄花碧血集》，翻印林觉民《绝命书》。1924年1月，中国国民党“一大”在广州召开，林森与李大钊等五人被孙中山指定为主席团成员，林森当选为中央执行委员、海外部部长。孙中山逝世不久，林森由“容共”转向反共，参加了“西山会议派”，反对国共合作，因而被国民党中央开除党籍。在抗战时期，林森又以国家和民族大义为重，不遗余力宣传团结抗日，赢得了共产党的尊重。

1931年，由于胡汉民逼宫，时任国民政府主席的蒋介石被迫下野。当时操纵政治的三巨头（蒋介石、汪精卫、胡汉民）对这个位置各有中意人选，如蒋介石属意于右任，还有人推举蔡元培。结果是，1931年12月15日，林森被推选为国府代主席。月底，国民党四届一中全会议决国民政府主席为国家元首，但不负实际政治责任。12月28日，林森正式当选为国民政府主席，自此连任数届屹立不倒，直到去世。

成为一国之尊的林森仍有个性，但他以实际行动诠释了“虚君”“垂拱而治”的现代含义。他在《就职通电》中说：“森受命彷徨，不敢自逸，黾勉受命，暂度危机。值此国难灼肤，外交束手，懔失足于冰渊，谋全国之团结，急不可待，时不我与，森惴惴自将暂勉效职。”

除了性格，林森确实具备一国之尊的条件。但他也收敛了自己的个性，既圆润又绵里藏针。

上任后的林森需要自己的文官长，林森亲自去请同乡加兄弟魏怀：“你要干文官长，我只要你做到三件事，做到就干，做不到就别干。”魏怀立即反问：“老兄啊，并不是我要做这个官，是你非要我干的啊？”林森郑重地说：“第一，不要发表任何讲话；第二，不得赴任何私人宴会；第三，不许写条子，向机关推荐人。”

林森严格约束自己和手下。他对手下的要求是：不发表意见，不参加宴会，不写条子。有一次，一个重要的晚宴要在国民政府礼堂举行，林森的一位秘书向林森请示能否参加，以增长见识，开开眼界。林森说：“你干好你的秘书工作就行了，到宴会上去干什么？”

这类事举不胜举。洛阳警备司令陈继承来拜访，林森拒绝接见：“以后武官直接去见蒋，文官去见汪，不必到我这里来啦。”一位熟人找林森安排工作，林森说：“可用的人都没有缺的了，中央又颁布了上级不得向下级机关荐人的法令，用人要通过铨叙部门，我怎么好带头违反呢？今后不要再找我了。”

二十五岁就丧妻的林森发誓不再娶妻室，也没有子嗣，侄子林京成为他的养子。林京学成回国工作，曾被委任为宜宾鸦片特税处处长，林森知道后，也不表态同不同意，只说：“林文忠公（林则徐）禁烟强国，垂誉天下。你这个姓林的却去做公开销售鸦片的官儿，害了人还要收税。你自己看着办吧。”林京掂量再三，最终辞去了这个肥缺，走上了抗日前线，在傅作义将军手下当英文秘书，后来不幸殉难。当时，林京的上司和同事都不知道他是国府主席的养子。

林森的品德可圈可点。他曾对蒋介石说：“你尽可以专心致志于抗战大计的部署，领导全面抗战；而融洽民情、鼓舞士气等内政则可由我来做。”在公开场合，林森都把领导抗战的功劳归于蒋氏，从不妨碍蒋氏行使实际上的最高领导权。蒋介石身为国民党委员长，权力欲强，实权在手，林森作为国民政府主席，恪守着自己的“为官之道”——“统而不治”，从而保证了两人之间长达十多年的合作，也使抗战期间最高领导层保持了基本的稳定团结。

林森奉行“不争权揽利、不作威作福、不结党营私”的“三不”原则。他任国府主席时，国民党内很多人都不重视林森这位“一国之尊”，甚至把他看作“国府看印的”。胡适评价说：“林子超先生把国府主席做到了‘虚位’，以至于虚到有的人居然已经‘目中无主席了’。”很多人以为他超然。1934年，文人易君左写了《闲话扬州》一书，引起官司。《中国日报》后来为此出了上联：“易君左闲话扬州，引起扬州闲话，易君，左矣。”在应征的下联中，多跟时人相关，如：“唐生智誓守南京，导致南京失守，唐生，智乎？！”“陈公博计划实业，推选实业计划，陈公，博矣！”最妙者是南京名医兼诗人叶古红的一联：“林子超主席国府，连任国府主席，林子，超然！”

林森担任国民政府主席期间，汪精卫继任行政院长。按规定，行政院长组阁之后，应该率内阁成员参见主席，但汪内阁没有履行这一规定。有一天，一位部长想起此事：“我们就职一个多月了，还没有去正式参谒林主席哩！”汪精卫就派人通知林森，说明天上午要率领全体部长前来参见。第二天上午，当全体部长到达林公馆时，林森却突然“失踪”了。当天下午，林森又一个一个地回拜部长。这时人们才知道，他是因为“不敢接受参拜大礼”，才有意出门回避。

此事在当时引起轰动，并被传为美谈。两年后，胡适解读了这个故事，他说这个故事告诉人们，林森是一个识大体的人。如果他这个政府主席不识大体，不甘寂寞，不能把“政府主席”当作一个虚设的职务，那就很可能出现民国初年的“府院之争”，从而引起历史的倒退。正因为如此，胡适认为林先生这种在政治上无为而淡泊的精神，改变了“两年前党政军合为一体的国府主席的地位”，这是“林森先生在中国现代政治史上的重大贡献”。

黄季陆的解读有所不同，他认为这个故事不是一个美谈，而是汪内阁闹出的一个“大笑话”。林森的回避，“是要借此机会给汪精卫这般不知礼、不识大体的行政院长一个教训”；他当天下午的回拜，“正是要这班人感觉到失礼和惭愧”。黄季陆认为，林森“并不是一个可以随便侵犯、不讲礼节、不讲体制的人”。这一解读可以理解为林森的“绵里藏针”，他的个性，恰到好处地捍卫了元首的尊严，同时又抬高了行政院的地位。

林森因此赢得了人们的尊重。他反对过蒋介石，但做了国民政府主席，他对蒋不卑不亢。一次，林森遇到了戒备森严被军队簇拥而来的蒋介石，就在道旁的小庙赏玩古董，并不迎接或避让，直到蒋介石走到面前，说了声“主席好”，他才抬头寒暄。“西安事变”后，林森力主和平解决，蒋介石终于回到南京。当蒋介石乘坐的飞机降落时，众人争相上前向蒋介石致以问候。林森则站在一边，直到蒋介石走过来与林森握手：“有累主席受惊了。”

林森对自己的角色相当自觉：“我的地位相当于神龛中的神位，受人景仰而不失其威仪，自然能保持庙堂之肃穆，家宅之安康。若神主显灵，则反倒一室彷徨，怪异百出。国家主席是虚君地位，其意义在于垂拱而治，不该去管的就不要去管，让有办法的人放手去做嘛。”胡适高度评价林森的意义，他盛赞林森是“现代中国的第一位平民主席”。

今天我们回顾现代中国的这位特殊的国家元首，我们能够理解，在林森身上，不仅传统中国“无为而治”“垂拱而治”的思想和实绩得到了再现，而且现代政治的“责任内阁制”等模式也得到了尊重。叶楚伧评价他：“公生平宁静淡泊，勤整廉贞，举措抑扬，不私奸慝，造次颠沛，不离规矩，居常和易，童稚可亲。临大难，持大节，则峥峥岳岳，凛乎如神。”人们称林森为“一代完人”“千秋模范”。在林森去世后，国民政府发布褒崇令：“林故主席子超先生，以高龄钜德，任职十有二年，恭己临民，睿谟默运，育成民德，邦本用宁。故能临大事，决大疑，处变而不惊，慎谋而能断。洵足光耀史乘，表率群伦。”

乱世留名

王　五：毁家纾难屠狗辈

我们中国人虽有四海之内皆兄弟的明训，但上流下层之间、士农工商等四民社会的分层之间，基本上是井水河水之泾渭有别，老死不相往来的。在社会平稳期，各阶层各领域的人们彼此分立，所谓一盘散沙；到了严重时刻，危急关头，人们才开始凝聚，共渡时艰。这种靖赴危难，平民百姓付出的代价令人心碎，其行迹比精英之士更为纯粹。近代史上就有这么一位草莽英雄，以其义薄云天的豪侠和毁家纾难的牺牲，赢得了后人长久的尊重。人们习惯称他为大刀王五。

大刀王五，本名正谊，字子斌。他出身贫寒，三岁时父亲去世。王五跟母亲相依为命，小小的年纪即开始养家糊口。他原籍河北沧州，沧州自古崇侠尚武，武林高手云集。王五在此地方氛围里，也不免使拳弄棒，但他并不止于简单的习武健身，而是入门之后即向最高的境界攀登。他跟人学艺，在得知当地最有名的武师是双刀李凤岗之后，又以至诚感动李凤岗，拜在李门下，刻苦学习。一把一百多斤的“青龙偃月刀”使得极为娴熟，深得师父器重。李凤岗为培养他，让他跟着师兄一起押镖，行走江湖。几年后，王五出师，在朋友的帮助下，在北京崇文区半壁街开办一家镖局，“其势范围，北及山海关，南及清江蒲（今江苏淮阴市）”。

这种类似于今天社会的保安公司远比今人的生活要丰富，那就是他们的敬业精神、职业操守跟今人有别。除此以外，他们开设镖局固然是为了生计，甚至为了挣大钱，所谓万贯家私，但同样重要的是他们有极强的社会化意识。他们的社会参与精神远比今人要强烈。他们虽系一介草莽，但他们生命的最高境界是为人侠义，锄强扶弱。所谓侠之大者，为国为民。这个草莽中国的江湖社会，因为有他们的存在，才使得强者有所忌惮，弱者不因孤苦而无告。王五的行为使得当时人不呼其名，“任侠之流皆奉为祭酒，于是有大刀王五之称，大刀者，非以刀名，人以此尊之耳。”

甲午战争失败后，御史安维峻向朝廷上疏，力陈议和之弊，要求严惩误国者，遭到清廷的贬斥，被革职戍边。这种贬官一般落魄，行走社会不免危险。王五出于义愤，自愿担负起了护送安维峻的责任。这种义举在王五的生活中举不胜举，因不满朝政腐败、贪官横行，王五甚至干过劫官济贫的勾当。他常活动于河北、河南、陕西、甘肃等北方数省，是当时民众眼里的一代豪侠。

中国文化中的公共空间一向狭窄，末世社会的治安情况尤其糟糕，而社会各界因利益族群的冲突也极为尖锐。在这样的时代，一旦肩担道义，王五注定受到社会的尊重。就在皇城脚边，南横街的汉人和牛街的回民之间就发生了回汉械斗事件，这一事件因王五的调解才告平息。因为他的功德，众人赠给他“德容感化”和“义重解骖”两块匾额。

这个侠客注定不单为自己而活，活得不同流俗。他的眼光越社会化，他就越能把社会的危难跟自己的生活联系起来。“天下兴亡，匹夫有责”这样的传统教训在他那里不是一句空话。甲午战争使得中国败于邻邦日本之手，最有世界眼光的李鸿章委曲求全，仍签下了丧权辱国的《马关条约》。朝廷的无能，使得国人义愤填膺。康有为和他的弟子梁启超为此“公车上书”，一时震动天下。即使如此，朝廷在国民心中依然是强大的、高高在上的；个体是弱小的、报国无门的。很多人激昂一时，但时过境迁，不过仍因循过生活罢了。

但王五并不因循，他的交游极广，在命运无形之手的安排下，他仍在努力尽自己的人事。同行为他介绍了湖南人谭嗣同来学艺，他除了向徒弟传授单刀和七星剑外，也向徒弟学习了胸怀天下的肝胆和志向。他在甲午战争一年后即开办“文武义学”，免费招有志青年入学，特聘有名学者教授经史、新学，自授武功。用现在的话说，他称得上“毁家纾难”，但他又绝不是一个不动脑子的莽夫，据梁启超说，王五颇有军事家的雄才大略。他曾对谭嗣同说：“出了居庸关，乃东北千里之地，大山连绵，森林茂密；还有一片辽阔的土地，水草丰盛，人烟稀少。我打算买下一批骆驼牛马，在那里放牧，再招集游民，发展农牧经营，建立一个‘塞外王国’。我奉你为主。也可以利用这些经营资助你的朋友，继续干你的事业。”

1898年，康有为在光绪皇帝的支持下锐意变法，谭嗣同参与其中。这就是近代史上有名的“戊戌变法”。这样的大事，在当时中国，可以说整个社会的心理准备不足。即使清朝数百年统治已经混淆满汉之间的分裂，但无论官场还是江湖草莽，都不清楚变法的图景。何况康有为等人，在当时虽有影响，但社会资望不足。这种变法注定是如同捅破天一样的大事，是“与虎谋皮”，出事也是大事，而出事是必然的。

一般草莽中人对这种事多是旁观，即鲁迅一再感叹的国民的麻木，王五却倾其全力支持谭嗣同。他说：“维新变法是富国强民之路，也是王五所愿，能与复生同道同志，乃王五之福分。”为支持谭嗣同，谭的衣食住行由他操持，他还选派精壮武师卫护谭嗣同的住所，而他自已则常随谭嗣同的左右。王五几乎是知其不可为而为，他的投入在今天看来是匪夷所思的，他广交武林豪杰，发展赞同变法的人加入维新行列。用今天的话说，他几乎是一个现代社会的公民，他不放过每一个宣传变法的机会。跟大多数国民仍只关心与自己利益相关的改革措施相比，实在让人难以想象这样的英雄豪杰曾在中国社会存在过。

也许他的匹夫英烈无形中影响了谭嗣同，使得这位“天才轶荡”的大思想家在变法失败后拒绝逃亡。谭嗣同说：“不有行者，无以图将来；不有死者，无以酬圣主。”即使王五力劝谭嗣同出走，谭仍坚持自己的选择，“各国变法，无不从流血而成，今日中国未闻有因变法而流血者，此国之所以不昌也。有之，请自嗣同始！”

谭嗣同死了，死前他留下了百年千载之后仍让人叹息的《狱中题壁》：

望门投止思张俭，忍死须臾待杜根。

我自横刀向天笑，去留肝胆两昆仑。

梁启超认为：“所谓两昆仑者，其一指南海（康有为），其一乃侠客大刀王五。”这是梁对他战友心地最为精当的解读，也是中国读书人对江湖人最高的回报。唯有如此，读书人才不负屠狗辈。仗义每从屠狗辈，负心多是读书人。但到了谭嗣同和王五那里，这一中国社会中的功德和罪性现象有所救赎。谭嗣同为我们读书人争得了崇誉，王五再一次证明了屠狗辈的肝胆侠义。

据说，王五曾密谋劫狱救谭，但秘密被泄漏，刑期提前。

1898年9月23日，谭嗣同、杨深秀、林旭、杨锐、刘光第、康广仁六人（世称“戊戌六君子”）被杀害于宣武门外菜市口。谭嗣同临刑高呼：“有心杀贼，无力回天。死得其所，快哉快哉！”王五闻讯，不顾个人安危赶到刑场伏尸大哭，涤尽烈士身上血污，收尸装殓。据当时人记载：戊戌时，谭嗣同之受刑也，人无敢问者。侠客伏尸大哭，涤其血殓之，道路目者皆曰“此参政（指谭嗣同）剑师王五公也”。

死者已矣，生者何安？在被捕前，谭嗣同把自己随身佩带的“凤矩”宝剑赠送给王五。王五将谭嗣同入殓后，在居所密设灵堂，祭奠七日，又置盛棺，扶棺送往谭的老家湖南浏阳安葬。因此，这些努力也是必然的了：这个侠客联络武林豪杰，等待时机再行变法。同时，他决计刺杀载漪、荣禄，为谭嗣同复仇。

王五的命运是必然的。这个草莽英雄注定要为历史捐躯，谭嗣同死后两年，他也死于国难。关于他的死，有很多种说法，一说他死于义和团之乱，一说他死于八国联军之手，一说他死于袁世凯之手。最可能的仍是民间传说：当年八国联军洗劫源顺镖局时，王五进行了抵抗，后被八国联军杀死，头被挂在城门上，家人无法给王五入殓。“津门大侠”霍元甲听说后，只身从天津赶来，夜里将王五的头取下、埋葬。

这样的英雄在近代史上有着独特的意义。变法失败了，那些有负变法烈士的仍多是读书人。有些人甚至反动，如变法派主将康有为都成为保皇派；更多的人因循，随波逐流，过起自己的日子。当他们在欧美畅游列国的时候，当他们在国内口吐真言或激扬文字的时候，或者说，当他们融进中国社会的黑暗衰败之大潮的时候，我们的英雄烈士在历史的尘封中被人遗忘。

在戊戌变法的诸多人物中，今天想来最使人觉得可歌可泣的是大刀王五。康有为和梁启超早已以其文章事功而誉满天下，谭嗣同等人也早已以其“引刀成一快”的行实而炳为英烈，他们都成功地与那个专横、愚妄的王朝相剥离，末世衰世的灭亡所溅起的污秽没有玷污他们的名字。但是王五呢，王五代表的普通民众呢，他们也曾以庄严的献身而参与了我们民族的历史。想起王五，穆旦的诗就是为这样的普通中国人而写的：

在大路上多少次愉快的歌声流过去了
多少次跟来的是临到他的忧患
在大路上人们演说，叫嚣，欢快
然而他没有，他只放下了古老的锄头
再一次相信名词，溶进了大众的爱
坚定地，他看着自己溶进了死亡里
而这样的路是无限的、悠长的
而他是不能够流泪的，因为一个民族已经起来

林觉民：侠骨柔情革命者

林觉民是福建闽侯（福州）人，字意洞，号抖飞，又号天外生，生于1887年，死于1911年。这个二十四岁即离开人世的青春少年因为革命而为世纪称颂，又因为一篇《与妻书》而为后人钦仰。

从照片上看，林觉民长相一般：长脸、粗眉、细眼，表情执拗。这样一个人跟革命似乎没有关系，比起燕赵的慷慨悲歌豪杰，福建人似乎是温和的、柔弱的，缺少血性的，是过日子的样板。觉民确实也生活在小康之家。嗣父林孝颖是一个廪生，怀才不遇，寄情于文人的修身养性。三进的房屋，足以安顿小康之趣了。连接第一进与第二进的长廊被翠竹簇拥，觉民后来写道：回忆后街之屋，入门穿廊，过前后厅，又三四折有小厅，厅旁一室为吾与汝双栖之所。初婚三四个月，适冬之望日前后，窗外疏梅筛月影，依稀掩映，吾与汝并肩携手，低低切切，何事不语，何情不诉！

当时的清政府在国门开放、洋务改革之后，虽然制造了震惊世界的“戊戌政变”，但在时世推移中，仍“与时俱进”地接过了变法者的逻辑，甚至大张旗鼓地要进行“立宪”改革。当是时也，除了外侮过甚、地方权重、国力疲软外，整个帝国还是威仪威福的，改革也带来了民间、社会和商贾们的活力，社会全局也仍稳定、和谐。新的社会理想和生活方式还停留在梁启超、杨度、孙中山等人的头脑里，跟无数同胞的日常生活相距十万八千里。

按照通常的活法，少年林觉民会是帝国稳定的“接班人”，福州男人本来温良平和、锋芒深藏，林觉民应该是“家国天下”的乖孩子、好孩子、听话出活的样板吧。但时移世易，生命的极致一旦与思想相渗透，其中爆发的能量是没有人可以预期的。觉民聪颖过人，读书过目不忘，但他却不愿学做八股文。十三岁那年，当他被迫应考童生时，在试卷上写下“少年不望万户侯”七个大字后，就第一个走出考场。用今天的话，在人们争相考“公务员”时，他从心里拒绝了。林父为此不安，安排他投考自己任教的全闽大学堂。林觉民有辩才，他在大学堂里纵议时局，演说革命。林孝颖指望校方严加束缚，总教习却说：“是儿不凡，曷少宽假，以养其浩然之气。”一天晚上，还是中学生的林觉民在一条窄巷里跟人讲论“垂危之中国”，声泪俱下。学堂的一个学监恰好在场，事后他对人说：“亡大清者，必此辈也！”孩子模样的林觉民还在家中办了一所小型的女子学校，讲授国文课程，动员姑嫂们放了小脚。以至于周围的亲人开始习惯觉民离经叛道的言行，虽然他们从未想象，四五年后的觉民手执步枪、腰别炸弹地闯入总督衙门。

1907年，林觉民赴日本留学。他在日本四年，攻读哲学，还学日语、英语、德语。檄文《驳康有为物质救国论》、小说《莫那国之犯人》、译作《六国宪法论》就是此时完成的。这个瘦小的中国男人在东洋留学，入眼的不是樱花的璀璨，也不是大和美人的如花笑脸，而是祖国的现状和前途。用今天的话，在中国繁荣论和中国崩溃论中，没有人能够看清历史、平视历史，因为中国之大，日月递嬗之丰富足以让人眼花缭乱，一世一纪甚至一生乐在其中享用。但林觉民却把中国当作解答的对象，他以为：“中国危在旦夕，大丈夫当以死报国，哭泣有什么用？我们既然以革命者自许，就应当仗剑而起，同心协力解决问题，这样，危如累卵的局面或许还可以挽救。凡是有血气的人，谁能忍受亡国的惨痛！”这样的认知未必正确，但我们今天看到了，他的行动合于历史的目的性。历史之手假借他和他的战友们来书写了某种文明。

少年觉民完全是意气。如果这就是革命的话，我们也只能说，革命象征或包容了意气。当时的革命之难非今日所能想象，当时的革命事迹之儿戏亦非今人所能想象。1911年春，黄兴等人从香港来信：广州起义正在紧锣密鼓筹备中。于是林觉民回到福州，他的任务是发动当地革命组织响应，并选拔福建志士前往广州去壮大队伍。农历三月十九日，他带着一批志士二十余人从马尾登船，驰往香港。当然，在短暂的几天里，他回到家中跟家人团聚过了。林觉民们并不知道自己在做什么，国人都在沉睡、在被侮辱和被损害中苟且，他和战友们的力量实在是微不足道的。但林觉民的正信正念在于，他坚信那是“历史的力量”，他正信自己的审判：“第以今日事势观之，天灾可以死，盗贼可以死，瓜分之日可以死，奸官污吏虐民可以死，吾辈处今日之中国，国中无地无时不可以死！”因此，他也有着对自己行为的强大自信：“此举如果失败，死人必然很多，定能感动同胞——嗟呼，使吾同胞一旦尽奋而起，克复神州，重兴祖国，则吾辈虽死而犹生也，有何遗憾！”

一群玩命的人到广州寻死，觉民就是其中之一。即使今天我们对革命尚不了解，公正地说，黄兴们策划的广州起义如儿戏、如行为艺术，他们只是临时凑起来的乌合之众，人数不过几百，却企图攻占总督衙门（形如今天的广东省委省府）。这连大规模、群众性聚会骚乱都谈不上，这群玩命的书生所能凭借的只是理论、骚乱、口号，还有报纸、杂志和传单，以此与一个庞大的帝国对抗，他们却坚信不疑。

林觉民与同盟会会员攻入督署时，那里已经人去楼空。他们点了一把火，就扑向军械局。当大家涌到东辕门，一队清军横斜里截过来。据说，林文企图策反，他手执号筒，向对方高喊“共除异族，恢复汉疆”，应声而至的是一颗子弹。子弹正中脑门，脑浆如注，立刻毙命。慷慨悲壮的林文为自己镌刻的印章是“进为诸葛退渊明”。成长于军人世家的冯超骧，“水师兵团围数重，身被十余创，犹左弹右枪，力战而死”；体格魁梧，善拳术的刘元栋，“吼怒猛扑，所向摧破，敌惊为军神，望而却走，鏖战方酣适弹中额遽仆，血流满面，移时而绝”。还有方声洞，也是福州闽侯人，同盟会的福建部部长，曾经习医数载，坚决不愿意留守日本东京同盟会，“义师起，军医必不可缺，则吾于此亦有微长，且吾愿为国捐躯久矣”。他在双底门枪战之中击毙清军哨官，随后孤身被围，“数枪环攻而死”。擅长少林武术、素有“猛张飞”之称的林尹民，能诗词、工草书、好击剑、精马术的陈更新、陈与燊、陈可钧，还有连江县籍的几个拳师，他们或者尸横疆场，或者被捕之后引颈就刃。这些人今天都已经被历史遗忘了。

当时一发子弹打中了林觉民的腰部，林扑倒在地，随后又扶墙挣扎起来，举枪还击。枪战持续了一阵，林觉民力竭不支，慢慢瘫在墙根。清军一拥而上，把他抓住。

林觉民在受审时打动了清军水师提督李准和两广总督张鸣岐。一介武夫的李准被少年觉民折服，他招来衙役，解除镣铐，摆上座位，笔墨伺候。林觉民写满一张纸，李准即趋前取走，捧给张鸣岐阅读。据说，林觉民一时悲愤难遏，一把扯开了衣襟，挥拳将胸部擂得“嘭嘭”地响。一口痰涌了上来，林觉民大咳一声含在口中而不肯唾到地上。李准起身端来一个痰盂，亲自侍奉林觉民将痰吐出。张鸣岐则对旁边的一个幕僚小声说：“惜哉！此人面貌如玉，肝肠如铁，心地如雪，真奇男子也。”幕僚哈腰低语：“确是国家的精华。大帅是否要成全他？”张鸣岐立即板起脸正襟危坐，“这种人留给革命党，岂不是为虎添翼？杀！”

林觉民死后葬于广州的黄花岗荒丘，一共有七十二个起义的死难者埋在这里。这就是后来不断称扬的黄花岗烈士，这一“行为艺术”几乎使孙中山的闽粤骨干丧失大半。他们的意义当然由革命者来书写就会非同寻常。黄花岗烈士殉难一周年之后，孙中山写祭文说：“寂寂黄花，离离宿草，出师未捷，埋恨千古。”时隔十年，孙中山在《黄花岗烈士事略》序言之中写道：“……是役也，碧血横飞，浩气四塞，草木为之含悲，风云因之变色。全国久蛰之人心，乃大兴奋。怨愤所积，如怒涛排壑，不可遏抑，不半载而武昌大革命以成。”其实广州起义跟武昌起义没有必然的关系，黄花岗的七十二烈士多是青春少年，他们过早地夭折使得他们注定被历史遗忘。

但林觉民却留给了后人永远的想象，也给了后人永远的挑战。起义前三天的夜晚，林觉民与同盟会会员投宿香港的滨江楼。当同屋的两个人酣然入睡后，林觉民独自在灯下给嗣父和妻子写诀别书。《禀父书》曰：“不孝儿觉民叩禀：父亲大人，儿死矣，惟累大人吃苦，弟妹缺衣食耳。然大有补于全国同胞也。大罪乞恕之。”

《与妻书》写在一方手帕上：“意映卿卿如晤：吾今以此书与汝永别矣！”在林觉民就义后不久，这方手帕被人送回福州，从林家门缝里偷偷塞了进去，到达林觉民的妻子陈意映的手上。“吾作此书时，尚是世中一人；汝看此书时，吾已成阴间一鬼。吾作此书，泪珠和笔墨齐下，不能竟书而欲搁笔，又恐汝不察吾衷，谓吾忍舍汝而死，谓吾不知汝之不欲吾死也，故遂忍悲为汝言之。”《与妻书》一千三百来字，一气呵成。有夏完淳的柔情，有谭嗣同的侠骨。“吾至爱汝！即此爱汝一念，使吾勇于就死也！吾自遇汝以来，常愿天下有情人都成眷属，然遍地腥云，满街狼犬，称心快意，几家能够？司马青衫，吾不能学太上之忘情也。语云，仁者老吾老以及人之老，幼吾幼以及人之幼。吾充吾爱汝之心，助天下人爱其所爱，所以敢先汝而死，不顾汝也。”他全部的生命德性体现在《与妻书》中了。

他与陈意映确实是恩爱非常。虽然是父母之命，媒妁之言，但命运却让林觉民遇到了情投意合的陈意映：“吾妻性癖、好尚与余绝同，天真浪漫女子也！”他曾逃家复归，意映泣告：“望今后有远行，必先告妾，妾愿随君行。”林觉民在书中说：“前十余日回家，即欲乘便以此行之事语汝，及与汝相对，又不能启口，且以汝有身也，更恐不胜悲，故惟日日呼酒买醉。嗟夫，当时余心之悲，盖不能以寸管形容之。”他只能选择了独自离去。

他有什么权利？他的权利写在《与妻书》中了。

一个月之后，陈意映早产。五个多月之后，武昌起义。又过了一个月，福州起义，闽浙总督吞金自杀，福建革命政府宣告成立。据说，福州的第一面十八星旗由陈意映与刘元栋夫人和冯超骧夫人起义前夕赶制出来。武昌起义成功之后的半年，孙中山返回广州时途经福州，特地排出时间会见黄花岗烈士家属，并且赠给陈更新夫人五百银元以示抚恤。林觉民确实站在历史正义的一边，他的短暂一生当然不同于苟且或活在小康自得中的同胞。但是，革命成功了，陈意映却得独自承受丧夫之痛。两年之后，陈意映抑郁而亡，她只能活在林觉民的《与妻书》之中了。

有此一书，林觉民足以千古，虽然他从未想过要什么千古。他的人生断后文字是如此深情、坚定，以至于他在人间只活了二十四年，却成了深情、坚定的人格形式，他成了情种的象征。这使得他从历史的无名悲剧里走出，成为我们中国人生活的一部分。他对当代的挑战远未结束。入选了大陆中学课本的《与妻书》让千万人叹息，大陆人的长歌虽然无从听闻，港台人的歌声却一再流连于这千古的革命者的爱情。有童安格的《诀别》，有许乃胜的《意映卿卿》，还有齐豫的《觉——遥寄林觉民》。

蔡　锷：护国将军

用当代的口语描述历史，会有一种入俗的新鲜感。比如说，辛亥革命虽然有康、梁、孙、黄这样的老运动员们在“日拱一卒”地努力，但革命的主力却是新人，尤其是年轻的新人类们。这种历史叙事可以让我们更有今昔对比的收获，以蔡锷将军为例，我们就可以看出新人类们的人生可能性。

蔡锷，原名艮寅，字松坡，湖南宝庆（今邵阳）人，生于清光绪八年十一月，即1882年12月18日。用今天的话说，这是一个典型的80后人。这个新人类身材矮小，考童子试时，考官见他骑在父亲的脖子上来，出上联“子骑父做马”，小松坡当时即对：“父愿子成龙。”

蔡松坡六岁入私塾读书，十三岁中秀才，十五岁入湖南时务学堂。类似于今天80后的人六岁读小学，十三岁获中学毕业证书资格，十五岁考进一类二类大学。遇上教育改革，这所学校即是由湖南巡抚陈宝箴的儿子陈三立协同谭嗣同、黄遵宪、熊希龄、唐才常、皮锡瑞等合办的改革试点，学堂聘请了著名的维新领袖梁启超为总教习。年龄最小，“白帽轻衫最少年”的蔡松坡在学校里接触到了一些最杰出的维新志士，并跟梁启超建立起深厚的师生友谊。

十六岁的80后目睹了戊戌变法的失败，他所在的湖南时务学堂也被解散，教育改革试点撤销了。蔡松坡先后去武汉、上海、日本等地求学。据说袁世凯借了他一千元，使他能够顺利地到日本读书。

1900年，十八岁的蔡松坡回国参加老师唐才常在武汉组织的自立军反清起义，事泄失败，师友多人遇难。松坡幸免于难，但受到强烈刺激，就改名为锷。这个十几岁的孩子有了武装革命、军事解决中国问题的想法，“流血救民”，同时他还有一个想法，“我湖南一变，则中国随之矣，报国家而酬万民，御外侮而结团体，天下无形之实用，固有大于斯者乎？”

是湖南人就应该承担起救国救民的大任。自楚南公说过“楚虽三户亡秦必楚”以来，湖南人就有勇于担当天下重任的精神意识，到曾国藩、胡林翼、左宗棠等中兴重臣几乎俱出于湖南，湖南人这一意识更为自觉。这种自觉意识使得整个中国近现代史都跟湖南人有重大的关联。

蔡锷一旦想通了改良已死、革命当立的人生或国家社会道路，他就义无反顾地勇往直前了。1901年12月，不到二十岁的学生甚至把老师的话都置若罔闻，因为他的老师梁启超反对他弃文从武。蔡锷体质弱小，但才思敏捷，文章优美，实是大家之材，而对军事从未涉猎，故梁启超认为他还是以文救国的好。但蔡锷对老师说："我不做个第一流的军人，就不是您的学生。"他到日本学习陆军，1904年10月，以全校第二名的成绩在日本士官学校第三期毕业，与蒋方震（即蒋百里，第一名）、张孝准并称"中国士官三杰"。

这个80后的新人类对国是问题发表了不少见解，他认为中国之所以"国力孱弱，生气销沉"，是出于教育落后、思想陈旧、体魄羸弱、武器低劣等原因，要变必须实行"军国民主义"。他说："居今日而不以军国民主义普及四万万，则中国其真亡矣。"继而提出"欲建造军国民，必先陶铸国魂"的口号，他把国魂看成是"国家建立之大纲，国民自尊自立之种子"。

毕业回国后的蔡锷受江西巡抚夏时之委，任江西材官学堂监督。很快受湖南巡抚端方之邀，任湖南教练处帮办，兼武备、兵目两学堂教官。再应广西巡抚李经羲之邀，任广西新军总参谋官兼总教练官、随营学堂总理官。后兼巡抚部总参谋官，任广西测绘学堂堂长。

1906年，清廷在袁世凯的老家河南举行新军秋操演习，蔡锷奉令观操，并任中央评判官。1907年，蔡锷创办广西陆军小学并自任总办。这一年，二十五岁的蔡锷与老资格的革命家黄兴会面，并计谋镇南关起义事宜。就是说，这个80后没有被已经成功的社会精英地位所异化，而是对国家社会大道念兹在兹。

他的社会地位升迁仍是惊人的。1908年4月，蔡锷出任广西新练常备军第一标标统，二十六岁的他有了军权。第二年，蔡锷任广西龙州讲武堂总办，后为监督兼办学兵营。这一年他组织武德会，类似我们今天有人组织军人道德协会。据说，年轻英俊的蔡锷是个酷极了的帅哥，他脚穿长统靴，腰挎指挥刀，扬鞭跃马，威风凛凛，指挥练兵。他讲解精辟，技艺娴熟，要求严格，深受官兵敬佩，被赞誉为“人中吕布，马中赤兔”。

1910年，蔡锷任广西混成协协统，学兵营营长。后又应云贵总督李经羲之召，送母回湖南邵阳，然后赴云南。在云南，他写成《曾胡治兵语录》一书，这一让蒋介石、毛泽东都曾拜读过的现代军事教材。从中可以看出这个年轻人的做事性格，他没有像大多数海归那样言必称海外，而是总结上几代人的经验，可以说他做的返本开新工作，是中国军事现代化的必由之路。

蔡锷崇尚曾国藩、胡林翼“为将之道，以良心血性为前提”的思想，认为是“扼要探本之论”。他说：“吾侪身膺军职，非大发志愿以救国为目的，以死力归宿，不足渡同胞于苦海，置国家于坦途。”蔡锷说“治军之要，尤在赏罚严明”，对于“风气纪纲大弛”的军队，主张“以菩萨心肠，行霹雳手段”。同时，他提倡官兵间“和辑”相处，他特别喜欢曾国藩“带兵如父兄之带子弟”的话，认为带兵者若“能以此存心，则古今带兵格言，千言万语皆可付之一炬”。显然，蔡锷眼里的军队既不同于传统的家兵、亲兵、子弟兵，又不同于西方兵家所说的职业化、雇佣化，他的国家化军队有着坚实的为国为民的底蕴。

跟他的同学蒋百里一样，蔡锷对军事理论的思考使他成为中国军事现代化坚实的奠基者之一。他既不完全肯定曾、胡“主守不主攻”的思想，又不被当时西方兵学家“极端的主张攻击”的思想所左右，而是根据中国军队、军费、交通等情况，提出了诱敌深入的战略设想。他说：“我国数年之内若与他邦以兵戎相见，与其孤注一掷之举，不如采取波亚战术（指游击战术），据险以守，节节为防，以全军而老敌师为主，俟其深入无继，乃一举歼除之。”这一思想跟蒋百里的一些构想一样，为后来的抗日战争所证实。

1911年7月，蔡锷任云南新军第十九镇三十七协协统。新军十九镇中有大批同盟会会员的青年军官，这些年轻相当的80后在积极策划和组织反清斗争。身居高位的蔡锷对他们的活动了然于心，他对他们保证说：发生革命，一定给予“绝对同情支持”。

10月10日，武昌起义爆发。16日，同盟会会员唐继尧、刘存厚邀蔡锷一起策划响应武昌起义。未参加同盟会的蔡锷被推为起义总指挥。11月1日，起义官兵在五华山组织了“云南军都督府”，公推二十九岁的蔡锷为云南都督。这个年轻的80后对当时云贵总督李经羲并没有除之而后快，相反，他一直把李经羲的安危放在心中，并想办法护送李经羲离开云南。由此可见，蔡锷相当懂得革命的方法、目标。革命自有正当性，但革命不是增加新的仇恨。

随后的民国建立、“二次革命”等大事中，都可以看到三十出头的蔡锷比老革命家们还有老练之处，只是这种老练一如他的老师梁启超一样过于反复。他私下评论袁世凯不论，但一旦公之于众，他是从事从权的，他不否认袁世凯有“雄才伟略，实近代伟人”，却也深知并非所有的政治人物都能做到大公，他希望以军力做后盾，“我军趁此朝愤，何敌不破？乃甘受袁氏之愚，一再停战，旷日持久，糜饷劳师不问”。他痛斥“甘冒不韪，乃有袁贼”。当袁世凯做了民国大总统时，他说那是“群望所公”，“况袁公一代伟人，中外钦仰”。

这样反复的言论并非80后新人类们的特征，事实上，他的老师梁启超也好，革命先行者孙中山、黄兴也好，都有过这样的反复。因为他们都是真心希望中国富强起来的仁者志者，如果袁世凯能够理解这些爱国者的心思，能够顺应时代并参与开创一个时代，后来的中国也许不会有那么曲折的历史。

国民党改组后，蔡锷宣布退党，认为军人应该实行“不党主义”。但宋教仁被暗杀，表面上一党独大的国民党被袁世凯消解，蔡锷没能看到其中的危险。当孙中山、黄兴发动“二次革命”时，他站在袁世凯一边。他只看到了孙、黄“二次革命”在法理上的不足，并未看到共和需要对各方力量进行平衡，需要锄强扶弱，没有力量做后盾，表面上宪政共和的议会随时可以让实力派解散。因此，“二次革命”失败，使得袁世凯权重一时。

1913年10月，三十一岁的蔡锷被袁世凯调到北京，任全国经界局督办。蔡锷的军权和地方实权移于他人之手。蔡锷只能与蒋方震、阎锡山等人组织军事研究会，深入研究各种军事学术问题，或给袁世凯上书提建议而已。没有对手诤友的袁世凯终于一步登天，于1915年底复辟称帝。此时，无论革命家孙中山、黄兴，还是改良派政治家梁启超，都没有实力反对。年轻的蔡锷孤身犯险，他逃离北京，去云南说动实力派唐继尧们组成护国军，起义讨袁。这种犯险不仅指他脱离袁世凯的虎口，也指他跟地方实力派打交道的走钢丝行为。他到了云南，云南的军政大权是在唐继尧等人手上。据说三十二岁的唐继尧对三十三岁的蔡锷说：“蔡老前辈，远道来滇，甚为辛苦，宜在滇留守，继尧愿出征。”蔡锷回答：“我来非占位置，乃欲对国家民族效力耳。”

袁世凯过于以己心度人，以为“蔡锷有野心”，问意大利记者莫理循：“蔡锷会统治中国吗？”据说，莫理循轻蔑地斥之为“愚蠢的问题”而未加理睬，并直截了当地告诉袁世凯：“不满情绪十分广泛，我遇到的人没有一个不反对帝制的。”连袁的亲信冯国璋也不赞成帝制。莫理循说国内普遍同情蔡锷，“我接到的每一个报告都是如此，无论中外，都赞同他”。

由此可知，当时中国的政治精英之间的信息交流之不对称，政治格局的变化消长也必须建立在这种不对称基础上。一如袁世凯轻看孙、黄革命家的爱国爱民之心，蔡锷也未能理解共和政体的力量分布。蔡锷的护卫共和国体的奇功历来为人称道，但是如果放在历史的可能性中，他未必没有年轻人的一厢情愿。如果他能够理解宋教仁、孙中山、黄兴们的制衡用心，他就不会跟老师梁启超一样为袁世凯利用，他就不会重蹈孙中山、黄兴们的覆辙，有名无实，有名望而无实力实权。

蔡锷“为四万万人争人格”，登高一呼，使得“护国运动”不同于“二次革命”，出乎意料地顺利。袁世凯众叛亲离，从群望所归的位置跌落。蔡锷称“袁氏诡诈阴险”“袁氏叛逆”。此后的宣言、文告中列数袁的罪状，斥其为叛徒、“国贼”“谋杀凶犯”。在袁世凯撤销帝制后，蔡锷通电指出“其狡猾无耻，实堪痛恨”，要大家别轻信袁世凯。这大概是有所觉悟的至痛语。

蔡锷在“二次革命”期间明确说，一旦袁世凯称皇帝，他就反袁。这种设定使得“护国运动”即使成功也大打折扣，被侮辱戏弄过一次的共和国体再也没有恢复到孙中山、袁世凯揖让总统时的气象，实力派拥兵自重。但蔡锷已经看不到他的“护国运动”滞后带来的影响，他虽然年轻，却病得不轻。他坚决反对袁世凯继续做大总统：“人生几何，六十老翁以退而安天下，尚复何求？”但他自己的病已是很重了，他自题联说：“才若晨星，国如累棋，希合而支持，乃聚而歼绝；君等饮弹，我亦吞炭，与生也废弃，宁死也芬芳。”

1916年，三十四岁的蔡锷因病情恶化，东渡日本，住进了日本九州帝国大学医学部福冈医院治疗。11月8日，蔡锷在日本福冈病逝。这个年轻的80后成为中华民国历史上第一位享受国葬殊荣的革命元勋。

他没看到军阀乱政的局面，他走得清白，并成为后来者不可企及的高标。陶菊隐说：“自民国以来，武人解兵柄，棠爱犹存者，蔡松坡一人而已。”这个年轻人短暂的一生，其最为壮伟的功业，一为响应武昌、辛亥推翻清廷的起义，领导昆明重九起义光复云南；二是在孙中山和黄兴讨袁的“二次革命”完全失败而亡命日本时，断然发动讨袁护国军事运动，粉碎了袁世凯的皇帝梦，再造共和。

他的文采风流也每每为人称道。他写过这样的对联：“淡泊明志，夙夜在公。”他跟朱德也合作过雪山关联：“是南来第一雄关，只有天在上头，许壮士生还，将军夜渡；作西蜀千年屏障，会当秋登绝顶，看滇池月小，黔岭云低。”他挽黄兴的对联：“以勇健开国，而宁静持身，贯彻实行，是能创作一生者；曾送我海上，忽哭君天涯，惊起挥泪，难为卧病九州人。”……这些都可圈可点。

还有他跟小凤仙的英雄美人故事也流传百年。据说他被袁世凯羁縻在北京时，无所事事，内心烦闷，便去当时的青楼聚集地八大胡同排遣，相当于到现在的娱乐场所“天上人间”一类的地方，他在那里遇到了名妓小凤仙。小凤仙识英雄，重英雄，两人心生爱意。据说，他逃离北京也是得小凤仙帮助。蔡锷为小凤仙写下的对联是："此地之凤毛麟角，其人如仙露明珠。""不信美人终薄命，从来侠女出风尘。"小凤仙为蔡锷写的挽联是："不幸周郎竟短命，早知李靖是英雄。""万里南天鹏翼，直上扶摇，那堪忧患余生，萍水姻缘成一梦；十年北地胭脂，自悲沦落，赢得英雄知己，桃花颜色亦千秋。"

这样的人无论认知、立场和行为如何，他都会从风从雨，并影响他人。李宗仁、白崇禧、朱德这些国共名将都出于他的门下，朱德称他"是个典型的知识分子——体弱面白。""瘦瘦的脸上，两眼相距甚宽，双颊略像女性，但口角却显得严峻、刚强。为人沉静，态度庄重……""他虽然命在旦夕，思想却一如既往，锋利得像把宝剑。"

人们称赞蔡锷"是真革命之先觉，乃敢特立而独行"。他确实有湖南人的倔强，并有着令人难以想象的国家社会人格。蒋百里在他死后说："公恶衣菲食以戕其身，早作夜息以伤其神。临终之际，犹以未能裹尸为恨。然蔡公身虽未死于疆场，实与阵亡者一例也。"他的好友丁怀瑾则用行动来怀念蔡的遗志——功成不居，长揖归田。蔡东渡前，丁任四川富顺县县长，闻蔡噩耗即辞官，闭门著书，常以蔡的人格和抱负勉励其家人子女，他称道蔡是真正开天辟地的人物。古人说名满天下，谤亦随之，可是蔡却打破了此例，他的成败生死，不论是友是敌，是新是旧，莫不对他由衷称道，理由很简单：蔡以天下为己任，却不以天下为己。

蔡锷英年早逝，让人为其流星般璀璨的一生感怀而流连不已。有人甚至说，若能假以年月，蔡锷定能成为拿破仑所说的那种“为欧人之大敌的”东方兵略家。但这种假设只是历史的假设。我们今天谈论他，则确实可以理解，一个80后的年轻人一旦发愿举意，是可以在短暂一生里改变自己也改变历史的。

汤化龙：实力卧榻

我们今人眼中的革命多充满了血腥和暴戾，其中有很多似是而非的想象。一个在电视台工作的80后朋友，要做辛亥革命的节目，查了很多资料，惊讶地告诉我，在当年的报纸上，关于辛亥革命的报道只是一个“豆腐块”大小的消息而已。的确，一个“豆腐块”引发了一百年的社会变迁，引至今天的媒体主题、专题式的纪念……郑重其事的源头其实是偶然事件。历史的真实如此，历史的荒诞也如此。被大家避之唯恐不及的“暴力”历史，在当年是众人合力的结果。后人看历史喜欢简单化。历史学家们承认，汤化龙是辛亥革命的关键人物之一，但聚焦在他身上复杂的悲剧使得论者更倾向于避其不谈。

武昌首义，可以说出乎所有人的意料。中下级官兵们自己也没想到搞出了一个事，他们的力量太弱小，更关键的是，他们缺乏有社会声望的领袖，近在咫尺的当然只能是武昌地界上的开明士绅，他们想到了湖北咨议局议长汤化龙。第二天清晨，汤化龙不请而到。在力量悬殊的情况下，汤化龙选择了跟清廷决裂，他答应起义官兵出面参与组织政府。当时的汤化龙只有三十六岁，再过数周，他就该过三十七岁生日了。

而立而近不惑的汤化龙还及时应对了一件事，义军以及义军找到的黎元洪都曾指望他来领头。他审时度势，认为自己是书生不知兵，此时的领头人应为军人。他的原话大意是：革命事业，鄙人素表赞成，但是此时武昌发难，各省均不晓得，须先通电各省，请一致响应，以助大功告成。况瑞澂自遁走后，必有电报到京，清廷闻信，必派兵来鄂，与我们为难。此时正是军事时代，兄弟非军人，不知用兵，关于军事，请诸位筹划，兄弟无不尽力帮忙。他推举黎元洪做都督，自己只在军政府里做民政总长，负责处理所有内政外交。用现在人的理解，他放弃了做一流政治明星的机会，甘愿做大时代的配角。

汤化龙自称书生，其实有非常之见。黎元洪虽然就任了，但处事犹豫，人称“弥勒佛”。因此汤实际上全权处理内政外交事务。汤化龙一方面推荐颇有声望的商人李国镛前往汉口说服驻扎在汉口大智门的河南军队赞成革命，不与革命军为敌；另一方面建议以军政府的名义通电全国，宣告首义宗旨，促全国各省响应，并安抚民心。义军不懂如何有效宣传，他设计让义军取得了跟清政府通电的密码本，“假借清廷瑞澂名义，夸大起义军声势……”事实果如汤化龙预料的那样，清廷惊惶失措，只得请出袁世凯来主持大局。

汤化龙的参与，使得辛亥革命从偶然事件成为真正历史性事件。以他为代表的开明士绅的参与，保证了革命的成功，也保证了革命是政治性的而非社会阶级性的。这一点，当时人即承认了，一年以后的1912年10月10日，袁世凯以民国大总统的身份在民国开国周年纪念中给汤化龙颁奖说：“上年鄂中起义，人心未定，汤化龙从容筹划，维持秩序，并首先主持通电各省，遂收响应之效，厥功甚伟……”历史学家承认，汤化龙等人站在义军一边，让在汉口的西方人觉得此番革命不是底层作乱。汤化龙等人还利用他们跟汉口西方领事的良好关系，运作各国领事宣布中立，承认革命军为交战的一方，这相当于是跟清政府有正式外交关系的国家，公然承认清朝内部的叛军跟清政府有同等的地位。

汤化龙的作用当然不止于此，他亲自起草的起义通电使得“豆腐块”真正成为引发全国变革的事件。汤化龙通电各省咨议局，请求响应。电文云：“清廷无道，自召灭亡，化龙知祸至之无日，曾联合诸公奔赴京都，代表全国名义，吁请立宪，乃伪为九年之约，实无改革之诚。……维新绝望，大陆将沉。吾皇华神明之裔，岂能与之偕亡，楚虽三户，誓必亡秦，非曰复仇，实求自救。武昌义旗一举，军民振臂一呼，满酋瑞澂，仓皇宵遁，长江重镇，日月重光。立乾坤缔造之丕基，待举国同心之响应，特此通电告慰，望即不俟剑履，奋起挥戈，还我神州，可不血刃……一发千钧，时机不再，伫候佳音，无任激切。湖北咨议局议长汤化龙暨全体同人叩。”这一通电使得各省响应的情形几乎是革命党和立宪党人的合奏，几乎每个省的独立都有立宪党人的身影。

同样重要的，汤化龙掌握的汉口商团维持了地方秩序。人员不足四千的革命士兵是根本控制不了武汉三镇的，有了汤化龙的商团，人们才能“马照跑，舞照跳”，商家照常营业，市民照常过日子。不仅武汉如此，在上海起最大作用的也是上海商团，因为他们有自己的武装，所以打下了很多据点。山西的革命党阎锡山一发动，山西最富有的商人渠本翘马上给他大量的钱……可以说，商人站在革命一边，几乎保证了革命的成功。

有了汤化龙等人的参与，革命也不是恐怖。民众一觉醒来，发现变化的只是衙门挂起了白旗。据说，江苏宣布脱离清政府之后，因为一枪都没放过，为了表示革命必须有破坏，由巡抚改都督的程德全，下令拿大竹竿子挑去了巡抚衙门屋檐的几片瓦……辛亥革命要求的国体、政体以及宪法，在一个社会的中上层产生。只有一个社会中上层规矩了，一个社会才有方向、希望。后来的意识形态解释鲁迅的作品，从阿Q到华老栓等，都说鲁迅揭露了辛亥革命的不彻底性，从而导致了后来一浪高过一浪的革命。今天纪念辛亥革命，可能更需要革命的各方重新认识革命的妥协价值。

汤化龙以及其他立宪党人为什么如此不害怕革命，不害怕清政府？原因有很多，最重要的是他们少有谋私利者，他们多是世道人心的维系者。教皇保罗推进社会走向文明的重要告诫即是“不要害怕”。不要害怕，是不必害怕。

在传统的体制内，汤化龙有一个很好的前途。他出生在湖北浠水的一个地主兼商人家，十四岁时，入家塾读书，从季父汤聘尹学科举之业。汤化龙少时，家里受到官司牵连，地方上的豪绅恶霸、贪官污吏借此敲诈勒索，汤化龙和弟弟随母亲东躲西藏，情景凄然。汤化龙安慰母亲说：“等我长大了，当了御史，一定要革除这种弊政。”汤化龙十八岁时以县试第一名成绩补县学附生，但因其家再次遭遇不幸，被迫弃学设馆教书，帮助家中渡过经济难关。二十三岁时因文章受赏识被录取为官费生，并保送至张之洞创办的著名黄州经古书院深造。1902年，即二十八岁时，汤化龙参加乡试中举人，山西学使宝熙慕名礼聘出任山西大学堂国文教习。两年后，三十岁的汤化龙参加礼部会试中进士，授刑部主事，如愿以偿地当上了一位秉公执法的司法官。

1906年，三十二岁的汤化龙有感于“政治不革新，国亡不可救，而欲救国，必更博求新知，止旧学不周于用”，辞去京官之职，自请留学日本，入法政大学学习法律。他学习刻苦，“辛苦三年立雪图”，以学习日本立宪之精髓。与友人联合发起成立法政学交通社、留日教育会，以研究法政学理为宗旨，撰成《违警律释义》一书，向国人传播法制思想。此外，他还翻译、评介西方教育及法政理论，著《议会论》，探讨议会的性质和作用。他在日本还创办了《教育杂志》，倡导中国教育改革。年轻的汤化龙思想活跃、组织力强、文笔雄健，在日本留学两年，名已遍及东洋。

1908年，汤化龙毕业回国，任吏部主事。归国前，他曾与湖北籍留日学生相约设立“湖北教育会”，这被认为是汤氏“合群谋国之发轫”。1909年，清政府设立各省咨议局（即临时省议会），汤化龙被调回湖北，被选为湖北咨议局议长，时三十五岁。当时全国二十一个咨议局共选出一千六百四十三位议员，大多数当选议员为立宪派，其中湖北的汤化龙、江苏的张謇、山西的梁善济、四川的蒲殿俊、福建的刘崇佑等立宪派中坚人物，被推为咨议局议长或副议长。这些新旧参半的政治人物，一般都有传统士绅功名之背景，在学识、才德、清望等方面，皆为当时的舆论所推重。咨议局的设立，使立宪派人士获得议政的场所，又有了共同行动的机会。

当时的清政府，外侮稍缓，内忧日重，其中既有来自革命党人的压力，他们始终坚持以武力“颠覆现今之恶劣政府”（孙文语），或谓“不革命决不能立宪”（汪兆铭语），又有立宪派不断请愿、要求速开国会的压力。清政府也意识到了“欲防革命，舍立宪无他”（载泽语），但他们优柔寡断，不肯主动让步。1910年4月，“国会请愿同志会”在北京成立，直隶咨议局议长孙洪伊为会长，汤化龙为湖北省支会书记。汤化龙还与张謇等人共同发起各省咨议局联合会，汤任会长，参加者有湖南的谭延闿、山西的梁善济、四川的蒲殿俊、福建的刘崇佑等人，“汤与彼等相聚京师，纵谈大计，并到处演说、运动，冀有所成”。

1911年4月，清廷颁布内阁官制十九条，并组成“皇族内阁”，所任命的国务大臣十三人中，满人七席，汉人四席，蒙古一席，汉军旗一席，而皇族又占其五，士民哗然。此被认为是清廷的排汉政策，违反君主立宪之公例，各省咨议局联合会动议弹劾，要求另组内阁。6月，汤化龙入京主持各省咨议局联合会议。武汉各界人士和青年学生代表及普通市民近万人到汉口大智门车站送行，盛况空前。结果，各省商会等团体代表相继入京请愿，清政府十分恐慌，下令驱逐代表们出京，咨议局代表也在被驱逐之列。汤化龙由此对清廷感到绝望。此时，离武昌起义爆发不到四个月。

因此，从立宪派当时的活动情况来看，这场清政府让权交权的革命迟早要发生。争论辛亥革命是革命党人主导还是立宪党人主导，大概只有学术上的意义。清政府的自私使得当时优秀的中国人多在权力（无论是主权还是人权）的边缘或外围，因此，立宪派也是革命党的同盟者。据说，1909年春夏之交，日本前首相伊藤博文预言说：三年之内，中国将爆发革命。伊藤博文也许看到了中国需要一次政治革命，无论是下层起义，还是中上层反叛，都在向新的权力架构集结队伍。

换句话说，以汤化龙为代表的立宪派跟清政府离心离德是必然的。他们也知道清政府仍有权力和实力，但他们认同的权力是超越各方之上的那个“权力”，他们可以认同君主立宪，但也不怕脱离清政府再组织权力，即议院政治的共和宪政，汤化龙被后人称为“议院政治吹鼓手”。因此汤化龙们选择了跟革命党人合作，他代表武昌方面跟清政府代表谈判时明确说：“此次武昌首义，并非专行种族革命，实为政治革命。处现在20世纪，君主国逐渐减少，民主国日益增多，如能按照共和制度，则清廷永久立于优待地位，享共和幸福，较之君主时代之危险，至有世世子孙莫生帝王家之惨，胜百倍矣……”

汤化龙在辛亥革命前后的声望是他一生的顶点。1912年，孙中山成立南京临时政府，任命汤化龙为陆军秘书长，后委以法制局副总裁，汤辞不就。他与林长民等立宪派要人在上海发起共和建设讨论会，拥立流亡日本的梁启超为领袖。是年4月，汤被选为临时政府参议院副议长。5月，黎元洪组织“共和党”，汤为干事。10月，组成“民主党”，汤就任干事长。“他在政坛上的角色是全国性的，而非地方性的。”但他脱离了湖北，他在全国实力派中间的作用就不再关键了。虽然孙中山、黄兴、宋教仁等人都推许他为“干才”“有用之才”，但他在各大实力派之间显然只有声誉而无势力，他为此做出的选择给自己和新生的民国带来了悲剧。

民国二年，全国举行普选，成立国会参、众两院，在几个政党的支持下汤化龙被举为众议院副院长，旋升院长。此时同盟会为扩大党势力，参与竞选，遂合并统一共和党、国民共进会、共和促进会、国民公党而称国民党，推孙文为理事长，交宋教仁代理。以众议院席次总计，以国民党所占为最多，计有二百六十九席，共和党一百二十席，统一党十八席，民主党十六席，跨党及无所党籍者一百七十三席。为此，统一、民主、共和三党正式合并为进步党，推黎元洪为理事长，梁启超、张謇、伍廷芳、汤化龙等九人为理事，以期与国民党相抗衡，从而形成国会中两党政治的规模。汤化龙成为进步党的代言人，但他没能跟对手国民党一起奠定共和平衡之局，反而为袁世凯不受政党牵制的独裁铺路。在进步党内，黎元洪是泥巴菩萨，梁启超虽然有学，但满口广东话无人能懂，而汤化龙不仅博古通今，能言善辩，而且久居京城，对外交流毫无障碍，故进步党一度是汤化龙的天下。但汤化龙及其进步党投向袁世凯一边，收到袁世凯活动经费的进步党议员们腐化一时，出席国会的议员屡屡不到法定的过半数，无法开会。汤化龙鼓吹议院政治，却临场退却，给袁世凯坐大、取缔政党提供了口实和机会。国民党后来说他是袁世凯的“走狗”，确实也不无道理。

1913年3月20日，国民党代理理事长宋教仁在上海沪宁车站遇刺，年仅三十一岁。宋氏虽为国民党重要领袖之一，然“与其他政党首要多相友善，而与汤化龙、林长民私交尤笃”。汤化龙挽联云：“倘许我作愤激语，谓神州将与先生毅魄俱沉，号哭范巨卿，白马素车无地赴；便降格就利害观，何国人忍把万里长城自坏，从容来君叔，抽刀移笔向谁言。”一时争相传诵。

但文章做得好，不等于国事天下事即得安宁。国民党发动“二次革命”失败，袁世凯任命熊希龄组阁，下令解散国民党，并取消国民党籍国会议员之资格（袁、熊二人发布告，指控国民党议员助乱）。一度跟袁世凯合作默契的汤化龙此时进言已经晚了，他锄强扶弱，结果自己和进步党也弱得无足轻重。1914年初，袁世凯宣布停止现有国会议员职务，制定新约法，改内阁制为总统制，任徐世昌为国务卿，中央各部中，任汤化龙为教育总长，于此“民初稍具雏形之责任内阁政制，遂面目全非矣”。

做教育总长，对汤化龙来说，“抑或非其所愿”，但他以国家教育计，仍多有筹划。汤化龙喜欢读书，他能够识拔人才。李大钊最初就是汤化龙荐为众议院秘书的，汤化龙还曾以《天民报》的公积金，资助李大钊等人赴日本留学。临行前，汤特意设宴为他们送行，并对他们说：“张之洞在湖北倡办学堂，遣送留学生出国学习，但不许学生学哲学，用意是重在实学、不务空谈。这实则是舍本逐末，导致无法洗刷政界种种恶习、转移风气。”他希望李等赴日能够学习哲学，以求将来能从根本上医治国家痼疾。李后来进入日本早稻田大学政治本科，开始接触社会主义思想和马列主义学说。

汤化龙关怀湖北学生，组建“旅京学会”，又为其创办的《楚宝》杂志题封面，写发刊词，对青年学生以礼遇待之。他也有自己的教育主张，1915年元旦，袁世凯令教育部整饬学校，并强调中小学要读《论语》《孟子》等书，不得废经，对此，汤化龙亲自撰文反驳，坚持不屈。但弃议长而做总长的他已经是袁世凯的棋子了，更使他难堪的是教育经费拮据，以致慨叹“部员无异饥民，衙署有如灾区”。

好在他仍未失人格的自我期许，仍有青少年时的诚心善愿。1915年春，帝制运动甚嚣尘上，袁世凯与日本人签订了《二十一条》。8月，杨度、孙毓筠等人发起“筹安会”，梁启超公开撰文以斥之，汤化龙亦认为此事不可为，对袁世凯大失所望，于9月请假赴天津治病，旋以书面辞职，甚至于密谋以黎元洪讨袁，未遂。

袁氏称帝，蔡锷在云南发动“护国运动”。当时湖南的形势关乎整个西南大局，汤化龙之弟汤芗铭是主政湖南的将军，是袁世凯的亲信。汤化龙数次使人赴湘劝说与策动，其弟最终审时度势，放弃拥袁，湖南遂继浙、陕、川等省之后亦宣布独立。

袁世凯死后，黎元洪依法继任，段祺瑞再度出任内阁总理。为恢复旧约法南北各调，相持不下。汤氏遂以调停人北上，劝说段祺瑞，旧约法当以恢复。辛苦多时，调解告成，汤化龙自京返沪后，先遭丧母之痛，又遇夫人在日本逝世，时间仅相隔一百余天，“化龙两遭家变，哀痛伤毁，有非人情所能堪者”。1916年8月1日，国会参、众两院重开，汤化龙复任众议院议长。但此时汤化龙已失革命时代的精神，更失去如何建构宪政的眼光和勇气。他对党争之烈憎恶痛绝，倡言“不党”，国会内党派林立，汤化龙和梁启超是“宪法研究会”的领导人物。

不仅党争者目光短浅，就是黎元洪和段祺瑞代表的府院之争也在加速国体、政体的支离解体。1917年，在对德宣战问题上，段氏与黎元洪意见不一。结果，地方拥兵自重，军阀日益坐大。5月31日，汤化龙辞众议院议长，“与其隐忍苟留，不如自退”，由吴景濂继任。6月9日，张勋派兵两千自天津开赴北京。次日，孙文、章太炎电告黎元洪及西南各省，要求惩办徐世昌、段祺瑞、冯国璋、张勋、汤化龙、梁启超、熊希龄等人。黎元洪下令解散国会，此距恢复尚未及一年。

汤化龙最后的一次政治大事是1918年的总统选举。段祺瑞的“安福系”决定选徐世昌，汤化龙与梁启超决定推冯国璋。汤彻底失败。在选举中，有些选票内容非常荒唐，有人填了梅兰芳，有人填了隔壁张二蛋，还有人只填了一个字——钱，国会已经不堪。

一个社会的上层再难坐在一起和衷共济，各有自己的“拳经”（鲁迅语）和主意。这是革命后的悲剧，跟辛亥革命无关。在多次反复中丧失耐心和信心的梁启超表示不再过问政治，因为他看到政治的游戏规则日渐走向暴力、血腥。汤化龙似乎志气不衰，因为中国尚未能有一个理想的政府和国会，若有一天能见诸事实，“则吾乃死心削迹矣”。

但当时“不党”的汤化龙在实力派眼里是失意政客了，党争也好，府院之争也好，其实是争权，因为对规则和对对手缺乏足够的尊重，共和不再能做权争的遮羞布。民国政客、军阀们也不再把名望、知识、思想等等认作是权力的来源，而直接皈依暴力。“枪杆子里面出政权”式的革命一旦取代辛亥革命，变异是必然的。汤化龙虽然仍想作为，但他已经脱离现实，也难以把握现实的航向。他退出内阁，赋诗说：“天末劳鸿已倦飞，买山心事未全违。禅房花木自今古，城廓人民有是非。百乱幸存干净土，一丝不着去来机。思量我佛慈悲甚，或放空门许我归。”他感叹“十年宰相成尘梦，一角空山足啸歌”，他回归传统士人的宰相之梦，他以为他做了十年的宰相，却不明白他实践的议院政治断送了民国，在激进的革命者那里，他是帮凶、走狗。

因此，实力派们仍在逐鹿，但1918年的汤化龙不仅为实力派轻视，他在国民党人那里还是反动的，在不明事理的党徒或走卒那里甚至是罪恶的。年轻的国民党党员王昌就是其中之一，当他得知汤化龙到了加拿大，就暗杀了汤化龙。

这个悲剧是意味深长的。

吴佩孚：秀才猛人

我国近代社会的转型，用中外观察家们的话说，是一次后发性的、应激性的转型。这一转型有很多的比喻说明，铁屋中的呐喊、木乃伊复活、凤凰涅槃等等，较准确的说法是，由于一个自足的文明传统有了强大的参照和开放，因此其自足的全面滞后不言而喻，它必须自新自改革。这就是延续到今天的现代转型历史。

这个转型的历史，又是不断认知和变易认知的历史，以今日之我否昨日之我。马克思说对了，一切固定的东西都烟消云散了，一切神圣的东西都被亵渎了。因此，尽管有器物的“拿来主义”、建筑的美式欧化，衣食住行的与时俱进，但在后来者的眼里，尤其是文明人心中，我国近现代转型中的衣冠人物制度实在如传统文明一样，大多只具有入博物馆供人参观的价值；另一方面，尽管有失败、有牺牲，那些仍超乎个人名利之上的理想、人格成就，甚至那些显得愚忠的信徒，都给了后人长久的感念。在转型的历史人物中，最可恨可笑可怜又最为悲壮诡怪的，莫过于军人武夫们的人生。

从家族天下的八旗兵，到地方团练，到新军，到有枪就是草头王的兵匪军阀混一，到党国党军，装备器物确实与时俱进了。而费正清在《伟大的中国革命》中以悲悯的笔调写道："这两百左右佩戴勋章的将军们和他们那些步履蹒跚的队伍，在1916—1928年这些军阀年头代表了什么东西啊？第一，现代武器的优越性，一个人口过剩国家的黩武主义，在这样的国家中武备的扩展超越了公众意识形态的发展。第二，老的绅士、商人、官吏统治阶级没有能力在一个全国范围的新的政治组织基础上团结起来。第三，正当民族主义似乎取得胜利的时候，全国的振奋能力却处于低潮。"

在这两百左右佩戴勋章的将军们中，吴佩孚大概是少数值得后人纪念的人之一。他是承先启后的人，在他之前，有跟他一样的如曾国藩、李鸿章等儒将、书生将军，在他之后，有蒋介石等现代性更强的军人。

吴佩孚，字子玉，山东蓬莱人。出身小商人家庭，少年丧父。二十二岁中秀才，却因"得罪当地豪绅，被革去功名"，吴通过科举考试飞黄腾达的梦想破灭。他跑到北京，以占卦算命、卖字为生。光绪二十四年（1898年）投天津淮军聂士成部，当勤务兵，同年入开平武备学堂步兵班学习。光绪二十六年（1900年）回部队任后路炮队队官。庚子事变时，所在部队被袁世凯收编，再进北洋参谋处测绘学堂，以第一名毕业。1904年，日、俄为抢夺我国东北的控制权而发生战争，他入选中日合组的侦探队，被派任日方间谍，化装成肩挑小贩，冒险混入俄军地盘刺探情报，立了军功。因敢作敢为而被北洋军阀头子曹锟看上，两年后，即光绪三十二年（1906年）任北洋军第三镇第十一标第一营管带，带兵剿匪显露才能，深受曹锟器重。宣统三年（1911年）辛亥革命爆发，吴佩孚跟随第三镇统制曹锟镇压山西革命军，升为第三标标统（翌年改称第三团，吴任团长），1914年升任第六旅旅长。袁称帝期间，入川镇压护国军，再获嘉奖，擢为师长。他因“深知袁氏躬行非义，必无善果，劝曹锟一面与袁虚与委蛇，一面与反袁势力暗通款曲，以待时局之变”。

袁世凯死后，张勋再次搅动北京政府政局，率辫子军进京复辟，“再造共和”的北洋军人们与张勋对抗。其中，吴佩孚带兵与张勋部战于丰台、天坛，获全胜。国体再度从帝制转为共和制，但中华民国的临时约法、天坛宪法等国体的大经大法都已如同废纸。段祺瑞领衔内阁，迭令各省取消独立服从中央，南方军阀不服，孙中山利用南方军阀发起“护法运动”，段祺瑞命令大军南征，以期“武力统一”，其中最锐者，即吴佩孚的陆军第三师。吴佩孚随曹锟出师讨伐南方，任前敌总指挥，在湖南岳阳、长沙等地与护法军作战，连克重镇，时称“常胜将军”。

在当时人眼中，国家统一的希望寄托在吴佩孚身上。因为南方仍做革命大梦的孙中山没有实力，有实力的云南、广西、广东军阀们各有算盘，历史几乎不用假设：只要吴佩孚一声令下，他的大军即可底定三湘并进而荡平粤、桂两省，北京政府“武力统一”的梦想则指日可待！为了笼络吴佩孚，段祺瑞亲往前线劳军，于1918年6月破格授予吴“孚威将军”衔。但是，担任代理总统的直系首领冯国璋与皖系总理段祺瑞争权夺利，吴佩孚附和冯国璋，与段祺瑞相对抗。在捷报频传之际，吴反而突然按兵不动。孙中山的护法运动失败，他在5月即宣布辞去南方军政府的大元帅职，孙在辞电中说下他一生中最好的名言之一：军阀“南与北如一丘之貉”。但时人更欣赏的是吴佩孚，1918年8月，吴佩孚息兵湖南衡阳，他发出通电，反对段祺瑞的武力统一政策，主张南北议和，所谓“罢兵主和”。

19世纪末20世纪初，电报技术引入我国。但直到帝制与共和、中央与地方拉锯战的时代，电报才大派用场，通电成为军政大员们政治表态最好的工具。在影响当政者决策国是方面，军界诸侯的表态往往比学生的游行和教授的演讲更有分量。吴佩孚的通电是一二百军阀中最为可圈可点的通电了，他的通电出来，总是能够为他带来广泛的声誉。他为北京政府立下大功，大军盘踞中原、两湖一带，但他罢兵主和的理由却让任何人挑不出毛病：“阋墙煮豆，何敢言功？”“并非寇仇外患，何须重兵防守？对外不能争主权，对内宁忍设防线？”

北京政府为吴的罢兵猜测不已，吴又公开宣布自己的“四不主义”：不做督军，不住租界，不结交外国人，不举外债。他后来实践了自己的做人原则。吴的政治生命是微妙的，也是注定了的。他是秀才出身，不及曾国藩能够“内圣外王”，他又没有李鸿章的条件，有一个大清王朝的平台可依托可施展。他的上面也是军阀，处于风雨飘摇之中。没有曾国藩、大清王朝及孙中山那样政统、道统意识强大的力量为依靠，他就只能如传统的军人关羽、岳飞那样为主尽忠，主公不行，他就只能以亚父，更准确地说是以长子自居行权独裁。虽然他只是冯国璋、曹锟派系下的一个师长，但这种行权使他很快脱颖而出，成为全国军政界的新星。

1919年，巴黎和会，列强瓜分我国的条约出台，“五四”运动爆发，国人呼吁拒签和约的，是知识阶级和一般民众。而北京政府担忧危及与西方列强的关系，大都主张接受这一条约。不到一周时间，即5月9日，远在湖南衡山的吴佩孚发言，这个“言人所皆欲言，谏人所不敢谏”的区区师长，直接向大总统徐世昌发出通电：大好河山，任人宰割，稍有人心，谁无义愤？彼莘莘学子，激于爱国热忱而奔走呼号，前仆后继，民草击钟，经卵投石……其心可悯，其志可嘉，其情更可有原！吴被舆论誉为“爱国将军”。数日后，吴佩孚又致电南北双方将领联名通电，反对在《巴黎和约》上签字，主张取消中日密约。那些手握重兵把守各地的督军、省长也因此纷纷致电政府，表达爱国热情，措词强硬地要求拒签“和约”。同年12月，冯国璋病死，吴佩孚成为地位仅次于曹锟的直系军阀首领。

1920年5月，吴佩孚不听段祺瑞的命令，自衡阳领兵北撤，随后通电反对皖系“安福俱乐部”把持政权。他的通电是：全国之大，能否尽为一人所盘踞？疆吏之多，能否尽为一党所居奇？兆民之众，能否尽为一人所鞭笞？要求大总统徐世昌罢黜段祺瑞内阁。7月，直皖战起，吴佩孚联合奉系军阀张作霖，大败皖军，段祺瑞政府倒台，直、奉两系军阀共同控制北京政府。吴的通电游戏使得徐世昌总统叮嘱手下人：吴佩孚的态度不可不考虑。

吴的军人造反颠覆了政府，按后来人们的史评，吴佩孚的这一举动标志着北洋军阀公开分裂，多数论者认为这是一场争权夺利的不义之战，战争给当时的中国社会带来了较大的经济损失，在政治上和军事上削弱了北洋军阀，外交上沉重地打击了日本对华的侵略政策，客观上一定程度地有利于中国社会的独立和进步。但他通电谦称：“此次兴师讨贼，原为民意所驱策，即战胜结果，亦全国民意战胜，非直军战胜也。此次战胜逆党，谬蒙各界赞扬，实则非军队之力，全胜于民意。”

直、奉系掌权，吴佩孚在北京出任陆军总长可以说是众望所归，但他只在北京落了落脚，即引兵回到洛阳。他功成身退，只是出任“直鲁豫巡阅副使”。在中国多年的日本军部间谍铃木贞一为此佩服地说：“我认为吴佩孚是个很了不起的人物，因为在一般情况下，获胜的中国将军都是进入北京大逞威风，但吴佩孚却不声不响径自领兵回到河南洛阳。”

但人人都知道吴佩孚此时已是北京政府内阁的灵魂，他的人虽远避豫西，却又让人不得不仰其鼻息，北京政府大到国策小至人事安排，无不频繁请教于他。当挤在宣武门内象房桥国会厅里争吵不休的参议员和众议员们拟拆除紫禁城三大殿——太和殿、保和殿、中和殿，在其废墟上另建议会大厦时，吴佩孚通电总统、总理、内务总长、财政总长：“……何忍以数百年之故宫供数人中饱之资乎？务希毅力唯一保存此大地百国之瑰宝。无任欣幸，盼祷之至！”当各报刊登载了吴氏通电后，颂扬吴帅之声鹊起，抨击国会之议潮涌，故宫三大殿幸免一劫。

直、奉的蜜月期很短，不到两年，直、奉反目，于1922年4月开战。吴佩孚的讨奉通电名言是：“大诰之篇，入于王莽之笔，则为奸说；统一之言，出诸盗匪之口，则为欺世。”虽然奉系张作霖在军队人数和武器装备上有明显的优势，但吴佩孚的直系军队神速地击败了奉军。奉张退居东北后，吴佩孚成为北洋军阀首要人物，直系随即独霸北京政权，进入全盛时期。接着，曹、吴逼徐世昌下台，恢复旧国会，再邀已被废黜五年的前副总统黎元洪复职，却不给他实权，后来干脆把黎赶出北京。1923年，曹锟花费约一千三百五十六万元，当上“贿选”总统，吴为此不满，但也无可奈何。他力主“废督裁兵”，而各地方实力派坚持“联省自治”，于是吴打起当年自己曾公开反对的“武力统一”旗号，在洛阳埋头练兵。

吴佩孚的势力引起国际瞩目。20世纪20年代初的他一度被公认为“中国最有权势的人物”，且博得了“爱国进步”之名。不仅英、美等列强对他“争相结纳”，吴可能是最早上美国《时代》周刊封面的中国人之一；而且他也引起苏联的青睐，以为与中国建立新的关系有望，因为吴不唯抗日，且主张召开包括工人在内的国民大会。1924年，在他五十寿庆之时，正是权势鼎盛之日，各地的军政要人和文化名人、各国驻华使馆的武官云集洛阳，清废帝溥仪也派出其“摄政王”前来祝贺。连曾名震朝野的维新派首领、著名学者康有为也大拍马屁，献寿联云：“牧野鹰扬，百岁功勋才一半；洛阳虎视，八方风雨会中州。”

共产国际、苏俄政府及中共李大钊等，都做过争取他的工作。1922年，越飞在会见孙中山前，寄望于吴佩孚：“将军先生……我们都怀着特别关注和同情的心情注视着您，您善于将哲学家的深思熟虑、政治家的老练果敢以及天才的军事战略家的智慧集于一身……”待越飞的军事顾问格克尔将军自洛阳返回北京后，越飞立即给斯大林拍发了“绝密”级的电报：“格克尔从吴佩孚那里回来了，说从未见过这样完美的军事秩序，秩序和纪律极其严整，操练和训练比赞许的还要好。”苏联的政治局为此有决议说：中国的事态发展进程，越来越把吴佩孚和他所领导的直隶集团推到首要地位。吴佩孚正在成为核心政治领导人物，同时好像也在成为民族运动重新爆发的中心……吴佩孚的行动会造成有利的局面，必须加以利用。有必要同吴佩孚联合，联合的结果应当是成立新的中国政府。这种联合不可能有什么牢固性可言，所以在进行现阶段的战争和成立新的政府的时候，必须从建立真正统一的中国必然要继续进行战争的思想出发，不过这时已经是同吴佩孚及其追随者的战争了……

这种蜜月同样短暂。虽然“劳工神圣”的旗帜一度堂而皇之地挂在直系控制下的京汉、陇海铁路沿线的要埠大街上，但吴佩孚镇压了京汉铁路大罢工、制造“二七”惨案。苏俄曾不改初衷支持吴，直至吴对苏军驻扎外蒙和中东路主权问题的态度越来越强硬，特别是1924年9月在第二次直奉战争中，因冯玉祥倒戈而惨败于张作霖，苏联人才放弃对吴佩孚的争取。

随着张作霖入主北京，北京政府伊于胡底。即使最有军事才能的军阀吴佩孚也避免不了为时代所弃的命运，他虽然仍多次跟其他军阀分分合合，挂过若干头衔，也曾东山再起，报了冯玉祥一箭之仇，但已是强弩之末。虽然吴佩孚有着革命军人少有的文才，但他仍敌不过文明转型中的意识形态。军阀和他们步履蹒跚的军队势力开始让位于新兴的革命军队，孙中山的党军显示出威力。1926年秋，国共合作的北伐战争开始，国民革命军大举北伐，盘踞中原的“常胜将军”吴佩孚纠集主力扼守湖北咸宁的汀泗桥，并上阵督战，亲手枪杀了几名后退的官兵，然而吴抵挡不住革命洪流。两个月后北伐军攻克武昌，他的主力被歼，从此一蹶不振。他大势已去，可是不像其他下台的军阀政客那样，腰缠万贯出洋“考察”或跑到租界去寻求外国人保护，他也没有多少钱，他只有在国内辗转流亡。

吴的失败是必然的。因为他既不像其他大多数军阀那样一心求利求地盘，又不像国民革命军那样师法欧美文明的精神。他的人生观和世界观是传统得陈旧了，虽然他的坚守可敬。他早就说过：“英雄并不以成败定义，本人既以关、岳为立身行事的楷模，所以在行为上一不爱财，二不好色，三不怕死。本人志在春秋，为国家民族，不惜肝脑涂地。”但有着革命意志的党军硬软实力都高于军阀不说，即使吴以儒将自居，他仍是一个视苍生如刍狗的卫道士，他是一个自以为是的愚忠儒者，他对其他军阀毫不手软，却又如宋襄公一样假仁义道学。冯玉祥叛变、形势危急之际，他的顾问焦急地请其应付危局，他却大谈“千古不磨之成文宪章，即孝、悌、忠、信、礼、义、廉、耻之八德”，坚称自己宁为玉碎不为瓦全。当叛将讨饶，他不宽恕容纳，冯氏的国民军发动第二次政变后，满以为驱逐了段祺瑞会使吴佩孚高兴，通电全军投靠吴氏门下，吹捧“吴玉帅”有“命世之才”，表示“此后动定进止，惟吴玉帅马首是瞻”，但他接到通电后，只批了四个大字“全体缴械”，逼得冯玉祥再次背叛。

无论外力是否可借，他也不稍加利用，英美、苏俄、日本都曾想支持他，他都拒绝了。当吴在最潦倒落魄的时候，日本第一遣外舰队总司令荒城二郎少将、海军驻沪特务机关长佐藤秀大佐率将佐十五六人由宜昌乘小型舰到白帝城，专程拜访他，表示一愿供给私人借款一百万，二愿赠步枪十万支、小炮五百门、机关枪两千挺连同弹药，由小型舰艇运来白帝城。这对于有意东山再起的人自然是一个大诱惑，可是对吴佩孚这位硬汉，则毫不发生作用。吴义正词严地对日本人说："过去我有枪不止十万，有钱不止百万，尚且一败涂地，可见成败是不在于枪炮和金钱，我如果愿意借外债，引外援，何必待到今日。中国事应该由中国人自了。贵国贵官的盛意我是不会承受的。"

这个一根筋式的儒将呼吁过"国民大会"。他初登政坛就主张，立即举行国民大会——今后所有国事，悉由国民大会定夺！国民大会的代表由农、工、商、学四界组成，自下而上推选，由省至中央，这便是国家最高权力机构。似乎吴佩孚把民众的福祉放在心头，但他对芸芸众生的命运不屑一顾。1921年与湘军打仗时竟下令掘开簰洲的长江大堤，致使许多无辜百姓葬身鱼腹。1923年2月，京汉铁路工人为了争取自由、人权举行大罢工，他残酷地镇压，制造了著名的"二七"大惨案。

吴的失势使得墙倒众人推。他与南方为敌，北方的军阀无他容身之地。只好带部下入川，那个过程九死一生。尤其是张其锽之死以及偷渡襄河的枪战，使得跟随他的夫人张氏印象恐怖，当时有投襄河自尽之意，经吴佩孚百般劝阻，其意始解。此后跋涉穷乡僻壤，吴虽泰然，但有内顾之忧。据说，张氏夫人曾一再向吴表示，受不了这种担惊受怕的日子，纵不求死，但愿削发为尼，且劝吴从此下野，不问世事，入名山为僧以保余年，泪随声下，吴亦为之动容。吴的感慨可从他两句诗中道出：“生死两难悲末路，夫妻垂老泣牛衣。”

但他的个性丝毫不改。1927年5月27日，他率卫队逃去四川经河南邓县构林关时，受到当地头面人物的热情款待。面对满桌酒肉，他却说：“免了吧，战火连绵，百姓不得温饱，我们还要这么多菜干什么？”只留下四个小菜，其余全叫人撤下。地方绅士纷纷前来求字求诗，他即席撰写了多首（副）诗联。在赠给乡绅杨星如的诗中，有“天落泪时人落泪，哭声高处歌声高。世人漫道民生苦，苦害生民是尔曹”之句，仿佛他跟军阀属于两类人似的。在土匪军阀的围追堵截中，吴佩孚的亲信卫队死伤惨重。他只能从鄂北的小路入川，当时杨森部已由宜昌退巴东，吴乃选择取道保康、秭归、兴山入川，这是一条荒僻山路，除了土匪，人迹罕到，有时无路可走，须从这座山头翻到那座山头，仰攀俯爬，艰难有如三国时邓艾偷度阴平，有时以草根树皮果腹。蜀道难于上青天，吴佩孚这时可说是已经亲身经历了。他到四川发表了不问世事、表明心迹的通电：“万县杨惠弟鉴：举世滔滔，乱靡有届，欲资游憩，名胜为宜。因念蜀中山水，半属旧游，而蜀中将士又皆旧雨，业于号日间道抵夔，暂憩此间，专事徜徉，不闻理乱。甫澄、积之、晋康、自干、德祥、颂尧诸兄处及各师旅长等，乞弟为之道意。一俟秋凉，溯江而上，再续旧欢。特电奉达，即希注察。小兄吴佩孚。号。印。”由此开始了他和部下在川、康、甘、青等地的寄食生涯。

他的寄食生活是可怜可笑的，他带着一批亲信在各地转悠，主人或士绅多有以为他会东山再起而进行巴结者，也有最终看穿他不过是带着一批落魄族众到处打秋风而已。1928年，吴佩孚五十五岁生日，离他的五十大寿只有五年，仅仅五年之间，他已经从国内军政的视野里消失。他住在大竹县，虽然当地军民给他大办生日宴，热闹非常，但在大竹打秋风将近一年，当地驻军托地方士绅向吴佩孚提出将枪支送给他们用，吴佩孚慨然允诺，将二百八十多支枪和三万余发子弹送给当地驻军，只留了十几支手枪。吴佩孚怕卫队官兵在心理上产生疑虑，还召集全体讲话，说“咱们住在这里，军民对咱都客气，也很安全，咱这武器也没用处，不如送给他们落个人情”等语。这个人情送了，他就再也没有什么实力，也没有财富了。他见识了各种眼色、难堪，但他的内心是自足的，他作了大量的诗，据说仍有唐人气象，人穷气不短。他到四川的自题诗是：“曾统貔貅百万兵，身衰蜀道苦长征。疏狂竟误英雄业，患难偏增伉俪情。楚帐悲歌骓不逝，巫云凄咽雁孤鸣。匈奴未灭家何在，望断秋风白帝城。”

他在四川写下一副名联：“得意时，清白乃心，不纳妾，不积金钱，饮酒赋诗，犹是书生本色；失败后，倔强到底，不出洋，不进租界，灌园抱瓮，真个解甲归田。”文史专家陈登原曾有《杂书吴佩孚事》，记录他打秋风的生活。人情世故也好，时局变迁也好，都不在他的关注范围内，他要的只是带着部下活着，而且他自己要养尊处优地活着。为此他不断地被各地接待，被人看穿后又不断地被驱赶。他的惨状大概只比金庸小说中的慕容复落魄时稍好一些。

好在他进入过权力的巅峰境地，即使落魄，仍有不少旧部、同类接济，或物伤其类地周济他，在川、康等地要饭似的过了几年。1931年，吴佩孚应张学良之邀，定居北平。那时“九·一八”事变刚刚发生，张学良以子侄辈的身份邀他做客，吴佩孚见面就质问：“沈阳事变，你为什么不抵抗？”张学良脸色当时就变了：“我有中央命令。”“有命令也不行，将在外君命有所不受，你连这个道理都不懂，真丢你老父的脸。”吴佩孚甩开衣袖接着说，“国仇你不报，私仇你不报，你老子的棺材已经竖起来了！”张学良这时是有苦难言，只得毕恭毕敬地说：“玉帅骂得对，我确是给父亲丢脸了。”张学良开始供养他，每月送他四千元。

他的气节有目共睹。1931年“九·一八”事变以后，日本帝国主义扶植溥仪搞“伪满洲国”，他当即通电反对。1935年日本侵略者策动汉奸搞华北自治，请吴佩孚做“华北王”。吴佩孚愤然作色道：“自治者，自乱也。”加以拒绝。1937年“七七事变”后，日军要他出任北平维持会会长，他也俨然拒之。1938年日本侵略者决定把华北伪政府和伪南京政府合并为一个汉奸政权，日本大特务土肥原贤二又要拉吴佩孚做“中国王”，吴佩孚说：“叫我出来也行，你们日本兵必须全部撤出中国去。”日本人越俎代庖地在什锦花园为他安排过一次记者招待会，他尚未开口，中外记者们已经读到了打印好的“吴氏对时局的意见”。一身中国绅士装束的他，放下打印稿，一字一句地说：“唯‘平’乃能‘和’，‘和’必基于‘平’。本人认为，中日和平，唯有三个先决条件：一、日本无条件自华北撤兵；二、中华民国应保持领土和主权之完整；三、日本应以重庆（国民政府）为全面议和交涉对手。”

1939年底，吴佩孚暴死。北平的日本占领军和汉奸政权隆重祭奠了这位不肯屈就的大人物，甚至连日军侵华最高司令官也参加了公祭仪式，而华北沦陷区的各省市三日之内均下半旗志哀。

北伐中打败了吴佩孚的蒋介石亲致唁电给北平什锦花园吴公馆：“先生托志春秋，精忠许国，比岁以还，处境弥艰，劲节弥厉，虽暴敌肆其诱胁，群奸竭其簧鼓，迄后屹立如山，不移不屈，大义炳耀，海宇崇钦。先生之身虽逝，而其坚贞之气，实足以作励兆民，流芳万古。”国民党元老吴稚晖是这样评价吴佩孚的：“子玉先生的品格，不论你政见如何，都是应该表示钦佩的。”中共元老董必武说：“吴佩孚虽然也是一个军阀，但有两点却和其他的军阀截然不同，第一，他生平崇拜我国历史上伟大的人物关、岳，他在失败时，也不出洋，不居租界自失……他在失势时还能自践前言，这是许多人都称道他的事实。第二，吴氏做官数十年统治过几省的地盘，带领过几十万大兵，他没有私蓄，也没置田产，有清廉名，比较他同时期的那些军阀腰缠千百万，总算难能可贵。”国民政府与最高国防委员会还分别决议，追赠吴佩孚为一级上将。陪都的报纸上更誉吴为“中国军人的典范”。

北洋政府时期数以百计的大小军阀，大多数出身行伍，唯吴佩孚以“秀才”著称。海外史家则称他是“学者军阀”和“至死都是一位颇具口才的儒家制度与价值观的辩护士”。如前所说，他是承前启后的军人，他的迂腐、僵化、愚忠使得他不及之前的曾、左、李一代将帅，又不及后来的蒋介石等新兴军人。儒家文化或者说我们的传统文明封闭太久，被强行打开后，见光死去，或如木乃伊因风而散。封闭中的文明大墓中站着的数百个军阀在不可知的命运之手牵引下打打杀杀，中间只是出了吴佩孚这样在外人眼里还算有个人样的人，可以说为儒家文化殉道者是如此稀罕可怜，令人唏嘘感叹！

张作霖：登堂入室

在一般人心中，张作霖是一个传奇，是乱世成功者的典范和楷模。他做过“土匪”“马贼”，一生“有奶便是娘”，投靠俄国、日本，效忠清朝、袁世凯、北洋政府，踩着无数人的尸骨向上，对长官、革命党人、军阀能拉则拉、能打则打，最后贵为中华民国陆海军大元帅，成为中华民国北洋政府的元首，因为不愿向日本屈服，而终被日本人炸死。这是一个可圈可点的历史人物。

张作霖是一个影响了历史的人。由于他的帮凶，使得赵尔巽轻易瓦解了东北革命党人的势力。文化、阅历远高于他的革命党人蓝天蔚、张榕等坐失良机，或被礼送出境，或被暗杀。革命基础优于湖南湖北等中部、广东等南方的东北地区完全成为反动堡垒。张作霖其时还是小人物，却左右了历史。

从历史不能假设的角度，我们可以假设一次，张作霖如果听从了王永江、郭松龄等“笔杆子”“枪杆子”的建议，暂时收束其政治野心，认真经营东北，中国的政治格局可能会有改观，日本可能不会侵华，蒋介石可能会真正地统一中国，民国共和可能会为世界政治史上增添新的内容。可惜张作霖的成功之路上完全靠他自学，他只有兄弟、对手、部下，没有朋友、师执，因此，最好的建议对他如耳旁风，当他以地方王霸之才入主关内，捉襟见肘，笑话百出。如张学良后来认识到的，他父亲有雄才而无大略。这样的人，王霸还可，混一宇内则难，即使沐猴而冠，但望之不似人君。

无论如何，张作霖白手起家，能在清末民初中国环境最为险恶的东北地区如鱼得水，终成霸主，并把东北建设成为一时繁庶之地，有着需要后人总结的成功经验。关内众多军阀如段祺瑞、曹锟、冯玉祥、吴佩孚、孙传芳等人，跟他相比，似乎都差了一些什么。胡适就感叹过张作霖有“最不可及处”。关于张作霖的传记、文章，至今仍为大众津津乐道，其受欢迎程度远远超过其他军阀，可见张作霖自有其中国人的魅力。

但这样一个人物很少入正统人士、历史学家的法眼，学者对其评价甚至显得困难，一些人陷入了两极，如说他是“民族英雄”，如说他是“卖国求荣的军阀”，还有人说他是“爱国军阀”。这里就显露出学者们喜欢盖棺定论的迂腐来，他们一定要从历史人物身上寻绎出大于人情人性的东西来。如台湾“中央研究院”中国近代史研究所所长梁敬錞说：“张对日本亲仇之不一，日本对张，亦怨悦交并……大抵张作霖对于日本，虽甚富友谊，然日本欲其出卖国家，若日韩合并论中，宋秉峻、李容九之所为者，则非张作霖所能忍受。作霖之贤在此，日本满蒙分离运动之失败亦在此。”西方学者加文·麦柯马克则说：“就与日本帝国主义关系而言，张比一个纯粹的傀儡还多些什么；但却比一个民族主义者少些什么。”

学者的评价是属于少数人的事、学人体制的事，属于语不惊人死不休，其中有着自己的名利，跟张作霖无关，跟大众的人生教化无关。如果我们从人生百年的角度，从理解之同情的角度，而非历史角度、国家演进、体制利益来观察张作霖，我们可以发现，张作霖确实值得人们为之大书特书。他不仅比一般军阀多一些东西，也比喝洋墨水的、有现代感的成功人士们多一种东西。这种东西，在我看来，就是对中华文明揭示的人生之道的尊重，这种人生，表现在内心是敬畏，表现在言行上是江湖忠义，是规矩。即使张作霖的人生目标是权力之路，所谋者不远，所图者极高极大，但他那种永不知足的尝试、冒险、挑战自我，追求人世间的最高境界，却也是中国人中极为少有的。

十二三岁时，张作霖的父亲死了。这个没钱念书的穷孩子到杨景镇的私塾去偷听，杨看到窗外有一个小孩偷偷听他讲课，问他，小孩说：“我叫张作霖，我愿意念书，家穷，上不起学，因此常在这里偷听。”杨先生就让他登堂入室，免费让他上学，还赠给他纸笔。就这样，张作霖读了一段私塾，他打下了初步的文化基础。张作霖知道感恩，他后来当了民国陆军第二十七师师长，特地请杨景镇到沈阳来，在家里开设了私塾馆。张学良就曾跟他读书。这个故事几乎是一个隐喻，喻示张作霖的好奇、敬畏、胆量、追求、知恩……张作霖虽非君子，一生却正是《易经》乾卦之象：“天行健，君子以自强不息”。

就是说，张作霖跟大部分世俗普通的成功人士不同，跟我国大部分上层精英人士不同，他对世界有好奇之心，并愿意登文明之堂入极境之室。他做到了他力所能及的，把自身的抱负发挥到最大。他是一个有创造力的人，只是因为他的学问、眼界、兴趣有限，偏于从戏文中吸收营养，而对世界知识以及孙中山为代表的革命家、思想家的隔膜，使得他不能与时俱进，反而亢龙有悔，虽然在权力顶端悟出非他所能，但想返本回东北时遇难。

综述张作霖的一生，几乎为《易经》首卦乾卦的六爻爻辞所概括。第一爻，潜龙勿用，可以说是他二十岁之前都是这个阶段。在这个阶段，他只是一个籍籍无名之辈，甚至说是一个社会混混。开始时，他靠卖烧饼赚点钱，但因为赌博把钱输光了。母亲让他改学木匠，做了一段时间，他嫌拉锯太累，放弃了。一度曾流浪街头，沿街乞讨。后来流浪到营口高坎镇，在大车店给人家打杂。有时骡马病了，他就弄点草药给治，还真的就治好了。一来二去，他成了兽医。中日战争爆发，他投到清宋庆军中，当了一名骑兵。他喜好马匹，“以精骑击，得名擢哨长”。甲午战败，他逃回了辽西。

第二爻，见龙在田，利见大人。二十一岁时，张作霖同赵家庙地主赵占元的二女儿赵春桂结婚。张作霖开始遇到贵人帮助，冯德麟介绍他加入绿林董大虎匪部。他后来接受《密勒氏评论报》的主编鲍威尔专访，当问到他曾在哪里读过书时，张作霖回答：“绿林学校。”当土匪四年后，岳父赵占元帮助他在赵家庙组织保险队，他开始发迹。各类大人见他而援手给利。八角台的商会会长张紫云看张作霖北人南相，眉清目秀，且行止有矩，谈吐不俗，就请他做了团练长，地方的绅商也表赞成。新民府知府增韫对张作霖印象不错，同意了张紫云的举荐，让张作霖的民团“改邪归正”，“化私团为公团”，让他先任马队帮带（副营长），后升管带（营长）。这样的例子举不胜举，徐世昌、赵尔巽、袁世凯等都给过他机会，他也善用这些机会。张作霖成长发迹道路上的贵人、大人之多足够令无名之辈们艳羡，也足够无名之辈们从中学习经验。

第三爻，君子终日乾乾，夕惕若厉，无咎。大人们给了机会，需要张作霖珍惜机会。他为人机敏，粗中有细，或说扮猪吃老虎，长于计谋。到了新民府的生疏环境，他把争取增韫的信任摆在首位，投其所好；同时，笼络绅商，认真办事，约束部下，管理有方，因此深得增韫的赏识。1904年，日俄战争爆发，先为俄军效力，后为日军效力。在日、俄两大帝国主义战争夹缝中生存的张作霖，充分显示了处理复杂问题的能力。他的部队不但没受损失，反而扩编为三个营。新任盛京将军赵尔巽和新任新民府知府沈金鉴下令，将他升为统带（团长）。

在计擒悍匪杜立三后，张作霖的能力得到总督徐世昌的赏识，再次升官，做了奉天巡防营前路统领（旅长），成为东北旧军五个举足轻重的武装力量之一。在受命剿灭蒙匪时，因蒙人来去如风，经常打官兵一个措手不及，张作霖多次遇险，九死一生。经年无功，遂被朝廷褫夺了顶带，命他戴罪立功，以观后效。他总结经验，摸索出一套可行的规律。他本人也吃苦耐劳，身先士卒。他还结交了绿林豪杰安遇吾，委托他打入蒙匪内部，如此终获成功，解除了危害东北边疆多年的蒙患。

第四爻，或跃在渊，无咎。站稳脚跟后不能坐等别人给机会，主动出击、有所作为而无灾难，这是张作霖的拿手好戏。1911年，辛亥革命爆发，东北的革命党人基础雄厚，准备起事，接手地方政权。东三省总督赵尔巽束手无策，想溜之大吉，经部下劝说才想到密调后路巡防营统领吴俊升率部来省城护驾。结果这一消息被有心的张作霖察知，他率部马不停蹄，日夜兼程，直奔奉天，路过吴俊升的防地时也丝毫不吐口风。到达奉天省城后，张作霖见赵尔巽主动请罪："因局势紧张，惟恐总督陷于危境，迫不及待，率兵勤王。如总督认为未奉命令，擅自行动，甘愿接受惩处。"结果，张作霖不但没有受到惩处，反而得到夸奖。

随后，张作霖帮着赵尔巽，几乎不废一枪一弹，把东北的革命党力量瓦解。他挤走了蓝天蔚，杀害张榕、宝琨和田又横。由于张作霖镇压革命有功，经赵尔巽的保奏，清政府任命张作霖为关外练兵大臣，赏戴花翎，以总兵记名，并将其所部改为第二十四镇，成为一个师的建制，授为统制（师长），并兼奉天巡防营总办。从此，张作霖掌握了奉天省的军事大权。在这一生平第一大手笔中，充分显示出张作霖关注信息，抓住时机，闻风而动，不同常人之处。因此，他的恩人或同僚如冯德麟、吴俊升等人后来只能屈居其下。

跟他人相比，张作霖的进取之心跟不择手段相得益彰。清政府岌岌可危，张作霖联合冯德麟等三十三名将领联名致电袁世凯，表示“决议勤王”。电文称：“东三省与内地各省不同，军队部署既定，且勤王之心亦厚。劲旅数万，一旦有命，即可取道山东南下，以区区微忠，尽瘁朝廷。”在袁世凯的点拨下，他很快放弃了保皇论，摇身一变，成为共和制的积极拥护者。他“两次致电袁世凯表示赞成共和”。由此带来的好处是，袁世凯下令对东三省的军队进行重点改编，命由张作霖任统领的原中路、前路巡防营改编为国家陆军第二十七师，驻扎军政要地奉天。任命张作霖为师长，陆军中将衔，特授勋五位。

三十八岁的张作霖握了东北的兵权，但他仍不满足，大胆进取，跟中央或明或暗地要权。袁世凯派他的老上司张锡銮来主政，被张作霖排挤走；再派心腹段芝贵，又被张作霖驱逐。最终，袁世凯命张作霖为奉天盛武将军督理奉天军务兼奉天巡按使，成为一方诸侯。

第五爻，飞龙在天，利见大人。掌握了地方最高权力的张作霖一飞冲天，跟权力核心来往，很快攫取了东三省的领导权，成为名副其实的“东北王”。由此，他的活动空间不再局限于东北一隅，而对中央政治有着举足轻重的影响。他跟实力人物结盟，曹锟是他的“三哥”，孙中山是他的“老友”，张勋、靳云鹏等人是他的“儿女亲家”……他开始翻云覆雨，在直皖战争中助直反皖，还进京组织梁士诒内阁。第一次直奉大战失败后，他宣布东三省独立，自任保安总司令，整军经武成立陆军整理处，从各个方面治理东北。

张作霖在东北大展拳脚，他延揽人才，首先从整顿金融财政入手。在整顿金融财政过程中，除实行“改行大洋”“币制统一”等措施外，也采取了非经济手段的措施。经过苦心经营，东三省财政状况逐渐好转。财政经济状况的好转，以奉天省最为突出，王永江实行“节约除弊，岁入渐由三千万元增至五千万元”。奉天省在1918年至1921年间，出现了“人民生活比较充裕”“经济比较稳定”的局面。

张作霖的成就是可观的，在民国时期的“黄金十年”之前，在李宗仁的广西、阎锡山的山西先后称为“模范省”之前，他主政的东北已经成为全国最有绩效的地区。为了整顿东北军队，他成立了东三省陆军讲武堂，成为民国时期的四大军校。他还建立和扩大兵工厂，建立空军和海军。兵工厂成为全国规模最大的综合性的兵工厂之一，空军在全国首屈一指，海军在全国海军中占有绝对优势。

张作霖重视教育，这方面的事例很多。他曾说："凡国家若想富强，哪有不注重教育与实业能成功的呢？我们现在这几天正讨论设立东北大学问题。并且，也计划派送留洋的学生。现在救急的法子，就是凡本省自费出洋的，都由省政府酌量予以救济，不使他们失学。"他创办了东北大学，不惜血本投入，因条件优厚，使得许多国内著名学者和社会名流都曾到东北大学任教。如曾任外交总长的罗文干、文字学家黄侃、著名学者梁漱溟、文法学家章士钊、建筑学家梁思成、著名学者林徽因、俄文学者曹靖华、清华校长刘仙洲等，为东北培养了多方面的高级人才，东北大学一度成为中国大学之最。

第六爻，亢龙有悔。短短的几年时间，张作霖治理的东北成为全国最为繁盛之地，但是，在此发展中，张作霖个人的认知和抱负却无长进，他缺少诤友和师长的耳提面命，野心再度膨胀，想凭实力问鼎中原。1924年，他组织"镇威军"进关与直系再战，获胜后，推段祺瑞为"中华民国临时总执政"。1925年，奉军进入上海，张作霖的势力达到鼎盛。1926年，张作霖在天津蔡园开军事会议组"安国军"，被十五省推为总司令。1927年，张作霖在北京下令绞杀李大钊等多名革命志士。组成安国军政府，就任陆海军大元帅，成为北洋政府末代国家元首。

这个登上最高权力之位的人失去了方向，他看不清形势，不知道自己可以治一地方，却治理不了变动中的中国。跟南方的国民政府相比，北方军阀政府缺少治国理念，缺少人才。张学良就说过："我们争什么天下？奉军南下河北、河南，占了不少地方，可连一个县长也派不出。"1928年4月，在蒋、冯、阎、桂四大集团军的攻击下，奉军全线崩溃。与此同时，日本人趁火打劫，向他索取"满蒙权益"。日公使芳泽谦吉劝其退回东北，并要其在满蒙悬案书上签字，他不从，日本人警告他："如果不听劝告，失败后连关外都回不去了。"张作霖回答说："关外是我的家，我爱什么时候回就什么时候回，有什么不行！"人穷返本，他肯定有所后悔。6月2日，张作霖声言退出北京，要回到他发迹的东北去。两天后，张作霖的专车行至奉天西皇姑屯车站时，他被日本人炸死。

比较起来，他的儿子张学良就有自知之明。张学良曾对赵四小姐说："我看蒋先生做中国的领袖，够格。"张认为自己没有统一中国的能力，但有诚心服从能统一中国的人。他认为军阀多"望之不似人君"，他对赵四小姐说："蒋介石言谈举止像领袖的派头，阎锡山不行，穿个大衫，像个买卖人似的。"

对张作霖的评价多有可观，不仅值得精英人士认真注意，也值得普通人参校自己的生活。他善于施展政治权谋，是个典型的"机会主义者"，他自己常说："智深须有忍，将勇贵能谋。"有人说他是"中国第一流权势主义者"。张学良则说他"有雄才而无大略”，跟“有大略而无雄才”的蒋介石相反。他的亲信杨宇霆也说：“张作霖是政治家，不是军事家。”日本人认为他处事精明、圆滑世故。孙科称其处理公务果断迅速。他的一些结拜兄弟和老部下则说他“够哥们儿，讲义气”。

因此说，张作霖是一个可圈可点的人物。他在很多方面的言行都堪称道，他有识人之明，有敬畏之心，在民族大义上有着底线。跟他相比，曹锟、张宗昌、孙传芳、韩复榘等军阀不值得一提，甚至他的粗话也极有味道。

人们津津乐道张作霖的成功之道，有很多案例可以证明他的过人之处，人们从他的身上可以学到很多东西。但最重要的是，张作霖言论的个性充分说明他的胆量、他对时势的把握。他没有多少文化，却一点儿也不糊涂，今天梳理张作霖的言论仍能让人感叹他的聪明绝顶。

张作霖在奉系崛起之初常以李渊自况，要张学良读《贞观政要》做李世民，一心为“张家王朝创基业”。随着张作霖势力的扩大，舆论盛传张作霖有野心，“要建大辽帝国”等。对此，张作霖说：“世界的潮流也不能不看一看，现在世界政治的趋势还允许由共和变为君主吗？”“说我要复辟，那是报纸放屁。”

他有强烈的政治追求，却不愿人们说他有野心。1921年12月5日，张有针对性地说：“我张作霖是毫无野心。我的唯一志向，就是把国家治理得好好的，使能立于世界国家之林。”一次，张对军校毕业生致毕业辞说：“你们知道现今天下潮流吗？

中国是谁的？就是咱们的。”

他起自草莽，说粗话习以为常，甚至以此特征来笼络张宗昌等部下。但他粗中有细，如对重用并有所依赖的王永江、杨宇霆不说一句粗话。有一次，张作霖和杨宇霆为一件事争论起来，张生气了，说了“妈的”两个字，杨站起来说：“你骂谁？”张马上作揖赔罪，说：“这是咱的口头话，一个不留心溜出来了，敢是骂谁！”以至于听到这个故事的胡适说：“这个故事很美。”

他敢于直明心曲，十二岁时能因此得私塾老师帮助。后来他更是放胆直言，他多次对上司坦言，自己只不过“为了升官发财”。他见孙中山的代表时则说：“孙先生看得起我，我很高兴！”并直说，“我是带兵的，粗人一个，不懂政治。但是我很不明白，中山先生是革命元勋，著书立说，革命党怎么能跟段祺瑞这路人合作？”

张作霖在北京就任陆海军大元帅后，曾对北洋政府各部门科长以上官员有过一次讲话。他开口第一句话：“我叫张作霖。”接着说，“跟我来的人都知道我张作霖是怎样一个人，你们大家是不知道的。我张作霖也是个人，并没有什么特别出奇的地方。我也常想和你们大家见个面，谈一谈，不过这些捧臭屁的（指卫兵、秘书人等），我一出门，就净了街，谁也见不着。但是你们大家，谁好谁坏，我都有个耳闻，将来天下大定的时候，我一定都委屈不了你们。人家都说我张作霖有钱，其实我哪里有多少钱呢？你们大家打听去，哪个外国银行有我张作霖存的钱？哪个外国租界里有我张作霖盖的楼房？我他妈拉个巴子，便宜也要便宜中国人，我不能便宜外国人……过年三十那天晚上，你们大家可能都睡觉了，我张作霖并未睡觉。我拿着整股香，跪在堂院祷告。我说，天啊！要叫我张作霖平定中国，统一天下，救救老百姓，老天爷，你就助我张作霖一臂之力吧……我早早地统一中国，叫百姓好好地过个日子……你们大家记着，我张作霖绝不做伤天害理、对不起国家、对不起百姓的事。”

张作霖多次说，不要想着糊弄老百姓，你糊弄老百姓，老百姓就糊弄你，到头来，老百姓反了，咱也就下台了。晚年张学良作口述历史时，明确说：“我和我父亲从来不刮地皮。”大青楼建成后，张作霖亲自在楼前的假山石壁上方写了“天理良心”四个大字，以使自己每天进院抬头就能看见这四个字。边业银行开业，张作霖在发行的钞票上印上“天良”印迹，表示不能坑害老百姓，办事要对得起良心。

他也卖友求荣，挑拨是非，但一旦有益于或不妨碍他的权力之路，他的用人和守信也深得中国传统的忠义之道。张作霖当上了“东北王”，把他看准的人才王顺存请到奉天说：“上次我很对不起你，此次请你留下吧！现在我说话能算数了。”他的部下对他重用的王永江不满，张作霖骂他们：“枪杆子能打天下，不会治天下，你们懂得什么？给王岷源（王永江）牵马扶镫都不配！”杨宇霆跟孙传芳有仇，当孙投奔张作霖时，杨欲杀掉孙，但张作霖说：“你的气量要放大些，过去的事情又何必再提呢？

历史上的人物，多半由于利用降兵降将，才能够成其大业。现在馨远（孙传芳字）因九江失败，力弱势孤，来投靠我们，我们如果记旧恨，乘机杀之，不仅要招天下人的笑骂，将来谁还肯归服我们，帮助我们，为我们用呢？这不等于拒绝贤路吗？”一个旅长做大豆生意，亏空了军饷二十四万元。这个旅长正打算逃跑或自杀的时候，被张作霖知道了，骂他说：“你这小子太没出息。一个人的生命，岂止值二十四万？你跟咱们做事，还怕没有钱用吗？你好好把军队带好，这笔钱我拨给你好了。”夫人阻止他把女儿嫁给失势者，张作霖不肯：“人家红火时，咱把女儿许了去，人家不行了，咱又悔婚，这事传出去，还怎么在外边做人？”这些例子举不胜举。

张作霖对做人也有一番见解：“做马贼、做土匪都无关紧要，成则为王败则贼，混出了名堂就一切都好说，但千万不能做汉奸，那是死后留骂名的。”他的敬畏之心可以说是已深入传统中国文化的堂奥，他也最终进入中国的庙堂。在孔夫子诞辰的时候，他会脱下军装，换上长袍马褂，跑到各个学校，向老师们打躬作揖，说我们是大老粗，什么都不懂，教育下一代，全靠诸位老师偏劳，特地跑来感谢。

这位现代中国第一位殉难的国家元首，在世时平定了北方的匪患，稳定了纷乱的东北，遏制了苏俄和日本的野心，振兴了东北……尽管有这样那样的不足，但有着不同一般军阀、暴发户们的性情和人格。

杜月笙：帮派优则仕

在一个专制等级森严的社会，个人很难有什么大的发展，血统、门第是个人发展的前提。从“龙生龙凤生凤，老鼠生儿会打洞”，到现代的“老子英雄儿好汉，老子反动儿坏蛋”，血统一直是我们的宿命。民主自由的社会因此骄傲自己的国民可以由农夫位至总统，而怜悯专制社会的子民不得自由。但实际上，专制社会也有天大的缝隙改变人的命运。“朝为田舍郎，暮登天子堂”的故事在我们的历史中比比皆是，由底层、赤贫、下贱而跃居上流社会的现象更由“飞黄腾达”“一步登天”“平步青云”一类的成语概括了。胥吏、落魄文人、和尚、军官、图书馆管理员、农家女、商贾等等一跃而获豪门富贵，位至九五至尊，获王权、君权、皇权、神权等权力巅峰的案例不可胜数。这是我们文明的奇迹，也是我们文明的变异。直到今天，暴发、暴富一类的传奇人生仍是我们市场经济中最为人津津乐道的故事。

在我国现代史上那样“混乱的自由”里奋斗的人物中，杜月笙是较有代表性的一个。杜出生于江苏川沙（今属上海市浦东新区）高桥南杜家宅，不到四岁，父母先后去世。十四岁时，他到上海某水果行当学徒。他的打工生涯是卑贱、辛酸而堕落的，这种打工生活极容易让人苟且认命。但杜不苟且，他有付出，比如他做事认真，削水果很在行，一时获得“莱阳梨”的称号。他更有出人头地的愿望，他跟王阿国等人一起，既体验到底层打工的艰难，又学会了光棍自作自受、朋友义气等不少江湖中国的生活。他有小钱会跟朋友分享，有巨款也会想起朋友，甚至在朋友中间散尽。为求上进，他拜青帮陈世昌为老头子。由于陈世昌等人的关系，杜月笙获得机会进入黄金荣公馆。

杜的机灵可意，很快获得黄金荣的赏识。黄是当时法租界的华探头目、黑社会头面人物，其名号在当时的小混混之中如雷贯耳，是他们梦想的靠山。杜在众多的小混混中一跃成为黄的亲信，可见锥处囊中，脱颖而出，也必得在打工生活中把自己锻造成为锥才是，有能力、有理想，有豪杰相照相惜的意志。在这方面，杜比他众多的师兄弟甚至师父一辈的人都更具备条件。他没有白白地打工，他的学徒生活足够丰富，准备也足够充分。故一旦进入黄金荣的视野，他就能够迅速地摆脱下三滥时代的毛病，而努力学习着新生活和新规矩。由黄金荣的佣差上升为鸦片提运，因为善于纠合同伙，勾结军阀，杜月笙成为在鸦片提运中最有势力的一个。他的羽毛丰满，使他迅速地跟黄金荣平起平坐，他也出色地完成了跟黄金荣这种辈分、地位上的转换，黄金荣由他的老板、师父变成了他的“金荣哥”。1925年，杜月笙三十七岁，他在租界与军阀当局庇护下，成立“三鑫公司”，垄断法租界鸦片提运，成为与黄金荣、张啸林并称的“上海三大亨”之一。同年，担任法租界商会总联合会主席，兼纳税华人会监察。

杜月笙的格局远非黄金荣们那样“一入黑道，便无足观”，他的义气、苦出身让他成为青帮中的革命性人物，他最大可能地完成了对青帮的改造。他改变原来沿用的青帮收门徒仪式，将开香堂改为点香烛，磕头改为三鞠躬，徒弟改称“学生子”，杜月笙本人则由“老头子”改称“老夫子”或“先生”，写有三代简历的拜师帖改为门生帖，拜师帖上“一祖流传，万世千秋，水往东流，永不回头”的套语，简化为“永遵训海”。研究者认为，杜月笙的帮派是“在特殊时期形成的特殊的社会势力阶层，已经褪去了身上浓重的宗法色彩，变得与西方社会的生存法则和游戏规则更加接近”。“黄金荣贪财，张啸林善打，杜月笙会做人”是当时人的定论。不管“做人”如何低俗，杜月笙确实把做人做到了某种极致，他善于协调黑社会各派势力之间的关系，善于处理与各派军阀之间的关系。他善敛财，会散财，他通过贩卖鸦片、开设赌台等活动，聚敛钱财，然后，又以这些不义之财笼络社会上各种人物，从政治要人、文人墨客到帮会骨干，无所不有。从后来者看，一个人暴发了，就应该像杜月笙那样“会做人”，可是在当时的上海大亨中，会做人的并不多，即使今天市场经济中暴发的大亨更多了，但会做人的大亨似乎还没有出现。也因此，在当时的下层社会才会流传这样一句话：“要像杜先生那样做人。”

杜月笙善待过下台总统黎元洪，黎元洪的秘书长特撰一副对联：“春申门下三千客，小杜城南五尺天。”杜因此被人称为“当代春申君”。他在底层混过，自然知道下层人的艰难，老百姓如求到他头上，他总是让人如愿解决。在这方面，他几乎是司马迁笔下的“游侠”。他对来客几乎就是三句话：“你的事体我晓得了。”“我会替你办好。”“好。再会。”他坚持做公益慈善活动，持续多年购买预防传染病的药水，送到浦东老家，按户免费发放。每逢上海及附近地区发生灾害，他必定出面组织赈济。他还维护工人利益，出面调解劳资纠纷，哪怕由自己负担费用。

杜月笙革新了衣着，他一改传统帮派中那种身着短打、手戴戒指、卷袖开怀的打扮，而是四季身着长衫，给人一种温文尔雅的形象。他因此结交了大批的朋友，遍及新闻界、知识界、政界。名律师秦联奎到他的赌场输了四千大洋，他知道后说：“当律师的靠摇笔杆、用心血、费口舌为生，没有多少钱好赚，我不能赢他的钱。”秦因此成为他的座上宾。以此种手段，章太炎、章士钊、杨度、江一平、郑毓秀、陈群、杨云史、杨千里等人都跟他“平生风义兼师友”（章太炎语）。有“联圣”之称的方地山送给他两副对联，其中之一是：“自笑酒酣时喝月，相携花下坐吹笙。”

1927年4月，杜月笙与黄金荣、张啸林组织中华共进会。4月11日晚，他设计骗杀了上海工人运动领袖、同为青帮中人辈分高他一辈的汪寿华，随后又指使流氓镇压工人纠察队。杜月笙因此获得了蒋介石的支持。南京政府成立后，他担任陆海空总司令部顾问、军事委员会少将参议和行政院参议。同年9月，任法租界公董局临时华董顾问。1929年任公董局华董，这是华人在法租界最高的位置。他因此被人称为“上海最有势力的人”“三百年帮会第一人”“上海皇帝”。有一年陈光甫的商储银行遭挤提，陈无奈之中向国民政府财政次长钱新之求助，钱新之的解决之道是：“你去华格臬路找杜月笙，就说我请他出面帮个忙。”当天晚上，陈光甫来到杜月笙府上，杜月笙对陈光甫只说了一句：“明早在开门之前，在商储见。”到了次日上午，商储门口突然来了一队小汽车，为首的一辆牌号是“7777”。这是上海人人皆知的杜月笙之车。杜月笙跨出车门，申报存款三百万元。见此状况，如潮挤兑的客户顷刻作鸟兽散。杜月笙只需亮个相，一场金融灾难便平息下来，这令现代金融巨子陈光甫惊叹不已。

1930年起，杜月笙在家乡买地五十亩，大兴土木，起造杜家祠堂。1931年6月8日至10日，举行家祀落成典礼和“奉主入祠”典礼。仪仗队有五千人之众，自法租界杜公馆出发，长达数里，巡捕开道，鼓乐震天。杜祠开酒席三日，每日千桌。包括蒋介石、张学良、何应钦、王宠惠、孔祥熙、段祺瑞、吴佩孚、于右任、班禅额尔德尼、淞沪警备司令熊式辉、上海市市长张群等在内的党国要人都送了匾额。排场之大，靡费之巨，极一时之盛。章太炎更以国学大师身份为之写下《高桥杜氏祠堂记》："杜之先出于帝尧，夏时有刘累，及周封于杜，为杜伯……其八祖皆御史大夫。"

1932年，杜月笙开始组织恒社，1933年2月25日，举行开幕典礼。杜月笙自任名誉理事长。社名取"如月之恒"的典故，以"进德修业，崇道尚义，互信互助，服务社会，效忠国家"为宗旨。从青帮到恒社，说明杜月笙开始有意识地把帮会向现代社团组织改进。恒社初成立时，有一百三十余人，到1937年达五百二十余人，社会各界人士加入，使恒社真正成为有代表性的民间团体。学者邵雍的研究结论是："他在30年代，已经逐步摆脱了帮会生意，转做正经生意，大量投资于工商业和金融业，比较著名的有浦东商业储备银行、中汇银行、大达轮船公司、长城唱片公司等，经济利益已经和日本人有所冲突了。这也是他在30年代一直大力提倡用国货的原因，当然也符合中华民族的利益。"

1937年，抗战爆发，杜月笙更加忙碌起来，"他是个爱面子讲义气的人，喜欢说'闲话一句'，表示自己能力超强。加上蒋介石看得起他，他就更卖力了"。杜月笙参加了上海各界抗敌后援会，任主席团成员，兼筹募委员会主任。8月19日，他在报纸上发表征募救国捐和金银物品的告示，仅月余时间他主持的募集会就募集到了救国捐一百五十万元，对抗战帮助很大。他的名言是："从'九·一八'到现在，这七年间，备受敌人的压迫，我们常常卧薪尝胆地刻苦自励，同时期待着世界的公论。"但是现在"我们绝不能依赖人家帮忙，救国完全要靠我们自己的力量"。杜自担任上海商界劝募队副队长以来，利用自己上上下下的影响力，让上海共认购了救国公债七千五百万元，占全部发行量的六分之一。"他有当时国民政府都没有的广泛的对社会各阶层的影响力，而且肯出力。像黄金荣就贪财，只拿进不拿出，做不到像他这样。"10月，他除了募集棉衣，还应八路军驻沪代表潘汉年的要求，个人向晋北前线的八路军捐献了荷兰进口的防毒面具一千套；他也花万余元购买了装甲汽车捐献给了右翼军司令张发奎。他参与劳军活动，筹集大量毛巾、香烟、罐头食品，送到抗敌后支援会。他的国家意识是至诚强烈的。

上海沦陷后，杜月笙拒绝日本人的拉拢，于1937年11月迁居香港。离开香港前，杜购买了大量《西行漫记》《鲁迅全集》等书籍捐献上海租界内的图书馆。在香港，他利用帮会的关系，继续活动。他担任中国红十字会副会长、赈济委员会常务委员和上海党政统一工作委员会主任委员，从事情报、策划暗杀汉奸等活动。其中最著名的是，他在上海的门徒协助军统特务刀劈了大汉奸、伪上海市市长傅筱庵。1940年他组织人民行动委员会，这是在国民党支持下的中国各帮会的联合机构，杜月笙为主要负责人，由此实际上成为中国帮会之总龙头。

1941年12月太平洋战争爆发以后，杜月笙迁居重庆，建立恒社总社，向大后方发展势力。他组织中华贸易信托公司、通济公司等，与沦陷区交换物资。抗战时期，大后方物资奇缺，国民政府的车队通过滇缅公路运输物资，当地袍哥、黑社会势力一抢而空。但是，只要杜月笙一声招呼，他的车队绝对畅通无阻。杜在香港、重庆之间来回奔波，患上了哮喘病。

抗日战争胜利以后，杜月笙于1945年9月初返回上海，重张新帜。由于租界被收回，传统帮会的作用大大减弱了，取而代之的是城市管理和现代社会秩序。杜月笙既然在各类社会组织中如鱼得水，要继续发展，那么似乎只有从政一途了。帮而优则仕，似乎是中国人的通例。杜月笙大概不明白帮派优可组党、可组社，即使明白，他也没有对帮派进行“二次革命”的意志力了，他要离开帮派，进入真正的上层社会，进入国民政府。何况，非政府组织、民间帮派再强也强不过强权政府，帮派再体面优越也优越不过强权体制。杜月笙虽然平易近人做到了极致、游侠尚义做到了极致、光宗耀祖做到了极致，但还没有尝到强权体制的滋味。他很想尝一尝，于是就尝到了来自蒋介石和国民政府的打压滋味。

杜月笙想做上海市市长，为此还送戴笠一栋洋楼希望得到他的帮忙。他的社会贡献足够多了。如今抗战胜利，杜月笙想蒋介石理应给他一碗好饭吃，当时上海坊间也确实传说他即将被任命为上海市市长。蒋介石却是一心要把杜月笙代表的帮会势力打压下去。蒋对内甚至明确训示：对帮会的基本政策是取缔。杜月笙盼望的好事没有出现，就有坏消息传来，上海市市长一职由钱大均出任，没有他的份儿。这个昔日上海最有势力的人还未到上海，上海北站已出现大字标语："打倒社会恶势力！""杜月笙是恶势力的代表！""打倒杜月笙！"惊惶之下，杜月笙临时决定改在南站下车。下车时冷冷清清，没有一名政要迎接。

这个一心向党国靠拢的帮派第一人被政府敲打后，无心经营帮会。昔日风光不再，他疲于应付，勉力支撑龙头老大的局面。历史学家对历史假设万千种结果，却从未假设出杜月笙们组党问鼎会对抗战后的国共对决局面产生什么影响。杜月笙的名言是："蒋介石把他当夜壶，用的时候拿出来，不用的时候扔到床底下。"这说明，杜月笙在求仕无望之际，仍回到了帮派角色，他不可能挺起腰杆对权势、对国民说明他的爱国情感和功绩，也不可能说明他想洗心革面，他曾经对帮会进行过革命，他还想再革命一次。但黑帮身份让杜月笙抬不起头、直不起腰，他没有希望晋身政权中去，他还是要寄身于政权势力的。

1946年12月，上海参议会选举议长，杜月笙准备在此选举中出一口气，他的想法是当选议长再请辞，为此写了一封很长的辞职演说。但在选举中，国民党安排的选票出现了大量的白票，杜月笙虽仍以最高票当选议长，但国民党的侮辱或不支持都是那么明显，以至于杜失去了陪玩的心志，他当选后没有念事先准备的演讲稿，而是吞吞吐吐地以病请辞。自此以后，他就再也没有主动跟政界交道了。他埋头于向工商、金融、交通、文化、教育、新闻等各业中发展势力，担任各种各样的董事长、会长、常务董事、校董达六七十个。

到国共分出胜负，杜月笙只有亡命香港。虽然陈毅入主上海的首要大事就是给杜月笙等人写信，请他们回上海，但杜月笙既无“二次革命”的勇气，自然也无仆于二主的想法。这个自己打出一片天下的贫家子弟，晚年流落香港，其处境完全可用“贫病交加”来形容，他坐吃山空，而无数在上海、香港等地的徒子徒孙和家属需要他救济，他的病也时好时坏。在此非常时期，人生大义跟生活自由的细节非常充分地结合在一起了。章士钊为中共统战，他到香港后，不时出入杜公馆，登堂入室，有时直趋病榻之侧，和杜月笙密谈，他分析天下大势、国际动向，尤其对他的同乡后辈毛泽东大加赞赏。当章士钊滔滔不绝地盛赞毛泽东是如何尊老敬贤、求才若渴时，杜月笙问章士钊：“章先生是决定在北平定居了，是吗？”章士钊说：“是。”“章先生是否照旧挂牌做律师？”章士钊回答说：“诚然，共产党统治下是用不着律师的，我不能再挂牌，不过……”杜月笙问：“章先生既然不能再做律师，那么，你有什么计划？是否想改行做做生意？”“做生意嘛，只怕共产制度也不容许，”章士钊坦然吐露，“不过，毛主席当面告诉过我，我在大陆，一切由他负责。有了毛主席的这一句话，个人的生活种种哪还用得着担心？”杜月笙感叹说：“啊啊，只是生活不用担心，只是生活不用担心。”

杜后来对家人说：“章先生年纪一大把，做官的兴致高！只要有官做，他跟谁都可以，但是他投了共产党毛泽东，却只说是保障他的生活。既然只为了生活的话，台湾、香港、美国……随便哪一个地方，也要比共产党那边的日子舒服得多。”想起章士钊寄食于杜家的往事，杜月笙说，“负责生活，毛泽东不过给了他一句言话，我杜某人倒是真负责过不少年啊！”

这个曾经想跟政治玩一玩的帮主，自以为看透了现代政治，也最终在人格上跟国共党魁们平等了，至于寄食者的心理扭曲，他当然了然于心。

1951年杜月笙死于香港，他的财产只有十二万美元，供一大家人继承。

何凤山：一生只做一件事

一个男人一生能做多少事？似乎无穷。但真能称得上正事的又似乎很少，这种正事有各种定义，很难有一个统一的标准，要识别它，最好的办法是看它是否跟勇气、正义相关；另一个定论原则是人们盖棺后，他在大家心目中的形象。大事跟勇气相关；正事则跟正义相关，它也包含了勇气。

我们对何凤山的了解非常之少，从有限的资料中知道这个男人出身贫寒，非常有才。但这个人之所以名垂青史，却只是缘于他年轻时做过一件事。这可以说明，一个人一生能做一件事，能做好一件事就已经不易，就已经足够。

何凤山是湖南益阳人，1901年生，1921年入长沙雅礼大学，1926年成为德国慕尼黑大学的公费留学生，获政治经济学博士学位。1935年，何凤山正式投身外交界，以额外二等秘书的官衔携带家眷前往土耳其上任。他勤于研究，长于文才，不到一年时间，便完成了对土耳其研究的系统报告。还跟人共同整理了一部有关我国国情介绍的论文集《新中国》，在土印成专号发表，“增进了该国人民对我国的了解”。1937年春，何凤山以一等秘书衔二等秘书名义，被外交部调往驻奥地利公使馆服务。

何凤山上任之时，正是欧洲形势波谲云诡时期。1938年3月，希特勒的纳粹德国实现了吞并奥地利的野心，4月，第一批犹太人被关进集中营。纳粹发出通告：犹太人只要马上离开奥国便可当即释放。这是犹太难民唯一的求生希望。但当时排犹、反犹几乎是列强的通病，许多犹太人做梦都想去美国，美国以对奥移民名额已满为借口，条件严苛地关闭了国门；英国迫于阿拉伯国家的压力，严格控制犹太人前往英控巴勒斯坦；尤其是1938年7月13日法国埃维昂会议后，三十二个与会国一致拒绝收容犹太难民，使得奥国犹太人的处境雪上加霜。

当时的我国政府因接受德国援助，采用德国武器及军事顾问，与纳粹政权维持友好关系，对犹太人的处境爱莫能助。德奥合并后，所有驻奥使馆改为领事馆。1938年5月，我国政府任命何凤山为驻维也纳总领事，负责签证。对于犹太人的签证，当时的国民政府内部态度不一。驻奥总领事馆得自外交部的训令，对犹太人请求签证入境者，条件宽厚，不予拒绝。行政院院长孔祥熙进一步公开对犹太人的遭遇表示同情，有特地开辟海南岛以容纳犹太人的主张。然而，领事馆的上司驻德大使馆的态度不同，大使陈杰认为希特勒既然反犹太人，为维持中德邦交，不能与希特勒唱反调，给何凤山的训令是要“停止发自由签证给犹太人”。

当时的犹太人可谓“刀俎上的鱼肉”。何凤山见证了德奥合并，他还看到了希特勒，希特勒来到维也纳时，人们站到街道两旁欢迎他，那场面让何凤山觉得很恶心。他看到一起接一起的纳粹暴行，“街头每天都在上演着残杀的悲剧，甚至一些在奥地利有着很高社会地位的犹太人也难以逃脱被迫害的命运”。1939年，希特勒对于巴黎一位犹太青年因出于激愤而枪杀德国驻法使馆三等秘书一事大为震怒，因而命令所有居住在德奥的犹太人待在家中，不许自由活动，以静待德国官府派员调查。奥籍犹太人的生命、财产毫无保障，随时都生活在提心吊胆之中。

在这样的情况下，何凤山决定采取一切可能的方式救人——只要有犹太人提出申请，就向他们发放前往中国的签证。何说：“富有同情心，愿意帮助别人是很自然的事。从人性角度看，这也是应该做的。”他认为“那件事是形势逼出来的”。

当时的上海已被日本侵略军占领，事实上不需任何签证即可前往已丧失主权的上海。签发上海签证的总领事何凤山深知：这仅仅是“名义上”的签证。但是，这名义上的签证却非同小可，它可以作为犹太人移居国外的有效证明。十七岁的犹太青年艾瑞克·歌德斯德堡，在数月内奔走了五十多个外国领事馆，都失望而归。在走投无路的情况下，他向中国领事馆申请签证，何凤山给艾瑞克签发了二十份前往上海的签证。消息传开，犹太人涌向中国领事馆。

任何人只要提出申请，都能顺利地在何凤山手中得到签证。1939年，身为左翼人士的奥地利人罗生特医生，先于父母拿到了签证，来到上海，参加了新四军，并在上海开了诊所。后来他成了四野一纵的卫生部长，被称作新四军中的“白求恩”。罗生特当年的护照正是何凤山签发的。一位奥地利犹太幸存者说过签证在当时的意义：“签证！我们每时每刻都生活在有关签证的消息中，我们醒来，就被签证问题所缠绕。我们时时刻刻在谈这个问题：我们能去哪里？白天，我们努力获得必要的证件、意见、印戳。晚上，在床上，我们做梦，梦里是长长的队伍，官员！签证！签证！”蜂拥而至的犹太难民有的给何凤山下跪，有的给何凤山送重礼。何凤山说：“这是天意……”据说有少女围着他高呼：“爱神——”何凤山对工作人员嘱咐：“你们要日夜轮换值班办理签证，一个也不能落下！”

何凤山的顶头上司、中国政府驻德国大使陈杰指示应对发给犹太人签证予以限制。何凤山随即告知外交部的训令并非如此，而是采取开放政策。陈大使听后极其不以为然，仍然坚持已见，指示照办。后来听说何凤山有办签证之嫌，陈杰大发雷霆，立即从柏林给何凤山去电话，大骂他“狗胆包天”，命令他立即停办签证。何凤山因精通国际法，胸有成竹，所以仍我行我素，继续办理生命签证。结果，何凤山因非法出卖签证的罪名受到军统局调查。但他早有防范，命令部下严加保密，并提前转移了全部证据，使调查一无所获。调查员临回国时把手枪对准何凤山的脑壳，说：“让我查出来我就崩了你！”何凤山对部下们说：“我一个脑袋能换几千条生命，值！”

何凤山内外受敌，任总领事不足一年，纳粹当局就以总领事馆租用的是犹太人的房产为由，强行把办公楼没收，并查封了总领事馆。何凤山把总领事馆搬到一处由他自己付租金的小房子，继续为犹太人办理签证。他曾在几个月内为一千九百多犹太人办了签证。到目前为止，人们仍不清楚何凤山曾颁发过多少“生命签证”。有人说有四千多人，有人说有一两万人。以色列犹太人大屠杀纪念馆官员曾表示，有几千人因为他的签证逃脱纳粹屠刀，肯定没有任何问题。一位犹太学者则说，何凤山很可能是“二战”时解救犹太人最多的国际义人。

六十多年后，在联合国人权高级专员、美国犹太委员会、正义外交官计划等十一个组织合作之下，联合国总部举办了“救命的签证：正义与高贵的外交官”纪念展。推崇在1938至1945年纳粹德国屠杀犹太人期间，拯救犹太难民的各国英勇外交官，何凤山是其中唯一一位中国外交官。

何凤山很少提及他在维也纳的义举，所以公众之前对此几乎一无所知。何曼礼曾说：“我父亲是一个典型的中国人，非常慷慨、大度，他认为帮助他人是很自然的事，即使从人道主义的观点出发，做这种事也是应该的，没有必要到处宣扬。”何凤山去世不久，一个美国人专程来到他的墓前，献上从荷兰空运来的鲜花花圈，双腿下跪拜谒。这位犹太裔美国人是伊斯雷尔·辛格，在美国各地拥有几十家现代化医院（其中有一家中医医院），担任全世界犹太人大会秘书长。他说：“我父母和我本人都是被何凤山博士救活的！没有他就没有我们全家！他是华人的英雄，也是我们犹太人和全世界爱好和平人民的英雄！”

以色列对“国际义人”的荣誉有着严格的规定：必须是非犹太人，没有伤害过犹太人，冒着危险帮助犹太人，未曾收受金钱报酬。为弄清何凤山是否是“国际义人”，以色列成立了专门的高级委员会进行调查，最终结果确认：何凤山当时确实是冒着生命危险搭救了数千名犹太人。上海虽然是开放城市，但“生命签证”却是犹太人离开奥地利所必需的。

2000年10月，在确证何凤山的义举后，耶路撒冷的犹太人大屠杀纪念馆正式授予他“国际义人”称号。何凤山这个中国人的名字，被刻入犹太人大屠杀纪念馆的“国际义人园”里：“高贵的心灵、慷慨的精神，让我们所有人受益匪浅，暴力没有摧毁他的良知，他的义举值得所有人尊重。”2004年2月19日，以色列“兹瓦特迪克”基金会专门向已故的何凤山颁发“国际义人”奖，表彰他救助数千犹太人的义举。一位幸存者引用哲人的话称颂何凤山：“有些人虽然早已不在人间，但他们的光辉仍然照亮世界。这些人是月黑之夜的星光，为人类照亮了前程。”

一个中国人一生做了很多事，但这件在他本人看来是被逼出来或没必要宣扬的事却最终成就了他。我们中国人惯常的表现是“见小利而忘义，临大事而牺牲”，能够在举世滔滔中坚守正见并付诸行动的人才是我们文明的安慰。

何凤山的事迹足以让一个后来的中国思想家王康写下这样的文字：“从1938年4月到1940年5月，当圣·路易斯号作为犹太人悲剧和欧美国家耻辱的双重象征在大西洋的‘诅咒之航’来回漂行时，中国驻维也纳总领事何凤山却向德国和奥地利犹太人签发了成千上万份前往中国的签证。六十年后的2001年，以色列政府授予何凤山‘义士’称号，以表彰他签发那些‘生命的签证’的勇气和人道关怀……这是极少令人释怀的片断之一。这使我作为中国人，多年来为自己所属的民族第一次感到由衷的自豪和荣耀：中国没有参与对犹太人的合围，何凤山表现了古老的东方人道精神……以如此简洁的叙述和那帧朴素的照片，给我们留下了这位中国绅士的动人故事和清朗笑容。”

吴稚晖：疯怪成牛

我国的现代史是一个极为特殊的历史阶段，方死方生之际，许多人物带着自己的识见智慧参与历史的大变革，最终自觉不自觉地做了历史文本借以书写的工具。这些人物，从后人的眼光来看，很多人在现代意识和文明理性方面是极为欠缺的。如果不是遇上那么一个风云际会的时代，他们绝对是边缘落魄之人，早就身死名灭了。吴稚晖就是这样的一个人。

吴稚晖给人的印象总是疯疯癫癫的，他小时候就有疯子之名。无锡人背地里称他“吴疯子”，因为他以圣贤传人、理学卫道者自居。有一次，满族官僚、江苏学政（相当于省教育局局长或社科院院长）溥良坐着大轿经过孔庙，在下马碑前没有下轿，恰好被吴稚晖碰见，他就捡起砖块向轿中乱扔，搞得溥良衣帽歪斜，十分狼狈。差役将吴稚晖捉住。他大声宣称：“南菁书院学生吴稚晖是也！”当时南菁山长是著名经学家黄玄同，这位老夫子对吴稚晖的尊孔精神颇为欣赏，从轻发落，只给予羁押三天、游街示众的处罚。溥良也怕事情闹开会有“非圣蔑贤”的坏名声，只好说了几句严加管教之类的话，便不再深究了。这样的事多了，疯子的名声也就传开了。

戊戌变法后，吴稚晖的尊孔忠君思想发生了大变化，一变而成了江南维新派的活跃分子。有点儿像共产主义的接班人一变成了自由主义的中国传人，再变成了基督耶稣的虔诚信徒。吴稚晖因此在国内待不下去，就东渡日本考入了高等师范学院。

1902年，蔡锷等九人自费留学，欲进日本陆军士官学校。当时清廷驻日公使蔡钧是个顽固守旧派，不肯给蔡锷等维新人物作保。吴稚晖、孙叔方等率领留学生二十人到公使馆静坐。蔡钧非但不允，还要求日本警察厅以妨害治安罪逮捕吴、孙等人。日警方判处“递解回籍”。这就是轰动一时的“吴孙事件”。吴稚晖愤怒不已，留下绝命书，在登轮时跳入海中，以死抗议，幸被救出。梁启超为此在《清议报》著文道：“吴君之被逮也，以为士可杀不可辱，欲以一死唤醒群梦，引起国民利权思想。”以后，吴稚晖和蔡元培等人一起创立“爱国学社”，创办《苏报》，鼓吹革命。

但吴稚晖的革命又多半是无政府主义式的，鲁迅在日本留学时就听过吴稚晖的演讲：“我在这里骂老太婆（西太后），老太婆一定也在那里骂吴稚晖。”听众听了都大笑。但吴稚晖的革命到“三民主义”为止，他攻击马克思主义，也是用那种“嬉皮笑脸”式的反智语言，他用“什么马克思牛克思”一句话就抹杀了马克思主义。因此，即使吴稚晖成了国民党元老，他在众人的眼里仍是一个异类，一个疯癫怪人。1927年，在中共特委召开的会议上，周恩来报告蒋介石的方针及中共对国民革命军的工作时说：“（蒋）最秘密的还是五老会议，是参谋部。张静江是主席，吴稚晖是小丑，李石曾是花旦，蔡元培是学究，戴季陶是军师。”

不过，没有人不需要吴稚晖，不承认他是一个牛人。孙中山看重他，汪精卫尊重他，蒋介石借重他……他们多次给他官做，他都拒绝了。但当这些人需要他时，他又是“肝脑涂地”地为他们卖命，他给孙中山下过跪，给汪精卫下过跪……这种“成何体统”使汪精卫等人都消受不起，但他似乎做得理所当然。

这个人并不是不知道自己在做什么。他一生官衔多得数不清：1924年当选国民党中央监察委员，1927年被任命为国民革命军总政治部主任、中央国防最高会议常务委员、国民党中央评议员、总统府资政，等等。他曾对族侄吴余庆说：“开大会，把我这个所谓‘元老’请上主席台，照相让我站在前排，很像无锡惠山泥人‘大阿福’，放在橱窗里摆摆样子。”

实际上，他内心自视极高。他自比汉之张良，以为自己能够辅佐一个人开百代基业。1927年3月6日，吴稚晖晤见陈独秀，对陈独秀说："研究共产学说，自为共产党之责。若实行共产，五六年前苏俄代表越飞在广州晤孙总理言，当在两百年之后；以我理解，两百年尚嫌不足。"陈独秀笑其太过，吴稚晖说："急切轻挂招牌，只是赝鼎。"陈独秀问吴稚晖："你更疯癫，请问中国现在的共和不是伪的吗？但你以为康有为之复辟，与伪共和孰优？"于是吴稚晖追问陈独秀："你定实行列宁式共产主义是若干年？"陈独秀不加迟疑地回答："二十年。"吴稚晖大为惊骇："由此，国民党只剩下十九年了。前年总理答越飞：国民党国民革命完成，应需三十年。若你们共产党急迫至此，未免取得国民党的生命太快了一点，应当通盘商量才好。"吴稚晖说完后脸色难堪，大概由此坚定了要帮蒋介石"清共"的决心。以至于后来冯玉祥骂他："苍髯老贼，皓首匹夫，变节为一人之老狗，立志不问民众之痛苦，如此行为，死后何面目见先总理于地下乎？"

这个牛人自始至终有上不了台面的自知之明。即使抗战时期，他骂汪精卫等人的叛国也反智如市井泼妇，称汪精卫为"汪精怪"、陈璧君为"陈屁裙"、褚民谊为"鼠狒黑"。他说自己："我不过是一个闯进大观园的刘姥姥。"

这么一个自比张良、刘姥姥式的人物，在现代史上占有重重的一笔。胡适称他是三百年来四大反理学的思想家之一，联合国教科文组织还举荐他为"世纪伟人"。他一生清廉，自奉甚俭，待人却是慷慨的。生活困难者，他周济；无力升学者，他资助。有人劝他少管些闲事，他说：“我是乙丑牛（1865年为农历乙丑年），还债牛。前世欠的债，今世来还呀！”

这么一个牛人现世，真是时也，命也。

王云五：做官不如做书

在长达半个世纪的时间里，王云五这个名字是个负面色彩较浓的人物。大陆的年轻人对他了解不多，因为在1948年新华社发布的四十三名国民党战犯名单中，他被中共列为第十五号战犯。同时，他又是一个典型的商人。文化商人虽然近年地位看涨，但在中国社会里拿笔杆子的文人仍会有所保留。这就是王云五的尴尬处。

但王云五的人生之路本身却实在是一笔财富。朝为田舍郎，暮登天子堂。这种传统中国士人的出路被打破，精英的代际更替以暴力、人脉为关键，出身贫寒者在社会结构中的上升空间仍是很小的。小康之家、富贵之家，甚至破落地主等出身的子弟也比下层孩子升迁的机会多得多。王云五却打破了这一精英准世袭现象。他出身学徒，没有一张像样的文凭，却荣登出版业巨子的宝座，最后甚至成为中共通缉的国民政府党政军要员之一，这不能不说是一个奇迹。

王云五出生于广东香山县一个世代务农的家庭。十四岁时，父亲把他送到上海一家五金店当学徒。他生性好学，当时上海学英文之风很盛，王就白天当学徒，晚上到夜校学习英文。四年后，他就开始陆续在上海同文馆、益智书社、中国新公学、中国公学等地教英文了。好比现在夜校毕业的学生忽然到新东方学校当老师了。而在王云五的学生中，居然有胡适、杨杏佛、朱经农等一批著名人物，那时他才是个十九岁的年轻人。胡适说过："我在中国公学两年，受姚康侯和王云五两先生的影响很大。"

更神的是，今天人们熟悉的按揭买房买车，只是用来购置大件生活资料。但一百年前，十七岁的王云五却用按揭的方式买了一套《大不列颠百科全书》，三年后付清书款时，他已经把大百科通读一遍了。

这样的人似乎命中注定要起来。1911年中国革命爆发，香山县的旅沪同学设宴欢迎同乡孙中山回国。年仅二十三岁的王云五作为宴会主持人，其才学得到了孙中山的赏识，由此成为南京临时政府总统府秘书、教育部专门司第一科科长。

20世纪20年代初，上海的商务印书馆想请胡适担任编译所所长。胡适当时在北京教书，他见编译所所长薪水不及教授丰厚，便以个性不宜加以推脱，自认为不擅长管理工作，便推荐了王云五。王进入该馆后，据说工于心计，为人圆滑。中共曾说他一面百般取信于商务印书馆的元老高梦旦等人，一面又利用一切手段打击馆内的进步分子。对工会组织的罢工，他有一套处理办法。因此很快当上了编译所所长兼总经理。据说，他在主持工作期间，经常把编译所员工的集体劳动成果“据为已有”。这段时间以他的名义出版的作品有《百科小丛书》《万有文库》《王云五大词典》《王云五小词典》。这期间王云五还从事辞书检索的研究，他在高梦旦探索多年的号码检字法的基础上，参考陈文的号码检字方案，进行四角号码检字法的研究，于1928年10月完成四角号码检字法的发明。同时，为使商务馆涵芬楼的藏书对外开放，他又运用十进分类法，于1927年4月写成《中外图书统一分类法》，一时间名利双收。

这样的人注定要进入国家上层。抗日战争时期，他见商务的业务日薄西山，就把大量的精力投入政治活动，在政坛上日趋活跃。从1938年7月到1946年6月，他连任国民参政会四届参政员。这位无党派的“社会贤达”，据说“比国民党还国民党”，在参政会上极力支持国民党和蒋介石，被称为“国民党之前哨”。在“皖南事变”发生后，中共参政员拒绝出席参政会二届二次会议，王云五无端指责此为开了“恶例”。

1946年5月，国民党政府行政院改组，他被任命为经济部部长，一跃而成了国民政府大员。他说自己“来自民间，最知民间疾苦”，并以经济管理专家自居，标榜“不是去做官，而是去做事”。但内战造成的经济萧条，物价飞涨，王云五根本无力回天。

1948年5月，“行宪内阁”成立，王云五改任行政院政务委员兼财政部部长。当时，国民党军事、政治和财政经济面临全面崩溃之势，蒋介石力图挽救危机，指示王云五和中央银行总裁俞鸿钧共同策划币制改革。王云五于8月初提出《统一财政经济决策机构》和《行政业务计划方案》，随后又草拟了《金圆券发行办法》。蒋介石采纳了王云五的币制改革方案，于8月19日公布《财政经济紧急处分令》，发行金圆券代替法币，收兑民间的黄金、白银和外币，限制物价，以行政命令抢夺人民手中的财富。发行金圆券不过三个月，物价更如脱缰的野马，金圆券形同废纸，全国民怨沸腾，加速了国民党统治区社会经济的破产。王云五虽然到处吹嘘币制改革他并非最高决策人，但改革使国民政府完全成为与人民对立的政府，一时成了众矢之的，遭到各方面的弹劾，于是他于11月被迫引咎辞职，12月即被中共列为第十五号战犯。

人们多认为王云五是世界上最理想的出版商，但他却一度选择了从政。这种从政是扭曲的，他注定得不到施展，只有等他再回到文化产业上来，他才又如鱼得水。

天意难违

谭嗣同：值不值得

谭嗣同，湖南浏阳人，字复生，号壮飞，又号华相众生。1865年出生于京城，父亲谭继洵时任清政府户部郎中。生母徐氏出身贫寒，作风勤朴，督促谭嗣同刻苦学习。十岁时，嗣同拜浏阳学者欧阳中鹄为师。在欧阳影响下，嗣同对王夫之的思想产生了兴趣，视野开阔，以文明为关怀对象。

嗣同读书广博，追求经世济民，对传统的时文八股极反感，曾在课本上写下“岂有此理”。嗣同心胸坦荡，为人仗义，颇仰慕古代侠士。十二岁时开始随“通臂猿”胡七与“义侠”大刀王五学剑习武，当时与他形影不离的是一把“七星剑”。同年，又师涂启先，系统学习中国经典，并接触算学、格致等自然科学。

嗣同十二岁时，家庭遭遇了一件至惨之事，长兄、二姐与他的母亲在五天之内相继死于瘟疫。谭嗣同自己亦是绝三日而复苏，故其父字之以“复生”。因为亲母之死，嗣同“为父妾所虐，备极孤孽苦”。嗣同在家中受继母歧视，他后来追述说：“吾自少至壮，（遍）遭纲伦之厄，涵泳其苦，殆非生人所能任（忍）受。”这种遭遇，使他对封建社会的丑恶感受尤深。

作家高阳认为，中国旧时大家庭中，如嗣同所遭遇的少年极多，若能成长，性格往往偏激狭隘。只有极少极少的人，如嗣同，由于禀赋特厚，这些“孤孽苦”反而成为鞭策的力量，能激发其宏愿伟力，一心一意建大功德、大功业以普救世人。以性向差异，机缘不同，或为高僧，或为大英雄。

十三岁时，嗣同第一次回到家乡浏阳，在“大夫第”生活，据说，他三更灯火读书，闻鸡起舞击剑。此后又到兰州，在做甘肃道台的父亲身边读书。

嗣同幼好为骈体文，缘是以窥“今文学”，其诗有“汪（中）魏（源）龚（自珍）王（闿运）始是才”之语，可见其向往所自。善文章，好任侠，人们评论他“类战国时人物”：“看其照片，月白长衫，内着黑色玄衣，左手叉腰，目光炯炯，虽是书生之相，但飘逸风流，勃勃有英气。”他的二哥嗣襄“好攀登屋脊上，又善骑，挥鞭绝尘，穷马力然后止”，尚武的志趣十分明显。谭嗣襄活泼爱动、喜欢习武的天性，对嗣同产生了巨大影响。嗣同的两位武教师：王正谊（大刀王五）与胡致廷（通臂猿胡七）则对他关爱有加。

英雄剑胆琴心，抚琴愉悦性情，倚剑壮大胆量，柔情侠骨，亦儒亦侠，刚柔相济，嗣同可谓得其精粹。十六岁时，谭家宅院有两棵高约六丈的梧桐树，其中一棵被雷霆劈倒，嗣同以梧桐残干制成两张七弦琴，命名为“残雷”与“崩霆”。“残雷琴”的琴铭为：“破天一声挥大斧，干断枝折皮骨腐。纵作良材遇已苦，遇已苦，呜咽哀鸣莽终古！”“崩霆琴”的琴铭为：“崩霆琴经其始，我竟其工。是皆有益于琴而无益于桐。”

十八岁时，嗣同写作名词《望海潮》：“曾经沧海，又来沙漠，四千里外关河。骨相空谈，肠轮自转，回头十八年过。春梦醒来么？对春帆细雨，独自吟哦。惟有瓶花，数枝相伴不须多。寒江才脱渔蓑，剩风尘面貌，自看如何。鉴不因人，形还问影，岂缘酒后颜酡？拔剑欲高歌，有几根侠骨，禁得揉搓？忽说此人是我，睁眼细瞧科。”

十九岁时，嗣同离家出走，游历直隶（今河北）、甘肃、新疆、陕西、河南、湖北、江西、江苏、安徽、浙江、山东、山西等省，行程八万余里，足迹遍布十三省，观察风土，结交义士，拜访名家，大开眼界。他的印象是：“风景不殊，山河顿异；城郭犹是，人民复非。”

壮游期间，谭嗣同意外地得到了宋人文天祥的两件旧物：“蕉雨琴”与“凤矩剑”。文天祥是嗣同生平敬重之中国人物，其所留“蕉雨琴”的琴铭是：“海沉沉，天寂寂，芭蕉雨，声何急。孤臣泪，不敢泣！”

1888年，嗣同又得著名学者刘人熙的指导，认真研究王夫之等人的著作，同时又广泛搜罗和阅读当时介绍西方科学、史地、政治的书籍。

1894年爆发的中日甲午战争，中国惨败，经营二十年的北洋海军全军覆没，中国被迫与日本签订了《马关条约》。当是时，嗣同正在湖北，协助几年前升任湖北巡抚的父亲赈灾。当他听到甲午惨败、马关签约的消息，受到极大刺激，悲愤异常。嗣同写诗："世间无物抵春愁，合向苍昊一哭休。四万万人齐下泪，天涯何处是神州！"他说"中外虎争，文无所用"，由是自名"壮飞"，称其居处为"壮飞楼"。

1895年5月2日，康有为联合在京参加会试的一千多名举人上书清政府，要求拒和、迁都、变法。在变法思潮的影响下，嗣同"详考数十年之世变，而切究其事理"，苦思精研挽救民族危亡的根本大计。

1896年，嗣同三十一岁，于京城结识了吴雁舟、夏曾佑、吴季清等人，吴、夏诸人均为一代佛学名宿，嗣同由此而倾心于佛学。同年夏，在南京认识著名近代佛学家杨文会居士，从杨文会学佛。嗣同曾说道："吴雁舟先生嘉瑞为余学佛第一导师，杨仁山先生为第二导师，乃大会于金陵，说甚深微妙之义，得未曾有。"嗣同虽学佛甚晚，然其为学根基极其厚实，早年所学驳杂博深，孔孟墨庄、理学心学、耶教科学等无所不窥，及至学佛，方才可以佛学统摄诸学问，渐渐以佛学为本，而引导其“仁学”之义理。嗣同以发宏愿，以精进心而后来居上，总计一年有余，而能遍览三藏，尤其于法相、华严二宗最有心得。杨文会弟子、一代佛学宗师欧阳渐在回忆其师的文章中，列举杨文会门下有大成就的佛学弟子，裒然首座者正是嗣同，“唯居士之规模弘广，故门下多材。谭嗣同善华严，桂伯华善密宗，黎端甫善三论，而唯识法相之学有章太炎、孙少侯、梅撷芸、李证刚、蒯若木、欧阳渐等，亦云伙矣”。

从嗣同发心学佛始，他便预感自己生命所剩下的时日不多，此念头常萦绕于心头，使得嗣同更加勇猛精进地学习。在给恩师欧阳中鹄的信中，嗣同写道：“于是重发大愿，昼夜精持佛咒，不少间断：一愿老亲康健，家人平安；二愿师友平安；三知大劫将临，愿众生咸免杀戮死亡。”梁启超在《仁学序》中记录了嗣同为学上的勤奋：“每共居，则促膝对坐一榻中，往复上下，穷天人之奥，或彻夜废寝食，论不休。每十日不相见，则论事论学之书盈一箧。”

1897年夏秋间，嗣同写成重要著作《仁学》，它是维新派的第一部哲学著作，构建了中国变法的全新理论体系。《仁学》博采《论语》《礼记》《庄子》《史记》等儒、佛、道、墨改革之长，广纳西方民主、自由、人权等变革之道，提出“酌取西法，以补吾中国古法之亡”，被思想界誉为“骇俗之文”“人权宣言”。

《仁学自叙》说："吾将哀号流涕，强聒不舍，以速其冲决网罗。冲决利禄之网罗，冲决俗学若考据若词章之网罗，冲决全球群学群教之网罗，冲决君主之网罗，冲决伦常之网罗，冲决天之网罗……然既可冲决，自无网罗；真无网罗，乃可言冲决。"嗣同排斥尊古观念，他说："古而可好，则何必为今之人哉！"（《仁学》卷上）对于中国历史，下一总批评曰："二千年来之政，秦政也，皆大盗也；二千年来之学，荀学也，皆乡愿也；惟大盗利用乡愿，惟乡愿工媚大盗。"

用佛学语，嗣同可谓在衰世"作狮子吼，作大海潮音"。

《仁学》之后，嗣同开始了变法的实践活动。1897年，嗣同创办时务学堂，兴建浏阳文庙算学馆，出版《湘学新报》，广传维新思想。嗣同说："民为本，君为末。如果君主骄淫纵欲，不能替天下办事，老百姓就有权废掉他。实行变法，就是要废掉君主专制，还政于民，这才是救国的根本之道！"康有为从嗣同的"澄清天下之志"看到了湖湘文化的魅力，挥毫留下"复生奇男子，神剑吐光莹"的咏谭绝唱。欧阳中鹄感慨万分：中国有救了，自己的学生不就是一道民族复兴的曙光吗？

1898年初，嗣同接受湖南巡抚陈宝箴的邀请，回到湖南协助举办新政。他首先加强了时务学堂中维新派力量，自己担任分教习，安排唐才常任中文教习，协助任总教习的梁启超，大力宣传变法革新理论，"所言皆当时一派之民权论，又多言清代故实，胪举失败"。孔子改制、平等、民权等学说由此而乘风扬波，日益恢张。

1898年3月，嗣同与唐才常等人创建维新团体南学会。南学会以联合南方各省维新力量、讲求爱国之理和救亡之法为宗旨，“演说万国大势及政学原理”。为了加强变法理论的宣传，他还创办了《湘报》，作为南学会的机关报，由他任主笔。由于对湖南新政的尽力，使他以“新政人才”而闻名。

1898年6月，嗣同应诏赴京变法，时年三十三岁。临行前夜，他和夫人李闰惜别，夫妻二人对坐弹琴，以琴声相娱。谭不胜其情，手写《戊戌北上留别内子》，赠予李闰。诗曰：“婆娑世界善贤劫，净土生生此缔缘。十五年来同学道，养亲抚侄赖君贤。”他再三向妻子表白衷怀：“视荣华如梦幻，视死辱为常事，无喜无悲，听其自然。”

8月21日，嗣同抵北京。9月5日，光绪下诏授给他和林旭、刘光第、杨锐四品卿衔，参与新政。令下之日，还给四人一道“密谕”，要他们努力辅佐变法，不要有所顾虑。次日，光绪又召见他，表示自己是愿意变法的，只是太后和守旧大臣阻挠而无可奈何。自此，嗣同等四人成为光绪帝的主要助手，经常同光绪帝见面，替他审阅奏文，草拟谕旨，并充当光绪与康有为间的联系人。

当嗣同抵京时，维新派与顽固派的斗争已是剑拔弩张。顽固派策划在光绪陪同慈禧到天津阅兵的机会，由荣禄发动政变，罢黜光绪帝，推翻一切新政，让慈禧太后重新上台垂帘听政。消息传来，光绪帝极为恐慌，于9月14日和9月17日连续两次给康有为下达密诏，说他自己“位且不保”，要康等赶快设法相救。因杨锐耽搁，直到9月18日早上，光绪的两道密诏才由林旭带给康有为。

康有为、梁启超和嗣同几个变法书生抱头痛哭一时，决定冒险。一方面，请托江湖朋友即会党首领毕永年等人带领侠士潜入颐和园，捕囚慈禧，让其今后不得再行干政；另一方面，希望游说新军首领袁世凯发动兵变，诛杀荣禄，发兵围困慈禧居住的颐和园。最关键的因素仍在袁世凯这样的军人向背，嗣同自告奋勇去游说袁世凯。当天晚上，嗣同夜访袁世凯，要袁带兵入京，除掉顽固派。袁世凯虚与委蛇，表示先回天津除掉荣禄，然后率兵入京。袁世凯于20日晚赶回天津，向荣禄告密，荣禄密报慈禧太后。

9月21日，慈禧太后发动政变，将光绪帝囚禁于中南海瀛台，并假借光绪帝的名义，吁请慈禧“训政”。慈禧执掌清廷大权后，首先下令捉拿康有为，查抄康的住地南海会馆。当天下午，嗣同与梁启超等人筹商对策。他与大刀王五计议密召“京津健儿”去中南海瀛台劫出被幽禁的光绪，未成；又与梁启超去找英国传教士李提摩太及容闳等人，准备促请英、美、日驻公使出面“设法保护皇上”，结果落空。嗣同对梁启超说：“我们前几天想救皇上，既已无法可救；今日想救康先生，也已无法可想。

现在我已无事可做，唯有死！”

9月22日，北京城内风声更紧。嗣同找出自己多年的诗文书信稿本，其中包括《仁学》手稿，来到梁启超避居的日本驻华使馆中，交给梁启超，请梁保管，并要梁早点逃往日本。梁劝他一道出走，嗣同说：“不有行者，无以图将来；不有死者，无以召后起。”梁启超后来改为“无以酬圣主”。

大刀王五也劝嗣同出走，并愿做他的保镖。嗣同决心已定，拒绝出走，并取下随身所带的“凤矩”宝剑赠送给王五。日本使馆的几位友人与他联系，表示可以为他提供“保护”，并劝告嗣同去日本，嗣同拒绝了。嗣同说：“各国变法无不从流血而成。今日中国未闻有因变法而流血者，此国之所以不昌也。有之，请自嗣同始。”

9月24日，嗣同在浏阳会馆被捕。嗣同的师父通臂猿胡七多年后写有《谭嗣同就义目击记》，记叙当时他和王五是如何保护嗣同的。当天晚上，胡七跑到浏阳会馆送信说：“懿旨一下，人马立即发动；人马一发动，你就插翅难飞！”但是，“谭先生听了这个惊人消息，若无其事地把红漆枕头箱打开，里面藏着七封家书——他父亲寄来的信。他模仿父亲的手笔，写好一封假信就烧掉一封真信，只留信封不烧，把假信套在信封里面，每封假信都写着父亲训斥儿子的内容。”

为了不连累父亲，嗣同在被捕前伪造了七封父亲训斥自己、最终与自己断绝父子关系的家信。后来嗣同被捕，慈禧太后看了嗣同伪造的信后，认为谭继洵不是不教子，而是嗣同这个儿子太不听话，因此，破例没有让谭继洵“连坐”，让谭继洵回家养老了事。

嗣同在狱中，意气自若，终日绕行室中，拾取地上煤屑，就粉墙作书。看守问他做什么，何为。嗣同笑答：“作诗耳！”可惜看守没有文化，想来嗣同的诗当不止一首。他留下的是经梁启超改过的《狱中题壁》：“望门投止思张俭，忍死须臾待杜根。我自横刀向天笑，去留肝胆两昆仑。”

9月28日，嗣同与其他五位志士就义于北京宣武门外菜市口，跟他崇敬的英雄文天祥隔着六百年相逢于同一个地方。当他们被杀时，刑场上观看者上万人。嗣同神色不变，临终时还大声说：“有心杀贼，无力回天，死得其所，快哉快哉！”

据说，嗣同的死状极其惨烈。行刑手一连三刀都没有将头颅砍断。监斩大臣刚毅惊惶失措，命令将谭嗣同直接摁倒在地上，行刑手又连续剁了几刀。据说，刑场围观的北京老百姓向嗣同扔了白菜帮子。

据说，就在当天，浏阳会馆的看门人刘凤池冒险将嗣同的无头尸体运回浏阳会馆，以自己的私蓄购棺装殓。三天以后，刘凤池又将谭的头颅找回，请人缝合尸首，当人们缝合头颈的时候，发现肩胛上也留下了深深的刀痕。

嗣同死后，他的战友梁启超写下了感人的“呜呼烈矣”的

《谭嗣同传》。梁启超说："春秋三十有三。就义之日，观者万人，君慷慨神气不少变。"又曰，"嗣同遇害，年仅三十三，使假以年，则其学将不能测其所至。仅留此区区一卷，吐万丈光芒，一瞥而逝，而扫荡廓清之力莫与京焉，吾故比诸彗星。"

1899年，嗣同的遗骸运回原籍，葬在湖南浏阳城外石山下。墓前华表上，是嗣同同乡宋渐元所撰对联："亘古不磨，片石苍茫立天地；一峦挺秀，群山奔赴若波涛。"

高阳认为，清末四大公子，嗣同的行谊仿佛战国四公子一流，而陈散原则为明末四公子中陈定生、侯方域、冒辟疆之综合，丁惠康已浪得虚名，吴保初更不足道了。高阳还考证说，清末，中国留日学生好作一种恣肆狂放的绝句，号称"浏阳体"。这个"浏阳体"即为梁启超改过的嗣同的《狱中题壁》，据说，日本人曾以诗配谱成歌。当时的留日学生，无不能诵此诗，亦无不从这首诗中去怀想嗣同的风采。据说，嗣同的原诗本来是："望门投趾怜张俭，直谏陈书愧杜根。手掷欧刀仰天笑，留将公罪后人论。"梁启超改成后来传唱的版本，据说有保皇的意义，但却跟烈士的革命情怀若合符节，因此并不妨碍人们传颂。

百年之后，当嗣同的碑像立于国中，关于嗣同的影视、传记也多有流传，这个只活了三十三岁的中国男人仍挑战着自己同胞的心智、人生。据说，关于康有为、梁启超、谭嗣同等人，人们仍困惑不已，他们是好人还是坏人？据说，不少年轻人认为嗣同"很笨"，不逃走的行为"很蠢"。据说，有一道题目：你认为谭嗣同的死值不值得？很多中学生的答案是，不值得。一些网友也说："谭嗣同的死值不值得并不取决于他个人，而在于他死之后人们的表现，从这一百多年的历史来看，谭死得的确不值。"

2005年一篇获得满分的高考作文则表达了年轻一代人对仁人志士的肯定，这篇作文是一首长篇古风。《永远的谭嗣同》："春风无色黯河山，东航不敢望马关。神州病骨似秋草，六朝古道啼血鸟。国破方知人种贱，马关条约不忍看。连年战乱烽火寒，三军挥泪洒台湾。青山幽径横尸骨，驿路桥边闻鬼哭。百年风雨血倒流，青山白骨无人收。金銮殿内郁苍苍，君臣相顾泪沾裳。何处犹唱后庭曲，一曲悲歌诉兴亡。亡国条约亡国恨，何堪此时亡国声。回首故国与山川，满目疮痍有谁怜？南海举子万言书，石破天惊动地文。陈述维新与变法，雪雨纷纷绕宫门。巨风吹浪紫焰开，雷霆波涌向天拍。皇都少年与袖斗，唤得日月不沉沦。提倡西学废科举，西宫太后泪如雨。祖宗之法不能变，亡国不能亡祖先。君王一去入瀛台，风卷落花扫芳尘。道是天公感秋色，染得晴空透碧红。嗣同今年三十余，从此不见结发妻。国之昌盛须流血，流血请从嗣同始。有心杀贼，无力回天。死得其所，快哉！快哉！刑场吟哦万人惊，三十三年化碧土。黄河呜咽向天注，抽刀一断断红尘。可怜闺妻守空房，夜闻黄梅雨敲窗。花冠不整小窗开，疑是君郎化蝶来。但见池塘淡淡风，烟柳何处觅郎踪。小径一片残花色，不是花红是血红。却把相思入哀筝，怨曲重招断头魂。曲中有恨细细思，君在黄泉可闻知？纤指玉手十三弦，破镜纷飞幽恨传。贱妾独剪巴山雨，暮雨朝云血杜鹃。恍然湖上有归船，一帘幽梦半湖萍。闻君江上和琴声，翻作蝴蝶浇风铃。朱弦琴声九天来，风吹庭竹蒙玉尘。阴阳相隔分歧路，和妻浅唱回五声。曲终人散魂已远，画船东去橹声迟。攀折柳条题血书，随江悠悠随君王。前尘往事不可追，一成相思一层灰。来世化作采莲人，与君相逢横塘水。”

再看嗣同师父，人称通臂猿胡七的文字，仍可圈可点——

“谭先生有着过人的学识，并非愚孝愚忠。我明白他的意思是要以死来唤醒当时醉生梦死的士大夫阶级，我们劝亦无益，所以那时我和王五抱着劫法场的一线希望。我们离开浏阳会馆后，找到十六名兄弟，兄弟们个个泣莫能抑。我们指定顺治门城窟窿为动手地点，等到临刑的那天，我们在城楼及附近一带准备一场苦斗。”

“可是糟了，那天步兵统领衙门派出重兵沿途警戒，队伍直排至菜市口刑场，惶惶然如临大敌，这种排场是平时行刑所未有的；而且把谭先生绑在囚车上，也是一个例外。大概刑部堂官知道谭先生颇有本领，也许还知道有我们这般聚会人物，所以防护得特别严密。我们面面相觑，血管像冻僵了一样。

“我站在王麻子的屋顶上，那里黑压压挤满了看热闹的人，脸上都露出非常凄惨的颜色。头一刀杀康广仁，轮到第五刀，天哪！才轮到我们谭先生的头上。前清杀官员的刀和杀平民的刀不同，官越大刀越钝。那天用的刀叫什么‘大将军’，一刀飞去，鲜血汩汩然冒出，脑袋还装在颈脖上哩。这不叫砍头，叫锯头，锯头比砍头的痛苦要添上几十百倍的。而对这痛入骨髓的惨状，第五个受刑的谭先生一直是若无其事的样子。

“我们目击了这幕惨剧，心里晃晃荡荡像踏进一片虚谷。日子一天天过去，这幅悲惨图画仍无时无刻不深嵌在我的心田中，我越想扔开，越压得紧紧的，常使我透不过气来。”

无论后人如何非议嗣同，嗣同在当时后来仍有无数的知音。嗣同父亲谭继洵挽联：“谣风遍万国九州，无非是骂；昭雪在千秋百世，不得而知。”康有为挽联是：“复生不复生矣；有为安有为哉。”嗣同的战友唐才常挽联：“与我公别几许时，忽惊电飞来，恨不携二十年刎颈交，同赴泉台，漫赢得去楚孤臣，箫声呜咽；近至尊刚廿一日，被群阴构死，甘永抛四百兆为奴隶，长埋地下，只留得扶桑三杰，剑气摩空。”甚至被世人视为保守的钱穆都如此称道嗣同：“晚近世以来，学术思想之路益狭，而纲常名教之缚益严，然未有敢正面对而施呵斥者；有之，自复生始也。”

光　绪：苦命的英雄皇帝

光绪皇帝的命很苦。历史学家一向以不动情为人称道，但黎东方说，光绪是中国历史上最苦命的皇帝之一，从进宫到囚禁，他几乎没有一天不向慈禧长跪。后人分析，光绪跟慈禧一样好强争胜，只是他不幸遇到了慈禧，从小就被慈禧管教，而无法无能逃脱慈禧的手掌心。有节义之言行的太监寇连材说过，慈禧从没给过光绪好脸色。

这个苦命的皇帝从小生活在皇宫之中，却像寄人篱下一样。他的生活完全不能自主，到他十几岁亲政时，霸道的慈禧甚至不让他有挑选后妃的权利，以至于历史学家们数出他一生的七八处大苦。跟康熙不同，康熙八岁亲政，虽有顾命大臣，但在皇宫中还是可以做主的，到他准备铲除统治障碍时，宫中太监们跟他团结一心。康熙可以立威，可以培养自己的班底。光绪自始至终是一个孤家寡人，他只能示弱，他没有力量，没有基础，以至于有人以为他是低能儿，是笨蛋，是窝囊废。

但这个受翁同龢、夏同善等儒生教育过的皇帝却有着刚强的心性，有着天下苍生担荷一身的意识，因此，一遇机会，他就争取表达自己的个性。比如他亲政后不久，就发布了一份措辞十分严厉的上谕，要求善待传教士。这里面他说了以下一些话："至泰西之教，本是劝人为善，即从教之人亦是中国子民，仍归地方官管辖。民教本可相安。"

鸦片战争、太平天国的农民造反以后，清廷不得不放下身段，进行体制改革，这就是由地方大员率先发起的洋务自强运动。洋务运动很快取得了成效，这就是朝野称道的"同光中兴"。与国际接轨，也使清朝有了世界一流装备的海军。但只有少数人明白，仅仅在外观装备、社会基础设施等经济领域的改革无济于事，不进行政治意义的变法，中国仍是一个传统文化主导的国家，在现代化列强面前既无文明可言，也不堪一击。商战不用说了，就是军战，也很快得到了检验。甲午海战，拥有一流装备的海军被日本人打得落花流水。这种败于朝贡自家的蕞尔小国的经历，较之败于西方列强是更大的耻辱。

光绪本来是跟师父翁同龢等清流派站在一起的主战者，经此战败，他很快明白体制滞后的恶果，"非变法不能立国"，何况作为一国之尊，权柄用起来如此不顺手、不得意。因此，当康有为等体制边缘的士子们上书，要求变法时，他开始同情并支持变法派。

余英时说，光绪连自保的力量都没有，最后尚需乞援于康有为等，他怎么可能主持变法，推行从上到下的政治改革？他只是满洲统治阶级中一个游离出来的分子，是国家机器中脱落下来的一个零件，而康有为等最初竟误把他当作政治权力的核心，戊戌变法成了中国近代史上一幕带有浓厚喜剧色彩的悲剧。对中国政治极有经验的邓小平就说过，改革就是革命。由此可知，在光绪无能借重朝中清浊势力，只能依靠部门下层官员和边缘士子来变法时，他实际上是孤单地实施了一场革命。余英时说得有道理，但他没有分析一个掌握了国家重器的理想主义者的心理。光绪确实一无所有，但他拥有名。

光绪绝不是一个忽略细节的人，但他同时明白自己不只是活在形格势禁的皇宫之中。从光绪小时候写的诗中可以知道，他从小就强烈地意识到自己活在天下，活在历史里。《马关条约》签订数天后，光绪即明发朱谕，宣示批准合约之苦衷，求“天下臣民皆当共谅”“我君臣上下惟期艰苦一心，痛除积弊”。

但从甲午战败到变法之间，仍有三年的时间。这三年里，康有为呼吁变法的声浪越来越强，并波及体制内的高官，他的强学会也得到了朝廷要员文廷式、张之洞们的支持。这三年里，光绪自己则恶补了西方的器物制度一课。当时的外国人注意到这一点，同情地强调说：“有人认为他是天才，有人认为他是低能儿，有人认为他是笨蛋。我们不妨假定他并不聪明，我们不妨将他视为低能儿，那我们就要解释一下他为什么让人把每一种巧妙的玩具以及每一种过去二三十年内除X光和液态空气之外的神奇而有用的发明和发现都带进宫里去？为什么一个低能儿要买有关外国知识的每一本中文书，直至他被废黜？我们不妨说说看，为什么一个低能儿要在1895年到1898年的三年时间里把所有这些外国书买了来，在一无帮助、二无助手、三无导师的情况下悉心研读，然后开始颁发一系列东方君主在这么短的时间内所能颁发的最引人注意的诏书？我们不妨解释一下，一个低能儿怎么能在他两三个月的诏书中，把过去十年进行重大改革必不可少的重要原则全都包括进去？”

到了1898年，康有为再次上书要求变法，光绪看看慈禧的脸色，开始从示弱走上自主了。6月11日（光绪二十四年农历四月二十三日），光绪颁布“明定国是”诏书，宣布变法。从这一天开始，到9月21日（八月初六）慈禧发动政变，共计一百零三天，史称“百日维新”。在百日维新中，前后发布变法命令一百一十多道。中国的后生学者感慨说，在变法的短短一百天之内，这个曾经的窝囊废，一变而成为中国历史上最富悲剧色彩的正面英雄。当然，他也付出了沉重的代价。外国观察家如此看待他的权柄：“天才的那些个心血来潮及其相应的优缺点他全都有。他可以像恺撒那样生气勃勃地大笔一挥，威胁他的大总督，罢免他主要的保守派官员，引进中国人所想到的最全面、最深入的改革。”又如此看待他和慈禧的关系：“然而他却在一个女人面前落荒而逃，像逃避恶鬼一样那样害怕。”

历史学家范文澜说：“短期内给予人民相当充分的民权自由是维新运动的最大成绩。”变法运动很快失败，皇帝被囚，康、梁等变法者或流亡国外，或喋血菜市口。一个政权的统治集团为了自己的私利，丝毫不肯让步于从上至下的改革，它就只能等待历史的报复了。

这种报复如此之快，不到两年，八国联军攻入了北京。在侵占北京之前，光绪有“留京以镇人心之意”，慈禧太后却挟其逃往西安，使得朝廷蒙难而光荣的机会再次丧失。这种报复如此之快，不到三年，慈禧即以光绪的名义宣布新政，但此时清廷的任何表演都已经失去了意义。随后的立宪改革更让天下臣民放弃了最后一分幻想，天下臣民早已从子民的观念跃进到国民意识。

而无论医生、学者、官员如何数说光绪的心理生理病痛，他的无能无知的一面，光绪还是做了自己所能做的，因此他死后，人们谥他为“德宗”。当时中国最早最西化的知识分子容闳写道：“后人之读清史者，必将许其为爱国之君，且为爱国之维新党。”今天的人们更把他看成中华民族的民族英雄。李书磊说：“光绪皇帝生于深宫之中，长于慈禧这样的妇人之手，却仍然保持着这样的血性与雄壮，能以二十八岁的经历率领一群新进的文人同强大得多的势力决战，正昭示了中国文明不息的生机。因为他是皇帝，人们在革命后的时代不愿言及他在变法中的主角地位，人们甚至羞于提到他的作用。因此我在这篇戊戌百年的祭文中要格外地称念中华民族的民族英雄爱新觉罗·载湉的名字，以还他应有的荣耀。”

光绪是当之无愧的。

毓　鋆：救国不成转救心

司马迁写项羽，说他的个性、抱负在少年时就有显现。“项籍少时，学书不成，去学剑，又不成。项梁怒之。籍曰：‘书足以记名姓而已。剑一人敌，不足学，学万人敌。’于是项梁乃教籍兵法，籍大喜，略知其意，又不肯竟学。”这类学书不成转学剑的人有很多，比较而言，这类历史人物并非文武兼备者，而是有其致命的短板。除了项羽，后来的袁世凯也是一个例子。袁世凯小时候在养父的教育下虽然也学了四书五经，但他更喜爱兵法，立志学“万人敌”。十三岁时有对联明志：“大野龙方蛰，中原鹿正肥。”他们处在历史托命的时代，却因任性或自以为是而只能担当历史付托的阶段性角色，成为历史借其人生书写的某一篇章。

历史上有很多这类悲喜剧，或这类未完成的文章，以至于历史不得不曲折、迂回，不断地补写、续写。其中有的人物虽然意识到了历史无情的事实，却也只能“临文嗟悼”，不胜怅然，守着遗老遗少的日子了此残生而已；只有少数人能够超越这一历史命运的规定性，自铸伟辞。近代的毓鋆先生就是这少数人中的佼佼者。

到今天为止，毓鋆还没有进入我们主流知识界的视野。他的传世资料极少，人们只知道他出身清朝皇族，曾在“伪满洲国”任职，抗战胜利后被蒋介石软禁，后半生在台讲学。文化记者邵延枫为此写道：“一位和梁漱溟一样跨越世纪的思想巨擘，竟然长期成为我们心灵史上的失踪者，他的浮世传奇，他的文化背影，他的人格魅力，虽朝花夕拾，却依然绚烂豁人眼目。”

毓鋆在台湾讲学六十多年，其传统经学式教育在台海两岸都是绝无仅有的。这位有救国救世之才的“落寞王孙”，转而做救心的事业，一时成了中国经学教育“最后的绝唱”。他的教育实绩大概只有历史上的孔子、朱熹或同时代的南怀瑾等人可以相比。他的学生以数万人计，从易学大师刘君祖，到文坛的蒋勋、简媜，再到政界的江丙坤、商界的温世仁，都是他的学生。美国知名汉学家中，简慕善、席文、孟旦、范力沛、吉德炜、魏斐德、包弼德、夏含夷等多人皆曾受教于其门下。

今人知毓鋆者，但知他的经学教育业绩，称他为“大儒”“跨世纪最后一位经学家”，也有称他为“大隐”“国学大师”“一代硕学哲人”……而很少有人通观他的人生轨迹，读取他人生中的经验教益，很少有人了解并理解他的前半生跟中国最后一位皇帝溥仪同命运，很少有人知道他的“国恨家仇”，他原来是“满族中心主义”并致力于复辟满洲国家的人，很少有人知道他是一位文武双全的人，他的心灵有过伤痛又有着难得的健康。

毓鋆为清朝礼烈亲王代善十一世孙，1906年生于北京西皇城根南街西侧礼王府。他的父亲给他取名“金成”，字安仁，他自号安仁居士。在一百多年的人生中，他还用过这些名字：天德侍者（十到七十二岁）、仁匃遁者（七十岁）、明不息者（八十岁）、奉元遁叟（八十三岁）、明不息翁（九十岁）、仁匃遁叟（一百岁）……至于“毓鋆”，则为“皇帝”所赐。溥仪建“伪满洲国”后，以康熙所定的辈分“毓”字辈赐予他，“伪满洲国”有恢复后金祖业荣光的企图，溥仪的亲信重臣都被赐字，字中带金，是谓“毓鋆”。

1911年，六岁的毓鋆进入毓庆宫上学，成为同龄人溥仪皇帝的伴读。每天辰正即八点钟开始上课，正午十二点钟结束。他们的启蒙老师是侍郎陈宝琛、大学士陆润庠和满汉双榜进士伊克坦。这一年，辛亥革命爆发。第二年即1912年，清朝政权告终，民国成立，民国允诺给予清皇室特殊待遇。七岁的毓鋆和同学溥仪皇帝经受“亡国之痛”，年底，溥仪率众臣举哀告庙。1913年

1月1日，溥仪与中华民国临时大总统袁世凯相互拜年。这一年，陆润庠辞帝师职。

1915年，十岁的毓鋆对袁世凯有了印象。这一年冬至，袁世凯穿绿色龙袍赴天坛祭天，在小毓鋆眼里，袁世凯状如蛤蟆。他和溥仪的老师增加了梁鼎芬、朱益藩等人。十二岁时，张勋复辟，拥护溥仪“收回大权”，十二天后，溥仪宣布退位，他们再次经受“亡国之痛”。1918年，十三岁的毓鋆背完了中国传统文化经典十三经，母亲未见喜色：“别的皇子十二岁就背完了，你为什么多花一年，没出息。”由于政治安排，这一年他到日本留学并“寄人篱下”，他对日本印象不佳。十七岁时，溥仪和他在毓庆宫的读书生活结束，仍请四方名儒如郑孝胥、罗振玉、王国维、柯劭忞、叶玉麟等人入宫讲学。

1923年，十八岁的毓鋆依祖制结婚，夫人是咸丰皇后的侄孙女。初见时，毓鋆以“亭亭玉立”形容未婚妻。未婚妻有才有德，曾在看画时听到脚步声而藏进一个大柜子里。二人十分恩爱，以至于母亲引导他们：“男人要多待在书房。”后来毓鋆壮年赴台，为妻独守后半生，在大陆生活的妻子给他写信说：“倚门闾而望穿云树，履林海而恨满关山；两地相思一言难尽，花荫竹影满地离愁；独对孤灯，一天别恨。月夜，雨夜，无事夜；饭时，眠时，黄昏时；此六时之滋味不可言传。”

1924年，泰戈尔来华访问，徐志摩、林徽因陪同游清宫，溥仪设宴款待。毓鋆得见这位印度大诗人，泰戈尔送了他一张半身照。这一年，冯玉祥把溥仪驱逐出宫，修改《清室优待条件》，北京不再有皇帝，溥仪避入日本公使馆，后来相中天津“张园”，在“张园”挂牌“清宫驻津办事处”。清朝的遗老们称张园为“行在”，称溥仪为“皇帝陛下”。1925年，清华大学国学院聘请王国维为导师，王国维请示溥仪后就任，王国维要毓鋆旁听，毓鋆成为清华大学第一个旁听生。

1926年，康有为为溥仪讲授“公羊学”，毓鋆拜康有为为师。1927年，王国维自沉于昆明湖，毓鋆当时以为老师遭人暗算，腰插双枪前往察看，确认老师为自杀。他为此深思：“一个学富五车的人，临到用事时却沉湖了？”“读书著作与行事，合则智，分则愚。”

1929年，二十四岁的溥仪积极规划复辟事宜，毓鋆参与御前会议。会议拟成立“满洲国”，不是新建国家，而是恢复祖业。复辟需要军队，毓鋆奉命训练满洲军，感觉自己“纵马满蒙幽燕间”。两年后，“九·一八”事变发生，日方力劝溥仪赴东北主持大计。陈宝琛反对道：“去时容易，要回来时可就难了！”溥仪拒绝日方建议，但随之发生了几起恐怖事件。冬至日，溥仪圣谕毓鋆为“内廷良驹”。

1932年，郑孝胥主张溥仪依靠日本，溥仪为此秘密前往东北。但日方表示，新成立的“满洲国”将由满、汉、蒙、日、朝鲜五个民族组成，定都长春，长春改名“新京”，溥仪并非皇帝，而是执政。在日本的操纵下，溥仪成了执政，郑孝胥为“国务总理”，年号“大同”。溥仪不甘做执政傀儡，消极怠工。日本转变方式，同意让溥仪做皇帝。1934年，溥仪告天即位，任“满洲国”皇帝，年号“康德”。毓鋆挂名“御前行走”，负责情报工作。但“满洲国”仍在日本的严密掌控之下。郑孝胥说：“‘满洲国’已经不是小孩子了，就让他自己走走，（日本）不应总是处处不放手。”日方逼其离职，由张景惠接任“国务总理”。日方主宰的《帝位继承法》出台后，溥仪对毓鋆感叹：“不能让日本人得逞！”并要毓鋆接了重担，“先帝曾说，他们这支若没有子嗣，就还政礼亲王！”在此情形下，熟读兵书的毓鋆主动联系抗日分子，自己暗中也成为抗日分子。他曾经一枪击毙日本大佐，由溥仪跟日方交涉处理，最后息事宁人。

1939年，“满洲国”加入日、德、意的“防共协定”。毓鋆奉溥仪之命，赴德国签署日、德、意、满《物质扶助协定》，面见希特勒和墨索里尼。毓鋆身负“复国”重任，积极结交四方人马，笼络各方势力。他为此见过汪精卫夫妇，见识了美男子汪精卫和他太太陈璧君那“公认的丑”。毓鋆还在“满洲军官学校”讲“王道思想”，后来成为日本首相的吉田茂和韩国总统的朴正熙听过他的课。

日本投降前，毓鋆的行踪一度暴露，在一次日本特务追杀他的过程中，被农村教师刘柱林所救。刘与毓鋆互换衣服，并把自己的身份证交给毓鋆，助他逃脱。毓鋆后来到台湾登记户口时，就用了“刘柱林”这个名字。

1945年8月17日，溥仪发布《满洲国皇帝退位诏书》，并准备逃往日本，后被苏军逮捕。毓鋆当时住在姐姐家，不久向国民政府自首。经审理后，判定毓鋆抗日事实，宣布他无罪。蒋介石命人将毓鋆送到南京再审。在南京遭拘禁时，为打发时间，毓鋆开始读熊十力的书，一看大为折服。熊启发毓鋆终生，在于“用心深契”四字。拘禁结束后，蒋介石希望毓鋆出山，担任国大代表、立法委员等职，但遭到毓鋆拒绝。在南京，毓鋆跟国民党大员多有往来，如张其昀、于右任、李宗仁等。

国共内战中的四平会战后，南京政府组织慰问团，毓鋆成为慰问团成员。慰问团成员回到南京时，毓鋆希望看望一下老友再乡，结果被解放军包围。毓鋆扮成和尚，一人南下，跟解放军照面而过，逃到国民党军队的大本营，辗转回到北平礼王府。母亲见他历劫归来，神情激动：“不求你有什么伟勋，但求勿助人为恶！”

1947年，台湾发生“二·二八”事件不久，蒋介石下令将毓鋆送到台湾，软禁在草山。有关部门邀请毓鋆做双十节演讲，遭其拒绝。台东人陈耕元出任台东农校校长，教育厅厅长陈雪屏请人陪同毓鋆到农校担任教导主任。身为清朝贵胄的毓鋆与“番仔”山民相处，大材小用，而毓鋆怡然自得。《论语》有云：“子欲居九夷。或曰：陋，如之何？子曰：君子居之，何陋之有？”

短短两年之间，毓鋆看到国民党政权土崩瓦解。1949年，中华人民共和国在北京成立。四十四岁的毓鋆刻一印章：“四十四年间经二帝五朝八雄十代。”二帝是指光绪皇帝和宣统皇帝；五朝是指光绪、宣统、复辟、大同、康德；八雄是指孙文、张作霖、吴佩孚、蒋介石等人；十代是指清、民国、洪宪、北洋政府、“伪满洲国”、南京国民政府、重庆陪都临时政府、延安根据地、外蒙、中华人民共和国政府。

毓鋆在草山居住时间不长，却对草山更名有贡献。其中一说是，蒋介石召见他时，毓鋆说：“我们在草山，不就是落草为寇吗？”他还把王阳明的墨宝送给喜欢王阳明的蒋。不久之后，草山即改名为“阳明山”。

1952年，台东旧火车站前的一条新路将命名，毓鋆名列“道路规划小组”成员，他建议新路名为“铁花路”，以纪念清代台东最后一任知州胡铁花先生。胡铁花之子，即新文学运动的领袖之一胡适。当举行新路启用的剪彩典礼时，胡适得以与毓鋆首度相见。这一见面意义非同小可，即毓鋆从王孙、遗老、做复辟梦的托命人向教育家、文化人转变有了契机。

1956年，治甲骨文的美国学者鲁道夫到台湾进修，经胡适和董作宾推荐，向毓鋆拜师。鲁道夫成为向毓鋆问学的第一人。胡适还向他介绍其他洋博士，于是口耳相传，外人求中国学者，以做毓鋆弟子为荣。学成者还需要毓鋆出具推荐函。班大为得到的推荐函是“颇体经旨，初解大义，略窥微言”；夏含夷得到的推荐函是“略窥见大易之玄门”……

1958年，五十三岁的毓鋆登广告招收学生，讲授《论语》，收了一个初中生谢深仁；两个月后，又有一名高中生黄人炯加入。从这一年开始，毓鋆正式以私塾方式教授弟子。尽管起步艰难，但他坚持下去，后来学生弟子以万计数。1965年，在敏鋆六十大寿前，他的洋弟子们出版了用英文写作的《无隐录》。《论语》有云：“二三子以我为隐乎？吾无隐乎尔！”

1966年2月5日，毓鋆于母亲生日这一天戒烟。1967年，张其昀筹办中国文化学院，毓鋆任哲学系教授。同年，溥仪在北京病逝，毓鋆在台湾设灵堂祭悼。这一年，日本首相岸信介访台，希望拜会毓鋆，得以如愿。

1969年，毓鋆辞“中国文化学院”教职，仍开私塾讲课。体制外的讲学，让毓鋆走上了跟现代学校教育不同的道路，他的讲课成为真正的“教化”。张辉诚说：“他讲经乃欲汲取其中智慧，供作实践，达臻修齐治平之域，故而讲经时总是钩玄提要，以经解经，贯通六经，不作支离破碎之论。”张辉诚总结的是，毓鋆讲《易经》即重“通德类情”（通神明之德，类万物之情）、“智周万物，道济天下”“圣功”“识时”之要义；讲《春秋》即申论“深明大义，居正一统”“圣人者，贵除天下之患”之大义；讲《大学》即首揭“学大”，“唯天为大，唯尧则之，然人人皆可为尧舜，故人人皆可成大人。大人境界者何？与天地合其德，与日月合其明，与四时合其序，与鬼神合其吉凶，先天而天弗违，后天而奉天时”；讲《中庸》即首揭“用中”，重视“致中和，天地位焉，万物育焉”的功夫；讲《史记》即重“贬天子、退诸侯、讨大夫”的史笔深意。

一句话，毓鋆讲学全在于“为天地立心，为生民立命，为往圣继绝学，为万世开太平”的人生社会高尚境界。女作家简媜追忆，老师讲课，没有任何道具，只端坐椅上，“声如洪钟，抑扬顿挫之间唤出一个文明古国，朝代更迭，兴亡一瞬，尽在那时而高亢时而低回的声音里。一部《论语》，经他诠释、延伸、验证，宛如中国读书人的圣经。他有着神奇的力量，镇住了满室年轻毛躁的心，言谈间，连我一个女孩子也慨然有了澄清天下之志。他就像一块烙铁，给了每个坐进书院的学子一个君子印记”。

直到2011年在台北家中辞世，毓鋆在台湾弘扬中国文化六十余年，述而不作，及门弟子有上万人之多，遍及海内外与各行业，成了一个社会的传奇。有论者说，满族人从未真正败于汉人，故少有心灵之创痛，其自信恢宏处多为汉人所不及。我们从毓鋆身上可以看出这一点。满族人为汉语世界贡献了至少三个天才作家：纳兰性德、曹雪芹、老舍，他们都有着奇异的敏感、丰富的心灵。而在学术教育领域，毓鋆当之无愧地成为满族人服务于中国文化的代表人物。

中国文化浸润到他的人生、人身上来。毓鋆在学生面前自承：“老师在日本‘满洲国’时不做汉奸，老蒋时代不当走狗，到现在，人还不糊涂！”他给学生上课讲到《易经·乾卦》，“初九，潜龙勿用。子曰：‘龙德而隐者，不易乎世，不成乎名，遁世而无闷，不见是而无闷，乐则行之，忧则违之，确乎其不可拔，潜龙也。’”突然对学生说：“我六十年就守这一爻！”

他的忧患也是中国人的忧患。时局混乱，很多人将政治视作洪水猛兽，唯恐避之不及。毓鋆说：“我们还怕天下乱吗？就怕你没智慧。天下不乱，怎么显出你一个人能平定天下。天下就是一盘棋，摆错一个子儿，就全盘皆输。今天摆对一个棋，天下就安宁了啊，这不是圣之时吗？没有20世纪之乱，能启发我们的知行吗？勉励你们的，不光为你们谋，还要为你们的子孙谋，要争永恒，不要争眼前。”

他对政治也有独特的见解，他认为满族人最厉害的就是“以寡御众”：满族人“以少数民族统驭中国各族近三百年，这就是以寡御众之术。后人赞美康熙爷，千古一帝，名实相符啊。汉人后来爬起来了，聚合全国菁英以经营中国，结果只三十八年就跑到台湾来了。”

尽管他仍有满族意识，但他已经从溥仪托付的肩负满族命运的人，超越并获得了中国人的信仰情怀。毓鋆自认为是“儒家人物”，他曾向弟子感叹：“儒家人物没有活过我的！”但他以

《易经》为学问本体，自有超越儒家之处。如他极重视民心或有意无心之言。当年“满洲国”的五色旗由红蓝白黑黄组成，旗面左上方四色条纹，红色代表大和族，蓝色代表汉族，白色代表蒙古族，黑色代表朝鲜族，占四分之三的旗底色是黄色，代表满族，象征五族协和，四个民族在满族的统治下联手建立“满洲国”。老百姓说：“‘满洲国’国旗黄的面儿大！”一语双关暗示“黄了”。“满洲国”果然“黄了”。他后来听人说“臭美”，因此断言：“美国人迟早要倒霉，现代人说‘臭美’，美国发臭时间不会等太久了！”

满人失国，满人星散于世界各地，更多的则是被汉化，融入汉人生活。其中极少数人脱离“八旗子弟”状态，而登堂入室，或精进勇猛，成为中国文化在当代的人格象征。如罗常培先生、老舍先生、常书鸿先生、启功先生、于浩成先生等；毓鋆先生可算其中的一员。正如他告诫学生们的：“你们必得要锻炼自己、必得要成才，为这块土地谋点幸福，才不愧为文人。什么是文人？古曰文人，今曰政治家，经天纬地谓之文！”

他做到了他所说的，他不是为自己而活。八十三岁后，他每天仍在坚持十八个小时的诚心、正意、修身、工作。他自己写的八十三岁后的日程是：四时，静坐，气功，活穴；五时半，进参汤，沉思；六时，进早膳，去书院；七时，元祖坛前晋供，静祷沉思；七时半，阅信函，分复；八时，研会务，分别指示要点，然后开始学术研究；九时，进点心，继续工作；十一时，会客，无客继续工作；十二时，进午膳，阅报；十三时，小睡；十四时，研会务，继续学术研究；十五时，进点心，继续工作；十八时，进晚膳，返舍；十八时四十分，沉思居敬；十九时，讲学两小时；二十一时，活穴；二十一时半，点心，进奶一杯、果类少许；二十二时，阅晚报及信函；二十三时，静坐。

当他于一百零六岁辞世时，马英九特别颁布褒扬令称：“当代经学家刘柱林，本名爱新觉罗·毓鋆，沉潜醇谨，识度清迈。幼岁娴诵四书五经，修习格致西学，及长负笈日本、德国，覃思邃密，绩学博文。只身来台后，曾远赴台东部落执教，启迪沾溉，嘉惠原乡。嗣任教台湾大学、政治大学暨辅仁大学、文化大学等学校，阐扬儒学经典奥旨，析论法家治术精微，志道游艺，桃李门墙。复开办奉元书院，畅申修齐治平哲理，厚植庠序教化功能，勤摅淡泊，述而不作；乐育宣劬，济济多士。综其生平，流风德泽，见淑世牖民之深衷；绍统延绪，成中华文化之薪传，学海津梁，贻范永馨。遽闻上寿捐馆，轸悼殊殷，应予明令褒扬，用示政府笃念耆硕之至意。”

陶成章：革命成功以后……

陶成章生于1878年，被蒋介石暗杀死于1912年，享年三十五岁。一个70后的革命领袖，死于革命成功之后。因为他的死亡，一个极具实干精神的革命派别烟消云散，而后来的革命党人因为传承不同等因素，有意无意忽略了这个人物的意义。后来的学者在辛亥革命上做了很多文章，从追求当下的“知识正确”而否定革命，到贬低革命党人的作用，到假设没有革命袁世凯或清政府会做得更好……这些看待历史的角度确实可以圈点，但对革命党内部的研究思考中，也欠缺了一些假设的维度，如假设孙中山不早死，又假设陶成章不曾在内讧中早死，等等。

革命确实不可轻言，但历史从未告别革命。陶成章一类的革命家比学者们都更有现实的认知和担当的意志。后人曾把陶成章划为“地主阶级反满派”“红帮头子”“无政府主义的拥护者”……按时髦的语境，陶成章又该被称为“恐怖主义分子”了……但这个革命家实实在在地出身贫寒，因为天性“诚笃好学”，六岁时入陶氏义塾，他“天资聪颖，过目成诵”，受到良好的旧学教育，十五岁时为糊口做了“小先生”，即当时的塾师。这样的好学少年如在一个良性社会里就会一步步地改良、改革并完善自己，从一粒种子变成一个吸收社会营养的优秀国民。我们从中可知，陶成章变成了革命家，不能单方面怪罪他自己，更得质疑他生活的社会有多少良性可言。

陶成章在做塾师的时候，因为酷爱历史，他对历史演变有了相当的见识；又因为有条件接触新学，他对现代革命有了认知。他不是在既定秩序里做求田问舍的乡愿犬儒或改良者，而是把自己改革成了仁人志士。十九岁时，陶成章到东湖通艺学堂教书，作《驱虎》一文，将清廷喻为“猛虎”。

1900年义和团运动爆发，八国联军攻入北京。二十二岁的陶成章还只是一个普通的地方老师，血气方刚的他做了一件壮举，“走鲁入燕，谋歼那拉氏于颐和园。”第二年，他再上北京，寻找他的族人陶大钧，“愿效骆宾王讨武曌故事，以手刃那拉氏自誓，大庭广众，倡言不讳”。这个本家挖苦他自不量力。陶成章势单力薄，只好回老家浙江，途中经过徐州，铜山县令陶仲彝也是陶氏族人，但听闻陶成章如此“十恶不赦”的想法，也连忙打发其走人。陶成章临走时，陶仲彝拿出数十枚墨西哥银钱给其做路费，虽然其时陶成章已身无分文，仍婉言谢绝。结果“旅费缺乏，步行七昼夜，几至饿毙”。

1902年，通过蔡元培的援助，陶成章到日本留学，目的就是“先到日本陆军军校，学习军事，以备将来推翻清政府之用”。这个二十四岁的年轻人似乎天然地跟书生清议作风不同，当时有良知正义感的人与清政府的抗争多以舆论攻击为主，这种改良做法即民间所谓“文人书生造反，十年不成”一类。如果一个政权的连续性必须打破，如果一个政权腐朽得都想灭亡，它仍需要革命者去推倒它。陶成章清楚，革命光靠书生难以成功，清朝的统治即使再腐朽、再虚弱，也不可能被革命党在报纸上骂垮。

1904年初，陶成章和革命同志奔走在苏、浙、皖、闽、赣五省之间，联络各地会党。他经常以麻绳束腰，脚穿芒鞋，奔走于浙江各地，“每日步行一百一十里，不辞劳苦”。杭州离他家仅一水之隔，他却“四至杭州而不归”。结果，这个苦行的革命党人将帮会发展成革命可以依靠的中坚力量，并被推为五省大都督。

1904年10月，陶成章与蔡元培等人在上海创立光复会，推蔡元培任会长，陶成章任副会长，并担负联络会党之重任。光复会以入会誓词“光复汉族，还我山河，以身许国，功成身退”十六字为宗旨，主张除文字宣传外，更以暗杀和暴动为主要革命手段。1904年年底，陶成章前往日本，在东京成立了光复会分部。鲁迅在绍兴就听说有一位“奇人”宣称“要让全中国没有一个饿肚子的人”，在日本，鲁迅与陶成章相识，并由陶举荐加入了光复会。

他有人格力量，鲁迅虽然戏称他为“焕皇帝”（陶成章，字焕卿），但却忘不了他。多年以后，他追忆说：“夜雨潇潇地下着，提起笔，忽而又想到用麻绳做腰带的困苦的陶焕卿。”他的人格和能力不止感动了天才文人鲁迅，也触动了有瑜亮情结的革命枭雄陈其美。

孙晓云出身于绍兴上虞的一个大户人家，家底雄厚，1902年，孙晓云在东渡留学的浪潮里到了日本，并鬼使神差地加入了革命党组织——同盟会。孙晓云受陈其美派遣加入光复会，暗中监视陶成章。在与陶成章的接触中，孙晓云被这个聪慧多谋的革命志士深深吸引。“他们不是一见钟情，是在日积月累中培养的感情。”1909年，陶成章与孙晓云在东京结婚，鲁迅是证婚人。

陶成章还有政治远见，他有着推翻满人统治后建国的思想。1905年8月，陶成章与徐锡麟等在绍兴创办大通学堂，为浙江会党培训骨干。光复会会员增至六七百人，主要骨干除前述诸人外，还有章太炎、秋瑾、张恭、徐顺达、赵声、柳亚子、陈去病、熊成基等人。陶成章、徐锡麟、秋瑾被称为“鉴湖三杰”。

1906年，陶成章在东京加入同盟会，任留日会员浙江分会会长，兼《民报》编辑。与保皇派、改良派梁启超主持的报纸《新民丛报》展开论战，虽然观点对立，但他仍为梁启超肯定，梁将他比作“坚苦刻厉”的“今之墨子”。

1907年7月，安庆起义失败，徐锡麟、秋瑾相继殉难，陶成章三日不爽，悲痛欲绝，但不改其志，据说他击桌曰：“大丈夫岂可如此耶？”因遭清廷通缉，国内无法立足，再度亡命日本。1908年转赴南洋，足迹几乎踏遍南洋群岛。主持新加坡《南洋日报》及仰光《光华日报》笔政，鼓吹民主革命，捐款资助国内革命。由于筹款受阻，决计在爪哇一带建立光复会组织，但名义仍附属同盟会总部。

1910年，陶成章对孙中山的意见无可解决，他在日本东京建立光复会总部，举章太炎为会长，陶成章为副会长。然而，革命党人的内部分歧不代表他们消极或止步不前。第二年，辛亥革命爆发，在武昌起义之前，广州黄花岗起义死难者七十二烈士都是革命党的精英，各派人马都在其中，而多光复会会员，尤其是那些没能留下姓名的南洋华侨。陶成章听说后，痛哭流涕，因为那些华侨多是他“着单衣，坐四等舱，代煤工劳动抵船值，到达爪哇”后动员参加革命的。

1911年，武昌起义成全了辛亥革命。陶成章回到杭州，被委任为总参谋，他极力主张北伐。据《全浙公报》刊载，陶成章亲自参加指挥“金陵围攻”战役，在“弥漫弹雨”的战斗中，奋勇登阵，无役不从。浙江光复后，被举为省临时参议会议长。

南京的攻克，为临时政府的成立创造了条件，陶成章在上海成立光复军总司令部，并积极募兵。但这个刚开始做大的革命蛋糕，不仅有保皇派、改良派、立宪党人参与分配，就是革命党内部也因分配而起了争端。

浙江都督汤寿潜改任交通总长，他举荐章炳麟和陶成章“代理浙江”。章炳麟极力称赞陶成章，说“焕卿奔走国事，险阻艰难，十年如一日”，因而力举由陶成章来“代理浙事”。陶成章本人力辞不受，在浙江方面派人征求他的意见时，他说“贤能者均可，唯陈其美不可”，并致电推荐革命党人蒋尊簋继任。陶成章及其光复会员早就是陈其美等人的眼中钉，这一次需要解决了。1912年1月14日，在趁陶成章卧病上海广慈医院之际，陈其美的把兄弟蒋介石和光复会的叛徒王竹卿去暗杀了陶成章。死时，陶成章才三十五岁。

陶成章死了。光复会失去最有力的组织者和有行动能力的实干家，“领导乏人”，也就星散了。章太炎所言，“成章死，光复会亦暗不章”。用冯自由的话说就是“丧失其主脑，势渐瓦解”。

革命党人内部同盟会和光复会的矛盾白热化，光复会走向了惨烈的终点。1912年1月28日，章太炎在《大共和日报》发表致孙中山公开信，谴责同盟会与光复会之间的自相残杀。当天，孙中山以中华民国临时大总统名义致电同盟会籍的广东都督陈炯明及中国同盟会，调解两会冲突，对光复会的评价基本上认同章太炎的看法，连措辞几乎都一样，希望停止冲突，“以免党见横生，而负一般社会之期许”。此电收入了《临时政府公报》第一号。光复会重要骨干、广东汕头民军司令许雪秋、陈芸生“与同盟会员之领军者不合，势成水火”。孙中山的调解无效，1912年5月初，许雪秋、陈芸生被陈炯明派刚反正的前清总兵吴祥达在汕头捕杀，当日就传出了“革命成功，革命党人死亡”的歌谣。

陶成章死了。光复会失去了国家社会层面的领袖，章太炎文人气过重，他没能跟孙中山和解。历史学家傅国涌先生感叹：“书生气十足的章太炎恐怕想不到，袁世凯等正是要利用他与孙中山一派的不和，坐收渔翁之利。”

陶成章死了。他虽然性子有些急躁，却是一个心地坦白的人。他对孙中山有意见，公开倒孙，在革命党内部掀起是非，闹得革命党人几乎分裂。在辛亥革命前四五年时间内，陶成章的倒孙风潮，使孙中山的威信受到严重质疑和挑战。但陶成章并不是没有大局观，他曾说过，革命党人不能学太平天国。他并非没有知人之明，他对孙中山不满，也只是对一个革命领袖过高期待的失望，他攻击孙中山那么激烈，以至于黄兴以为他要取而代之，但他其实是想举黄兴代孙中山。

至于自己派系的章太炎，他也并不期待。他的举动出于自己看到的公心。他认为章太炎并不适合扮演革命团体的主角：“章君太炎，其人并非无才之人，不过仅能划策，不能实行。其立心久远，志愿远大，目前之虚名，彼亦所不愿也……若以会长处之，用违其才，反碍前进之路矣。”他对革命党人的态度几乎是清教徒式的，据说，陈其美在日本时，陶成章曾当着孙中山面劝陈其美戒嫖戒赌。这样的直性子和做事能力也埋下了陈其美欲除之而后快的种子。

傅国涌的论断可能是时下有关辛亥革命最可注意的角度。他的历史假设是建立在革命党人的建构性之上，这一伟大的革命，终因革命党人的内讧和自我弱化而让他者乘虚而入，让人“窃取”革命果实，进而成为“窃国大盗”。把傅国涌先生的论断跟鲁迅等作家当年的观察相比较，可以知道傅先生的结论大体成立。在鲁迅感受到的无地彷徨的“咸与维新”的大革命时代，革命党人的自毁长城可能是最令人惋惜的事。

陶成章死了。由于他的死，使得革命党人中极为重要的一支力量瓦解，历史为胜利者和最后存活者书写，在书写他和他的革命同志时，不免把他们的意义大打折扣了。尊蒋人士对蒋介石刺杀陶成章一事这样说：“陶成章踵回国，故意破坏同盟会，拥戴章炳麟，抹杀孙黄历史，并谋刺陈其美……孰权公私利害，决先除陶，以定革命全局，事后自承其罪……”

陶成章死了。一时国内震惊，革命党人尤为愤慨。孙中山闻讯，“不胜骇异”，“非常痛悼”。虽然陶成章生前那么反对过他，和他意见分歧，但是，孙中山明白陶成章领导的光复会成员在辛亥革命中的重大贡献，他称赞“光复会有徐锡麟之杀恩铭，熊成基之袭安庆，近者攻上海，复浙江，下金陵，则光复会新旧部人皆与有力，其功表见于天下”。对陶成章惨遭暗害，中山深表痛惜，他下令：“严速究缉，务令凶徒就获，明正其罪，以泄天下之愤。”孙中山唁电缉凶的电文是：“陶君抱革命宗旨十余年，奔走运动不遗余力。光复之际，陶君实在巨功，碎遭惨祸，可为我民国前途痛悼！岂容不轨横行，戮我良士……”四年后的1916年，孙中山亲临绍兴东湖陶社祭陶，题“气壮山河”匾额。

但这个革命家仍被历史有意掩盖了。人们不再谈论他的历史作用，假如他还活着一类的历史假设，而是谈论陶成章的“二三事”，甚至把他的人生细节当作笑谈了。

是的，他的苦行是值得说的。陶成章的生活十分简朴。有一次，陶成章去南洋为革命筹款时，没有足够的钱支付船票，就帮轮船铲煤，因为他工作认真，船长就免了他的船票。虽然，“陶先生其实很有钱，南洋筹来的很多经费都经其手，但他不拿毫厘，全都用于革命”。在陶成章遇刺后，家里只有其祖辈留下的二百余年的老房子，长期的革命生涯中，陶成章东奔西走，并没有为自己和后代置办什么家产。

陶成章从未贪图安逸享乐，他对吃喝嫖赌深恶痛绝。他对陈其美多有微词，这让陈其美感到难堪。有一次，陈其美因军需向陶成章要求分用南洋华侨捐款，陶回答说：“你好嫖妓，上海尽有够你用的钱，我的钱要给浙江革命同志用，不能供你嫖妓之用。”

鲁迅心中的陶成章也是清苦的。鲁迅回忆说，“以革命为事”的陶成章“穷得不堪”，在上海一度自称会稽先生，教人催眠术糊口。嗅觉灵敏的清廷在通缉他时就有一对句：“著《中国权力史》，学日本催眠术。”

和有些革命党人为了升官发财，甚至还没成功就想邀功享受的行径不同，陶成章的苦行似乎走向了另一极端。他似乎不近人情，做事不循常理。比如他曾有过在北京开设妓院，把清朝达官贵人都请来，席中下毒一网打尽之类的念头。但大致说来，他是鲁迅所说的革命党的实业家，有着至今我们难以理解的人格光辉。他的人脉资源极广，因为他是对手之一吴稚晖眼里“性虽褊急，心实坦白”之人。光复会人对陶成章更是敬仰有加，幼时就追随秋瑾的尹锐志说他“深沉多谋”，“同志尊敬仰之为光复会继承领袖”。陈魏回忆“陶长于谋略，处事周密谨慎……”

他的孙儿陶亚成先生评价他：品格高尚，言行一致，思想进步，身体力行。在他三十五岁去世时，孙晓云只有三十二岁。“祖母一生没有再嫁，与我父亲相依为命。她说，再没有祖父这样出色的男人能够让她心动。”陶亚成回忆，“祖母会把父亲给她的零用钱都攒下来，每到祖父的忌日，就买许多锡箔和贡品给他。祖母对祖父的爱，一直延续到她生命的最后一刻。”

蒋百里：形势比人大

我国文明在数千年的演进里形成了自己的发展轨迹，它的形与势常给人巨大的希望和绝望，这一独特的国情已经使无数英雄折腰，无数国人不得不屈从于国是、国势，先人那种“人定胜天”的豪情，那种以一人或二三子就能扭转乾坤的可能性再也出现不了了。宋明大儒们所梦想的尊天理，在现实中完全无用，反而拖延我国文明数百年的进程。直到西人叩门，我们才在应激中发现了“革命党”“先锋队”等现代政党的雏形。这种“现代政治”的成败虽然多跟“先知先觉”的领袖能力有关，但个体更加无能为力了。

蒋百里生活的时代是一个群雄并起的时代，但大多数人满足于自己所知范围内的称雄，而不能参与一个陌生的更大边界的文明建设，因此，他们虽然在自己的势力内作威作福，但他们对历史进程所起的作用是很小的。聪明的蒋百里在这样的时代，没有去做“乱世英雄起四方”的事业，他的一生也就注定旁观。

蒋百里聪明绝顶，清末中举，1901年留学日本。1906年毕业的时候，日本天皇赐刀给最重要的步兵科毕业生中的第一名，结果蒋百里夺了这个第一，跟蔡锷、张孝淮并称为“中国士官三杰”。他很早就得到东三省总督赵尔巽的赏识，赵专折奏保蒋为特异人才，可以大用。奉清廷上谕：“举人蒋方震交东三省总督赵尔巽任用。”袁世凯当国时，对蒋百里也亦加延揽，任为保定军官学校校长，当时蒋年仅三十一岁。他到校给学生训话说，如不称职，当自杀以明责任。不久，蒋百里为改进校务到北京陆军部有所请求，被拒绝，愤而回校，召集全体学生讲明经过，说我做这样的校长对不起学生，竟开枪自戕，幸而受伤未死。此事震动全国，袁世凯延请一位日本医官为其治疗，医官留一日本女看护护理服侍，而此举终成就蒋的美满婚姻。

蒋百里的军事才能为各界承认，从袁世凯到蒋介石等，都以为他懂兵。他的爱好本来多方，对我国文明史、中西艺术史多有见地，但他在社会眼里只能成为一个纯粹的军人。梁漱溟回忆说，冯玉祥对蒋百里相当崇敬。“大约在民国十一二年间，冯任陆军检阅使、军长兼师长，所属五个旅驻南苑。这一年旧历正月，冯请我去给他的干部讲话，在南苑住了三天，讲了五次话。”梁漱溟亲见冯编印分发给所部将领每人一个小本子，辑录古今名将治军格言，内有“岳飞曰”“曾国藩曰”“胡林翼曰”等语录，而“蒋方震曰”亦赫然并列其中。可见冯玉祥对蒋百里是崇敬的。

蒋介石主政国民政府时期，曾派蒋百里考察南北防务，从山东、河北、山西、河南到湖南、湖北、广东，以应对可能的国家战争。蒋介石还委托蒋百里到庐山，为暑期训练班各省高级将领授课。1936年年底，蒋百里从欧洲考察军事回国，飞赴西安向蒋介石汇报，他对蒋说：“我刚从国外考察回来，消息比较灵通。目前日本海军和陆军为侵华而互相争功，日本天皇已秘密接见过陆军大臣，看来明年（1937年）一定会大举入侵我国！”

蒋百里的识见、预言几乎是惊人地准确。1923年，蒋百里与龚浩回北京，途经徐州，蒋忽然若有所感：“将来有这么一天，我们对日作战，津浦、京汉两路必被日军占领。我们国防应以三阳为据点，即洛阳、襄阳、衡阳。”龚听了这个神话般的怪论，觉得蒋太敏感，自忖“将来中日两国开战，无论怎样，我们的半壁江山不会沦于敌手”。

很早的时候，蒋百里就对梁漱溟说：“吾知中日之战，势不能免，胜败之分，一在械，一在人，论械则我不如敌，论人则我多于敌七八倍。然今日军事在民众总动员，而将士不过十之三。我国系农业社会，凡农民欲以民族主义动之不易明了，唯欲破坏其所据乡村，则彼以生命相搏，故欲君于教育中注重乡村……”1937年，他跟梁漱溟谈起中日战争时说，中国军民应“控制山东高地与山西高地”，“坚守一些山区不放”。因为单靠中国自己的力量无法抗得住强敌，大半国土皆要沦陷而不能守，那是没有办法的，抗且抗不了，要战胜它就得有待国际大势的变化，所以需要西撤，待机反攻，合盟国之力以求收复失地。但单是靠他人，而没有“求诸己”的一面，那怎么能行？须知反攻战胜敌人的主要条件仍然在中国人自己。他似乎看到了持久战、敌后游击队。

曹聚仁则提到一件事：“有一天，那是‘一·二八’战后的第三天，二月一日。他和我们在一家咖啡馆喝茶，翻开那天上海版的‘每日新闻’，头条新闻是日本陆相觐见天皇的电讯。他沉吟了一下，对我们说：‘二月五日早晨，会有日军一师团到达上海参加作战。’他何以这么说呢？他说日陆相觐见天皇的意义是报告日军正式出战。依日本当前的运输能力，三天之间，可运输一个师团的兵力——四万战斗兵及其装备到上海，所以他估计这一师团五日可以投入战斗。（后来，他把这一估计告诉了蔡廷锴将军。）果然，‘一·二八’战役，日军的第一场反攻是从二月五日开始的，他估计得非常准确。”

但这样的天才却只能做一个大时代的旁观者。蒋介石虽然器重蒋百里，但从不授予他兵权。1938年秋，蒋介石任命蒋百里为中国最高军事学府陆军大学代理校长，仍由自己兼校长。在军阀、枭雄争胜的时代，英雄无用武之地，几乎注定了蒋百里的个人悲剧。他赶上了西安事变，跟蒋介石一起做了张、杨的阶下囚。张学良想派个人去南京接洽停战，又怕南京不接受，问计于蒋百里，蒋问："这里的人你最讨厌谁？"张学良回答："蒋鼎文。"蒋百里说："那就让他去。"南京很快停火。牛刀小试只是做了一次参谋顾问的角色。

在那样的时代，蒋百里只是一个象征、点缀，更多的时候只能做一个宣传员，但这一工作他也做得极为出色。比如他从民族特性上劝导国人乐观，他说，中国民族夙非以武力见长，民族历史不以武功著称，但每从自卫上发出力量来，亦能战胜强敌，也就是说中国不能打侵略战争，而长于自卫。抗战初期，国民军队节节败退，形势万分危急。蒋百里在1937年秋冬撰写了《日本人——一个外国人的研究》一文，断言日本黄金时代已经过去，他说："日本在极小一块空地中，常能布置出十全的庭园山石，这个想象力很大的日本民族，悲剧性地自造了一个国难，以为悲壮的享乐本来是一个理想的阴影，现在竟变成了事实的魔鬼。日本的厄运，实在是爱国志士造成的啊！"文章结语写道，"胜也罢，败也罢，就是不要同他讲和。"文章轰动一时，激励了无数人的抗日斗志。

"七七事变"后，蒋百里常说："打不了，也要打；打败了就退，退了还是打；五年、八年、十年总坚持打下去。不论打到什么天地，穷尽输光不要紧，千千万万就是不要向他妥协，最后胜利定规是我们的。你不相信，你可以睁眼看着；我们都会看得见的，除非你是一个短命鬼。”蒋的话几乎是传诵一时，只可惜他成了“短命鬼”。1938年11月蒋百里病逝于广西宜山，年仅五十七岁。噩耗传来，举国震悼，陪都重庆各界举行公祭，蒋介石亲临主祭。国民政府明令褒扬，追赠蒋百里为陆军上将。

考察蒋百里一生，最令人心醉的是他料事如神的本事。他的先知般的能力可能得益于他的治学治事的纯粹，更得益于他不依附于任何政治经济集团或体制的超然、独立人格。他一生无用武之地的悲剧在绝对全面的意义上是时代社会的悲剧，在那样的社会里生活，像蒋百里那样的人注定冒犯了社会，他们直面而非依附于社会文化制度而生活，他们多是清醒的，又是痛苦的。春秋战国时代，以晏子那样名满天下的宰相，面对齐国的形势已经无可奈何了。当叔向问他齐国的前途如何，他只能回答说：“此季世也，吾弗知。齐其为陈氏矣。”他预言了田陈篡齐。这样精准的预言者在古代中国代代都有，不曾先知但有人文感受的心灵更是大量存在，如明朝的汤显祖，清朝的曹雪芹、龚自珍们，面对时代社会的衰败，无可奈何之际只能做做文人或庄生蝴蝶式的梦。

面对这种社会变迁的复杂性，“人定胜天”似乎只是一个梦。但人们的应对方式是不一样的，有的人宿命，形势比人强，君子取势不取形，做了与时俱进者；有的人力图要求全民团结如一人，以一人的生理心理来理解国家社会的运转，仍梦想以个体力量来扭转乾坤；有的人则把国家社会放在多元动态复杂的巨系统中观察，即把社会的复杂性还给社会本身，做了一个现代社会负责任的个体公民。不同的态度，当然有不同的效果，不同的个人造化，也决定了不同的社会性质。

王亚樵：革命者的突围

一说到革命，我们总有一些想当然的理解，改革前的“革命年代”如此，改革后的“犬儒时代”也如此，我们总把革命当作“不是那么雅致”的东西。其实，考察革命的历史，我们会发现革命远非这样人物阵营清楚、线索简单的事。革命者和革命道路千差万别，尤其是革命者一旦脱离了制度性的建设，其革命就非常艰难。在现代历史上，就有这么一个革命者，不幸的是，当时的人和后来者都把他当作一个杀手，今人甚至直接把他跟恐怖分子挂钩。革命确实与恐怖相伴，但革命者并非恐怖分子。这个不幸的革命者王亚樵一直是平民、工农大众的代表、保护者，跟恐怖分子们道不同谋也不同。

王亚樵是安徽合肥人，字九光，谱名王玉清，又名王鼎，别名王擎宇。他自幼聪颖过人，曾参加前清末科考，名列前十名。他家世贫寒，祖、父都为佃户，后来因欠租被地主摘佃逐出，全家移民镇上开小店糊口度日。王亚樵年少目睹豪强、官吏压榨百姓，痛恨入骨。他禀性倔强，疾恶如仇，见义勇为，乡邻友人多赞他有古烈士风。他跟当地的一些有志者组织“正气学社”，探寻出路，并结识了省内的仁人志士。

辛亥革命爆发时，王亚樵才二十出头，但他跟朋友们一道响应孙中山的革命，与柏文蔚接洽，由王亚樵、李元甫、王传柱担任合肥革命军正副司令，在合肥组织军政府，宣布独立，撤销清廷一切官吏。跟当时各地的革命浪潮一样，革命果实由几方几派力量争夺，王的朋友多在斗争中被杀，王侥幸没有遇难，而被迫亡命南京。

在南京，王亚樵看到江亢虎组织中国社会党，就加入了社会党，受命负责安徽支部。他回到安徽，跟同志一起先后在合肥、全椒、巢县、安庆、芜湖各地成立县支部。王亚樵擅演讲，有组织能力。他的生活很朴素，常穿一套破西装，卧稻草、吃残饭，处世接物，非常诚恳，因此社会党在安徽极为发达。北洋系的安徽都督倪嗣冲自然不能容忍异己坐大，他称社会党为“乱党”，下令通缉。王亚樵又被迫离开家乡，出亡上海。

在上海的王亚樵白天做苦工，夜晚宿马路、盖报纸。他在寻找出路时结识了倡导安那其主义（无政府主义）的北大教授景梅九，钻研克鲁泡特金的无政府主义学说，参加无政府主义研究小组，研究怎样打倒社会上一切强权。这种思想深深地影响了王。到1919年时，北洋军阀段祺瑞左右北京军政大权，打压以孙中山为代表的革命者，王就以国民党党员身份，上书中山先生，建议轰炸北京政府，杀死段祺瑞，“实行锄除民贼，以救危亡”，“非组织暗杀团体不可”。孙中山批驳王亚樵说：“解决革命，应以武装力量彻底推翻其组织，不在于杀死一个人。”王亚樵虽然一时听从革命首脑，但他处在民国初年的社会大氛围里，已经完全为暗杀的目的和手段吸引了。他在鱼龙混杂的上海谋生时，跟一些安徽同乡组织起“安徽旅沪同乡会”，为求自保，众人打造了百把利斧作为防身武器，自成一派，常以斧头、手枪、炸弹等武器，专门对付其他帮会和欺压工人的富商，人称“斧头党”“暗杀团”，一时名震上海。连黄金荣、杜月笙这些黑社会性质的帮派大亨也对他有所忌惮。这个革命党人也因此被人称为“民国十大帮主”之一。

革命年代盛行暗杀，法国大革命中的马拉之死，俄国革命中的列宁被刺，都是如此。在我国这样一个信仰、认同感和革命意识多样混乱的国度，一旦革命风起，不仅反革命者心仪从“肉体上”消灭对手，就是革命者也不反对对手的消失。从良弼之死到宋教仁之死到廖仲恺之死，从吴樾到汪精卫到陈其美，从复仇到政治暗杀，短短的三四十年间，较大的暗杀事件就发生了数百起。策划、参与、支持暗杀的，有清政府、袁世凯、北洋军阀、国共两党、日伪政府、特工、义士、文人等。暗杀的对象，既有革命领袖、民主人士、抗日英雄等，又有军阀、党国要员、汉奸元凶。由于当时处于“半殖民地半封建地”的特殊国情中，民国暗杀几乎成了世界历史上罕见的“时政要素”，这一政治元素大概只有春秋时代堪可相比。

1923年，国民党决定联络张作霖、段祺瑞共同出兵，讨伐曹锟、吴佩孚，特派王亚樵负责联络。王亚樵亲自到浙江见皖系卢永祥，接洽出兵，当由卢永祥慨允负责，但提出意见，必须先杀淞沪警察厅厅长徐国梁。王亚樵允诺卢先杀掉徐，他由浙回沪，即召集同志，探得徐国梁经常在大世界对门温泉浴室洗澡，命令大家各持手枪到温泉浴室门口等候。1923年11月12日下午，徐国梁来温泉浴室洗澡，洗罢出门，正在登车之际，郑益庵、朱善元各抽出手枪向徐国梁要害袭击，延至次日，徐不治身死。

这一暗杀得手开启了王亚樵的杀手记录生涯。他的革命同志被敌人、对手枪杀、活埋者无数，他自己也在革命前期的十多年内，历经六次通缉，他最终找到自己得心应手的革命手段。既然敌人、政治对手不让他和他的同志进入社会公共政治舞台，他也只能让他们闻风丧胆。

这种革命手段大概也跟王亚樵极强的个性有关。他早期参加同盟会，同国民党政客、安徽建设厅厅长张秋白有过工作关系，但王亚樵对张的为人极为鄙视，曾警告张秋白要永远同他保持一里路的距离，若是见面，定揍不饶。一天，张秋白外出，遇王亚樵走来，躲避不及，直好硬着头皮往前走，并露出一副笑同王亚樵打招呼。王破口大骂：“混账东西，竟敢跟我走在一条路上。”举起拐杖便打过去，张秋白一言不发，抱头鼠窜。1925年，王亚樵回到上海，加入了国民党。一次，部分党员在霞飞路召开会议，王亚樵与上海警备司令杨虎意见不一发生冲突，因王个子矮小，竟爬上凳子抽了杨虎两个嘴巴子。这位握兵数万的司令深知王亚樵难对付，不敢还手，还给王亚樵赔笑脸，悻悻窘极。王的宁折不弯的个性使得黄金荣对手下门徒说：“你们以后碰上‘斧头帮’的，尽量离远点！他们都是不要命的，我们惹不起。”

1927年，蒋介石、汪精卫们革革命者的命，宁、汉两派国民党“清共”合流，成立国民政府，内定王亚樵出任津浦路护路司令。王亚樵目睹革命者的大屠杀，极度伤感愤怒。他多次当面给蒋介石难堪。当国民政府在南京举行“奠都典礼”大会，王亚樵由孙科提名，以工人代表名义出席大会时，王利用机会在大会发表演说，冒言劝谏军政领导，以国家民族为重，勿忘总理遗愿，保障人权，停止屠杀，团结国人，团结所有革命力量，将北伐进行到底。并高呼：“打倒军阀！”“保障人权，人权第一！”“反对屠杀！”王的言行让老革命家如柏文蔚、陈铭枢都为他担心，陈当面劝他：“你怎么如此大胆？公开反对清共，反对总司令，他必疑你亲共，不会放过。”在蒋介石下令缉捕王亚樵时，王幸而逃脱，从此跟蒋势如水火。王亚樵先后在上海、南京、庐山等地密设联络点，伺机刺杀蒋介石，五次未遂。尤其是刺宋（宋子文）、刺汪（汪精卫）之后，引起蒋介石的极度恐慌，蒋曾悬赏缉拿王。

国民政府成立，政治局势也就发生了变化，革命的中心任务由反军阀转向了反蒋。在这种转向中，伟大的辛亥革命的果实最终被窃取，背叛者们以革命的名义争先恐后地加入了独裁专制之间的竞赛。革命的逻辑沦为暴力的逻辑。王亚樵则是力图捍卫革命正义和尊严、监督党国要员和革命领袖品性的理想主义者。无党派进步人士、国民党左派、地方势力，都纷纷反对蒋介石日益坐大的独裁权力。国民党内部各派系，如胡汉民派、汪精卫改组派、太子派（孙科派）、西南派等，亦群起反蒋。在这些反蒋势力中，王亚樵是为革命理想而反蒋的激进人物之一，不论何派何系，只要反蒋他就合作。他的暗杀活动也成为当时社会最重要的政治要素，他以暗杀保留了平民大众和普通革命者最后的权利。

1928年秋，王亚樵决定暗杀安徽省省主席陈调元，他探悉全国建设委员会委员长兼安徽建设所所长张秋白，请陈调元在其住所南京梅溪山庄午餐，就派人赶去，因陈调元事先预防甚紧，先已辞去。刺客杀陈不得，当场击毙张秋白。一举震慑陈调元，使陈不敢再在安徽作威作福，而辞去安徽省省主席一职。

王亚樵参与的方振武、石友三、余立奎等数方势力讨蒋活动失败后，王的得力助手王乐平被人出卖，1930年2月，赵铁桥暗杀了王乐平，大为蒋介石信任，蒋任命赵铁桥为上海招商局总办。王亚樵恨赵铁桥入骨，决意杀赵铁桥为王乐平及讨蒋死难者复仇。是年7月，王亚樵命人趁赵下汽车进招商局不备，当场击毙赵铁桥。

击毙赵后，王亚樵被迫跟上海闻人杜月笙交手，他在收回“江安”号轮的权益后，进一步向杜月笙提出平分上海江轮、海轮买办职位的要求。杜月笙虽心有不甘，但最后还是让出了部分买办职位。后来杜月笙的一个在上海浦东私设吗啡制造工厂的门徒，因跟某职工有矛盾而将该职工毒死。职工家属得知后，即向司法部门提出控告，结果也遭暗算。王亚樵闻讯后，至函杜月笙询问，杜未作复，王再函，杀杜之意流溢于字里行间：“你放任门人草菅人命，毫无人道，吾当小试牛刀，以为惩戒。”杜接函后，不得不多方托人斡旋、疏通。当时王亚樵因避居香港，行动不便，又碍于说情者的面子，这才停止追究。“九·一八”事变后，张学良引咎辞职，到上海戒烟，却收到了一枚取掉引信的炸弹。据说，张学良曾好奇地问杜月笙：“你真的给王亚樵十万大洋吗？”杜答说：“是的，我给他十万他就不来找我麻烦了。”

1931年6月14日上午，蒋介石在庐山遭刺客狙击，刺客朝蒋连开三枪不中后被卫队击毙，蒋介石下令不要声张，就地掩埋杀手。1931年7月23日，宋子文和日本外相重光葵同车抵达上海火车站，宋的秘书因穿着跟宋一样而被王亚樵的人误杀。在这些事件中，王亚樵显示了权要们所不理解的不可理喻的一面，他实际上是跟这些表面正经的流氓周旋，用后者曾经用过的并仍暗中采用的手段斗争。

1931年，“一·二八”日寇突袭上海，以陆海空十万兵力进攻，宣称二十四小时占领京沪。十九路军全力反击。上海数百万军民投入抗战，有钱出钱，有物出物，有人出人。当天，王亚樵召集部众，宣布全力以赴抗日，立即成立二十个大队。旋即又宣布成立淞沪抗日义勇军，王亚樵任司令，集召三千余人，开赴太仓战场，配合十九路军浴血奋战。在蒋介石要求十九路军撤销王的义勇军后，义勇军改为救国决死军，余立奎任司令，王亚樵居幕后主持。决死军、铁血锄奸团各选拔精干人员组成敢死队，由华克之、龚春浦率领。敢死队负责袭击虹口日租界，目标虹口日军司令部，牵制日寇前方兵力，并负责侦察敌情。在敢死队的打击下，日军司令部被迫撤至侵沪主力舰“出云号”。

淞沪停战后，日本外相重光葵到上海，决定于“天长节”（日皇生日）在虹口公园开“中日淞沪战争胜利庆祝大会”。王亚樵跟韩国革命党人安昌浩等人商议，决定由韩人进入会场用定时炸弹轰炸日本人。3月28日，大会当天，定时炸弹爆炸，连台带人轰至半空，炸毙侵华司令官白川大将，炸伤重光葵，摔死日租界商会会长岗村洋勇，日酋共死伤十三人。上海、南京多为一片叫好，国民政府内或称快叫好，或惧引起中日事端。据说，戴笠查明是王亚樵所为，问蒋如何处置，蒋介石令送四万元给王亚樵。

1932年9月4日，“九·一八”事变国联调查团偏袒日本——尊重日本在“满洲”（中国东北）的利益，允许其对该地的占领；不承认“伪满洲国”独立，但作为中国的一部分，允许其拥有自治权；主张“国际共管”中国东北地区等。报告书表明英、美等国为均站在东北地区的权益而纵容日本侵略的绥靖主义立场。国联调查团团长、英国前代理、印度总督李顿在上海遭到杀手袭击，狼狈躲藏于浴室乃得幸免。

1935年11月12日，青年孙凤鸣在南京中国国民党第四届中央执行委员会第六次全体会议开幕式上朝汪精卫连击三枪，枪枪命中，其中一发子弹导致汪精卫在东京帝国大学医院手术台上毒发身亡。

这都是王亚樵的杰作。沈醉曾说：“世人都怕魔鬼，但魔鬼怕王亚樵。”蒋介石一提这个人，假牙就发酸；戴笠若是听说这个人又露面了，第一个反应就是检查门窗是否关好。但王亚樵自己并不满意他的作品，他的首要对象是蒋介石，却一而再地丧失机会。他为此跟李济深、陈铭枢、蔡廷锴等国民政府的要员合作，但他的计划总是功亏一篑。到孙凤鸣行刺后，蒋的杀机已经一日也不可止，他限期缉拿王亚樵，无论生死。于是戴笠奉命用计来暗杀他未发迹时的恩人、拜把兄弟王亚樵。1936年9月20日，以民国暗杀第一人称名于世的王亚樵被戴笠暗杀。

无论如何，这是可称为因果使然的，革命者的突围没有成功。对平民大众来说，对革命者个人来说，独裁者、贪官污吏都是杀不胜杀的。当暗杀在人生的流逝中主导了一切时，目的和手段都已经消失，结果不一定如意，但过程肯定是可以泄愤的。无论如何，对王亚樵来说，这又何尝不是求仁得仁的结果。既然国共两党分途，或入主上层，或以下层代表自居，那么，下层民众的个案冤屈、上层精英的功德选择，总得有恶法、乱法或集团暴力之外的力量来实施平衡，来制约监督。正义、公道，在即时实现中不得不采取某种极端的形式。在那样的乱世里，王亚樵的道路不失为一种选择，他的选择对今天的人类仍然有启示意义。他跟今天的恐怖分子完全两样，恐怖分子的理想沦为流氓行径，他的理想仍在革命济世。

遗憾的是，无论当时还是今天，都少有人对王亚樵的事业有着同情的了解。20世纪30年代在上海从事地下工作、王亚樵的重要助手之一、新中国成立后任国务院某部负责人的华克之后来也曾说过："……王亚樵既未通读'马克思列宁主义'，也不相信'神与国家'。他有平等思想，同情劳动人民，否认一切权威。为了救人一难，不惜倾家荡产，千金一掷；听人家几句恭维，也可拔刀相助，不计后果。他是一个精神旷达、乱七八糟的好汉……"1991年，王亚樵之子嗣继辅，自广西负亡父遗骸返沪火化，1997年回乡安葬。后又于1998年重修其墓园，再镌其碑碣。碣文称："纵观公之一生，可谓特立独行，无私无畏。公以'暗杀大王'名于世，实则疾恶如仇，从善如流。为人急公好义，宽厚仁慈。"并以"中国近代史上之奇男子也"等语，为其盖棺论定。这都多多少少误解了王亚樵作为真正革命者的本来精神，他生活在那样一个革命年代里，他的内心有着对公义的至高信念，这种信念使他不跟浊世合污，而以身献祭了理想。

对今天的社会而言，这种始终站在平民大众立场上的革命人生已经显得难以理解了，今天的人们更习惯了“改革”“渐进”“秩序”“稳定”。王亚樵的人生已经难以归类、难以定义，也许，看过他墓园的人更应该想起另一个诗人般的革命志士拜伦的诗句：

> 反正我坟头的青草将悠久地对人叹息，
>
> 而我的歌声早已沉寂。

张学良：浊世公子成人难

一般说来，专制社会的实力人物对其周围环境、时代甚至历史有着更大的意义，有时候甚至是起决定性的作用。但由于他们总被各种各样的人物包围着，人们很难见到他们的全部轮廓，即使有一些信息透露出来，人们也很难形成一种正常的舆论来影响甚至监督这些被包围的“猛人”（鲁迅语）。这些实力派也就只能做历史不自觉的工具，而非如文明社会的精英之士跟历史、大众形成良性互动的依存关系。在时间的淘洗中，那些不可一世的人物纷纷现形，露出他们那种可笑可怜又可诅咒的专横人格。

观察现代中国转型的人们发现，中国的实力派颟顸可笑，由于国家名器的丧失，政权、国家、中央、地方等组成的力量不足以管制这些实力派，使得他们之间的角力每况愈下。法治、稳定等等不足以善导他们的理性，金钱、感情等等不足以牵制他们的欲望，他们又并非那种王霸天下的志者或气魄之人，于是，在欲望和生活理性的驱使下，他们扮演了历史上最无序时代的黑暗使者。在那些木乃伊式的人物中，最令人叹息的就是公子哥式的人物，因为后者更无理性，行事更匪夷所思。张学良就是这样的一个翩翩浊世公子。

张学良是我们现代中国史上的传奇人物。说传奇，是因为他发动的西安事变改变了历史的进程。他跟革命党的关系密切，父子两代人的故事都多，给了人们茶余饭后的谈资和容许说话的空间。他的父亲是一个没什么文化又极聪明狡诈的大军阀，他自己却在西安事变中因动机抗日而被视为爱国将领，这一爱国光环在国家至上的20世纪使他成为中国人致意或谬托知己的历史假设对象。

但实际上，张作霖父子均乏善可陈。张学良的父亲张作霖系土匪出身，出卖朋友的事做了不少，接受朝廷招安时，新民知府问他为什么受招安，他回答说，为了升官发财。这个官匪两道都通的军阀狡诈、强悍，很懂得控制人，他要手下人对他忠，也对手下人极为慷慨，他的口头禅是：“好小子，好好干，老子除了老婆，什么都能给你。”他的部队是一支具有高度个人依附性的部队，比起别的军阀队伍来，忠诚度较高。由此使得张作霖在辛亥革命时期能够镇压、震慑革命派，而单独取得了东北的统治权。他捕杀了革命党人，对抗了卢永祥、蓝天蔚的新军，排挤掉开明士绅、立宪派领袖吴景濂和张榕，辛亥革命在中国南方进行得轰轰烈烈，却没有触动到东北的神经。这种暴力机器对张作霖的依附忠诚，也是后来张学良的朋友郭松龄背叛难成功的原因，是张学良二十多岁即能顺利继承张作霖的“东北王”的遗产的一个基础性因素。

张作霖带兵保留了土匪习气，并以此自傲。他曾经对新技术不屑一顾地说：“不用听他们吹，两军相见，还得靠拼命，豁得出死去，便可以制胜。”1921年第一次直奉战争的失败，使张作霖意识到奉军的落伍，下决心整顿。在整军经武中，与张作霖一齐打天下的土匪头目张景惠、吴俊升、孙烈臣、张作相等逐渐从军队中淡出，杨宇霆、郭松龄、韩麟春、姜登选、何柱国等人成为东北军的新星。整军运动的负责人是郭松龄，但在郭与张作霖之间起作用的却是张学良。这一次整军，在东北军中灌输了现代军人意识，有人说是在军事上给东北地区补了辛亥革命一课。这次整军的成绩是巨大的。东北军开始出现了一大批名闻全国的将军，刘翼飞、王以哲、刘多荃、吕正操、万毅、高福源都是这个时期起用和培养的优秀将领。1934年，蒋介石在庐山曾对人说：“东北有两件事是需要学的，一件是后勤独立，这在我们的部队里还没有完全做到；另一件是他们的用人制度。”1936年，张学良与周恩来在肤施相会，见过世面的周恩来极力赞扬了东北军军官的学识和军事素养。

历史学家甚至说，经过多次整顿的东北军，是当时中国最具有职业军人素质的一支部队。这当然跟年轻的张学良有关。东北军的横暴有目共睹，因为东北军收编的土匪痞棍多，走到哪里，都免不了鸡飞狗跳。1925年，奉鲁联军南下江南，奉军大将张宗昌的白俄兵一路上烧杀淫掠，无恶不作。张宗昌占领上海之后，几乎把上海变成了国际贩毒中心，肆无忌惮地公开贩毒。以至于江南一向柔顺的士绅阶层都受不了，怨声载道，当孙传芳一发难，群起响应，把奉鲁联军打回了北方。郭松龄起兵反奉的原因之一也是不满张作霖的军阀作风，张学良曾经多次劝慰这位平生最敬重的师友说："你不要急，咱慢慢来，大帅那一套早晚不就是我们的吗？"张学良自己也看到，即使奉军占领的地盘再多，可他们连一个好的县长也派不出。出路只有一条，改革军队和行政体制。他看到了现代国家军队的样子，有机会仿效，在父亲的支持和郭松龄的实施下，一举成功。这种成功带来的效应是巨大的。土匪习气没有了，服从上级命令几乎成为东北军的本能，他们对张学良充满了敬畏之情。据说，有一次杨宇霆被分配去带军队，杨去看了一下，回来告诉张学良："你的那些个兵，把你当成神一样，我带不了。"

1928年6月4日张作霖在皇姑屯被炸身亡，奉系秘不发丧，巧妙布置。7月，年仅二十七岁的张学良顺利就任东三省保安委员会委员长兼保安总司令。紧接着，张学良于1928年12月宣布东北易帜，归顺国民政府，不再如以前那样动辄宣布"独立"，跟中央政府对着干。1929年1月，张学良诛杀杨宇霆、常荫槐，显示了少帅的过人之处。这种令人惊佩的成功诛杀大臣的故事在历史上一再上演，如少年康熙诛杀大臣而得以亲政。张学良从此完全接管了父亲的产业，成为名副其实的东北王。他不仅管辖着东北，还拥有庞大的现代职业军队，他是军队的头脑和灵魂。

但一个不到而立之年的孩子手中有着最可怕的武器会是一种什么情形？张学良的处境不比康熙的处境，后者仍有着大清戚贵、儒家伦理、治国平天下等庞大的力量在平衡着一个少年的心性，使得少年天子能够效法尧舜禹汤，从而在智力和德性上不断精进进化；而张学良虽然归顺国民政府，其实仍如独立时期一样无法无天，为所欲为。这样的结果使得一个孩子的心智在人性进化的某一阶梯上止步不前，人们看到了孩子手中的利器，却只能任由这个孩子指东打西，自以为是。这个孩子指挥一支庞大的军队，使得千千万万职业军人组成的巨大能量不能得到正当的释放，如同一具没有灵魂的庞大肉体。

1930年，当蒋（介石）冯（玉祥）阎（锡山）中原大战打得难解难分的时候，张学良先是观望，最终选择了蒋介石。他冒出来，宣布调停，实际上是从背后插了冯阎一刀，全不顾狐悲兔死同病相怜的情谊，结果导致冯阎一败涂地。他发表“和平通电”，要“促进和平，保全民命”，军事调停中原大战，为蒋介石立下大功，一时被誉为“党国之干城，懋勋劳于柱石”。1930年10月，张学良就任中华民国陆海空军副总司令，可以说是一人之下，万人之上。张学良何以如此归顺蒋介石，并跟蒋义结金兰？他自己的理由是：“我看蒋先生做中国的领袖，够格。”张认为自己没有统一中国的能力，但有诚心服从能统一中国的人。他曾对人说：“我们争什么天下？奉军南下河北、河南，占领了不少地方，可连一个县长也派不出。”他认为军阀多“望之不似人君”，而“蒋介石言谈举止像领袖的派头，阎锡山不行，穿个大衫，像个买卖人似的”。

但这个孩子未必有那样献身于理想的意志。更不幸的是，成年人的游戏，他掺和不了。而国民政府和蒋介石的中央军并不能做到军队国家化，于是党军、地方军仍是当时中国命定的格局。他的几十万大军仍属于他的。他投靠了一个大人，但成年人并不能拿走他手中的双刃剑，于是任由他玩。而他的头脑里已经有了“三民主义”、法西斯主义、共产主义、儒学、佛教、基督教等等各种救国救世救心的思想。他给了东北军的职业化，却没有给这支庞大军队明确的为国为民的目标。

1931年，日本关东军发动“九·一八”事变，人们以为张学良集家仇国难于一身，理当抵抗；但他却一枪不发，拱手让出了东北。几十年之后，获得自由的张学良坦承当初“不抵抗”并非接到了蒋介石的严令，而是他自己的判断错误所致，他以为日军只不过借故生事，并没有想到关东军敢于发动这么大的军事行动。这样的解释只是敷衍历史，并没有对一个孩子心性的忏悔。因为当时日军在东北的野心“路人皆知”，日军异动的各种情报早就送达中国军事当局，但张学良完全无动于衷，不做任何准备。有材料说，“九·一八”事变，张学良家产损失金条八万余条，超过了当时东三省的官银行的全部损失，这种搜刮之烈并没有带来保护的强烈意志，大概是子卖爷田不心疼的少爷脾气。

“不抵抗命令”是何人所下，当事人曾三缄其口。事实上，即使蒋介石让他不抵抗，以当时他的独立军阀身份，对东北军的绝对控制，在涉及国家和自身利益的时候，也完全可以“抗命”不遵。发动事变的关东军，事先并没有得到日本政府的同意，因此只有一万多兵力进攻东北军。事变后统计，东北一共损失飞机三百余架，战车二十六辆，各种火炮三百多门，其中重炮两百多门，轻重机枪五千八百六十四架，步枪十五万支，手枪六万支。这样强大的武力，无论如何，都堪一战，居然拱手把大片国土让人，实在是不可思议。历史学家张鸣感叹说，身为东北地方的守土长官，纵使不论家仇国恨，生民涂炭，经此事变，作为军阀的他，老家没了，家底没了，就算没有父亲被人炸死之仇，为了自己的根据地，为了自己的财产，也该一战，可是他却没有，居然在日本人发动侵略的时候，下令不抵抗，无论如何怎样掩饰，都说不过去。

当时人多在骂他。“九·一八”事变之后，对张学良的声讨声铺天盖地而来，社会各界都骂他卖国，骂他无耻。最有名的是，马君武写了两首仿李义山的《北齐》诗：“赵四风流朱五狂，翩翩蝴蝶正当行。温柔乡是英雄冢，哪管东师入沈阳。”“告急军书夜半来，开场弦管又相催。沈阳已陷休回顾，更抱佳人舞几回。”人们实在不理解，一个意气风发过的少帅何以自失一次千古成名的良机。

这种不可理喻的头脑在中国现代史上一再出现，最早是叶名琛，他超乎人类的想象和不循常人理性的言行已经让中外人士无可奈何。张学良的孩子心性和头脑在小事上精明，在大事上则完全让人匪夷所思。胡适说得好：“张学良的体力与精神、知识与训练，都不是能够担当这种重大而又危急的局面的。”1932年，热河抗战前夕，宋哲元、冯治安、刘汝明、商震、庞炳勋等高级将领要求蒋介石亲自北上，否则不堪设想。3月3日，丁文江、翁文灏、胡适三人联名致电蒋介石：“热河危急，绝非汉卿所能支持，不战再失一省，对内对外，中央必难逃责。非公即日飞来挽救，政府将无以自解于天下。”蒋说，他第二天就北上。然而当天夜里，热河全境就被日军占领。热河一战，日军仅用一百二十八名先头骑兵，几乎兵不血刃就攻占了热河省会承德。这就是张学良指挥的东北军。

影响所至，他的部下也多无所作为。东北丢失以后，1932年东北军悍将何柱国奉命守山海关一线，在与日军的反复摩擦中，就以不战、不和、不守、不走，令人大开眼界。似乎除了威压百姓，这些骄慢的军阀拿着现代武器在危亡之际不知道怎么开耍了。东北军的战略物资，以及当时中国乃至东亚都罕有的一支空军部队和飞机没开枪即灭亡，甲午海战的窝囊都显得比东北军要悲壮得多。背井离乡的东北军背着耻辱的名声开始走向没落，在以后的岁月中再也没有机会洗刷他们的耻辱，他们丧失了军人的灵魂：战斗意志。几十万退到关内的东北军在抗战中少有出彩处，也就不再让人奇怪了。

但这个孩子仍在权力和暴力的顶峰玩耍。1936年，在蒋介石对这个义弟十分信任的情况下，他却出人意料地发动兵谏，扣押了来到西北剿共前线督战的蒋介石，制造了震惊中外的西安事变。张学良从法西斯主义一下子跳到共产主义的怀抱，并不清楚自己在做什么。西安事变前，他召集东北军和西北军高级将领开会，宣布他将要“扣蒋”，于学忠问道：“捉住了以后怎么办？”张学良回答：“先捉了再说。”

他自以为是的孩耍几乎遭到了全国一致的谴责。清华大学的教授一致反对，闻一多的态度尤为鲜明，闻一多还与朱自清、冯友兰、张奚若、吴有训、陈岱孙、萧公权等人发布了《清华大学教授会为张学良叛变事声明》。闻一多说：“真是胡闹，国家的元首也可以武装劫持！一个带兵的军人，也可以称兵叛乱！这还成何国家？”胡适的通电代表了当时主流舆论意见：“足下应念国难家仇，悬崖勒马，护送介公出险，束身待罪，或尚可自赎于国人。若执迷不悟，名为抗敌，实则自坏长城，正为敌人所深快，足下当为国家民族之罪人矣。”陷入危局中的张学良，不知是否意识到自己像一个孩子，但他自知“闯祸”，这错事捅破了天。据说当时的他如同一个年轻的低级军官，经常痛哭失声，情绪激动。正是在这种狂乱的情绪支配下，张学良在机场仓促决定亲自送蒋介石回南京。

这个可怜的孩子临走时，甚至没有留下一个像样子的对东北军全体将士的交代，他像一个做错事赶紧扔掉凶器躲起来的孩子，他躲到了义兄给他设置好的牢狱里。失去少帅的东北军的前途可想而知：陷入混乱，内讧，最终被分散收编，消灭于无形。

民国时期的军阀政治，曾给当时的知识人如丁文江们理解的同情，也给了后来历史学家同情的理解。费正清曾写道："这两百左右佩戴勋章的将军们和他们那些步履蹒跚的队伍，在1916至1928年这些军阀年头代表了什么东西啊？第一，现代武器的优越性，一个人口过剩国家的黩武主义，在这样的国家中武备的扩展超越了公众意识形态的发展。第二，老的绅士、商人、官吏统治阶级没有能力在一个全国范围的新的政治组织基础上团结起来。第三，正当民族主义似乎取得胜利的时候，全国的振奋能力却处于低潮。这足以激发起任何一个爱国者了。"他们在国家、政权名器丧失时维护秩序，有如军人干政，但他们对在基本人权、言论自由以及教育自主等方面，大体上都能做到尊重现实。即使报纸上有骂他们的，他们也很少出头对记者和报馆加以干涉，更谈不上查封报馆，抓人杀人；对大学，听任教授治校。对外，他们大多表现了爱国一面。对内，他们也多能识大体，而承认了有着革命思想的南方国民政府。当时的军阀中，桂系是北伐的主力，倒戈将军冯玉祥则在1926年9月宣布加入国民党，四川的刘湘早就赞襄革命，阎锡山于1927年通电拥护“三民主义”，新疆督办杨增新于1928年宣布易帜。

但是，张作霖的奉系进入北京当政之后，把规则破坏了。他们不仅向北京各个大学，包括北京大学都委派校长，而且规定必须尊孔读经，师生都得听从命令，如果不听话——张作霖说，刘邦约法三章，我就一章，不听话就枪毙。曾在军阀治下出尽风头的名记者邵飘萍、林白水，著名的红色教授李大钊等人因此都死在奉军的枪下，北京著名的报纸《京报》和《社会日报》都被查封。杀害邵飘萍就是张学良下的命令。张学良虽然主导了整军经武，却对中国社会、现代政治、公众舆论没有任何感觉，他只是一个大军阀的儿子而已。他在1928年年底的易帜归顺中央只不过是一种顺势投靠而已，东北地方并不允许中央势力的进入，在东北大学开设“三民主义”的课程，只是招来哄堂的大笑；东北的粮饷赋税从未解送中央，中央官吏也从未踏入东北。因此，可以说张作霖父子是当时军阀中最不堪的。

张学良没读过多少书，不满二十岁时就当上了少将旅长，二十六岁时已经是东北军的上将司令。这个年轻人要风得风，要雨得雨，好球，好马，好剑，好驾驶飞机冒险，尤好美女。晚年曾对人炫耀，他平生无憾事，唯一好女人。事实上，他年轻时的生活称得上糜烂腐朽，凡他看上的女人，无论是名门闺秀，还是明星歌星，都逃不过他的劫掠。他自称风流，实则是欲望的泛滥、孩子气任性或青春的身体无边界地寻找刺激。为此，他嗜毒成瘾，形容枯槁。1933年2月17日他陪宋子文去承德视察时，每行三十里就得停车注射一次毒品针。

这个所谓的民国四大公子之一，率性而为，不拘礼法，放浪形骸，兴之所至，无法无天。这种率性如果称真的话，他的“率真”可能是最为后来者同情、称道，但这是怎样的一种真？尤其是西安事变后他的人生被定格，他的心智在与外界隔绝的情况下终止于一种类人孩状态，“少帅”是他一直到一个垂垂老者都摆脱不掉的称呼，这又是怎样的滑稽？他的一生表现了典型的类人孩生存状态，直到晚年，或说他长达一甲子直到临终前的反思仍未能突破一个孩子的认知，在基督的怀抱里，他的人生边界只有女人、记忆中的故土而已。他从没有长大成人，他从没有跟人平等交往的成人经验，没有充分的社会化，也难有充分的个人化。蒋介石在日记中说他“小事精明，大事糊涂，把握不坚，心志不定，殊可悲也”，可谓知人之论。研究历史的学者高超群写道：“他自己并没有意识到自己一直在从事一种关系到一支军队、一个国家甚至一个文明的事务，他只不过是一个按照自己的本能生活的军阀的儿子。他最初的理想只不过是当一个医生。在他的一生中，他没有对政治的激情，没有学会责任感，也缺乏在复杂灰暗的事实中如何分辨路径的判断力，更不用说去为数十万东北军将士指引方向了。”这样的历史人物让人说什么好呢？抛开国家社会层面，即使就人性的率真而说，少帅张学良如仍被不解历史和现实的中国称为率真，那真能让历史笑掉大牙。因为同样有着孩子气的项羽也表现了令太史公以下都惊异的人性光芒：“至今思项羽，不肯过江东。”

戴　笠：没有人格的人

戴笠是一个曾让很多人闻名色变的人。在国民政府统治时期，他指挥的军统为国家搜集了大量的情报，并为政府除去了很多反叛者、颠覆者，为蒋介石除去了很多政敌。他被称为“蒋介石的佩剑”“中国的盖世太保”“中国最神秘人物”。美国总统罗斯福曾向蒋介石提出要见到“中国的希姆莱——戴笠”。这是一个会让人想起王朝政治时代的东厂、西厂一类机构的鹰犬、爪牙。人们对这个军统特务头子的评价无外乎“间谍王”、流氓成性、“杀人魔王”，对此类人若不能除之以快，也应该敬而远之，因为此种人心狠手辣、残酷无情、不讲道德。大多数人甚至天真地以为自己跟戴笠们隔得很远，以为戴笠一类人是社会的极个别，是人群中的特例，是莫测其威仪心智的神秘者、非常人物。

这其实误解了戴笠及其“同志”，戴笠们是很平常的，甚至可以说，这种人在我们的社会里无处不在。无论出身如何，他们知道要努力成才。这种成才，可以解读为胡适之说的，努力争取个人的自由，也可以解读为求功名富贵。总之，是要实现自己，成就自己。因此，他跟一般循规蹈矩的读书人不同，尽管他的成绩也很优秀，他却不守成规、嫖赌成性，一度被学校开除。

在穷困的日子里，戴笠也不曾忘记自己的志向，不曾改变自己爱整洁的生活习惯。哪怕是俗艳廉价，他也总要保持衣冠楚楚。比方说，在杭州混饭吃时，他只有一套夏装。为了保持整洁，他通常在西湖边找一块无人之地，脱下上衣和裤子来洗，然后把衣服晾在一块有太阳的岩石上晒干，自己在一边替帆布鞋上粉，直到看上去像新的一样。而也就在这种一般人都觉得尴尬的穷讲究中，他结识了终生的朋友——当时他的小学教师、后来成为蒋介石的门生的胡宗南。按照戴笠的传记作家美国人魏斐德的说法，戴跟胡宗南都是小知识分子，即今天社会学家眼里的“小平头阶级”，不自觉地具有流氓知识分子特有的自负，“他们各自在对方身上看出了自己对权力和地位无限的渴望”。

戴笠不仅有生活目标、理想，也为了实现这些目标、理想而艰苦付出。在他三十岁时，听到“革命朝气在黄埔”的说法，就自改其名，取《风土记》“卿虽乘车我戴笠，后日相逢下车揖，我步行，君骑马，他日相逢君须下”之意立志，更名戴笠，考入黄埔军校第六期。这种吃苦精神是难能可贵的。甚至到他成为蒋的心腹之后，他仍然身先士卒，事必躬亲。为了北伐收集情报，他常一个人奔走四方。当时共事的同学徐亮回忆说：“人称戴笠是英雄，我以为是怪物。这种人醉心事业，连皮肉痛苦都能忘记，非怪物而何？”抗战军兴，戴笠已位高权重，但他在淞沪之战中，白天忙于组织对日情报战，并竭力建立军统武装别动队（后来的忠义救国军），协助正规军作战；晚上，他亲自坐车从上海到南京，向蒋介石汇报战况和情报分析。那时南京到上海铁路已经不通，汽车也只能灭灯行驶，日军飞机不断轰炸扫射，时时如身临鬼门关，他却犯险如常。抗战后期，戴笠屡次化装深入日伪区，布置情治系统，检查工作。当时，日本人对他的人头悬赏金额，犹在对毛泽东悬赏之上。

因此，可以说戴笠是一个干才。戴笠谍报功绩的顶峰是20世纪40年代，其谍报网络在鼓浪屿率先破译日本将袭击珍珠港的情报，并报美军海军部，但被美军一笑置之。珍珠港事件发生后，美军才意识到戴笠的厉害。乱世行权，何况抗战。在抗战中，特工工作的重要性也为一般人所理解，戴笠也开始为人们刮目相看。据说，戴笠遇难后，举国哀悼，就是他过去的敌人，也都在“追悼”他。有一个说法是，周恩来在中共的会议上说：“戴笠之死，共产党的革命，可以提前十年成功。”

一般人多注意他的狠毒狡猾、奢靡生活，却没有注意到他是提着脑袋做事。他的心路历程并没有什么特异之处，只是身逢革命年代，他有着投机者的理想和革命者的献身精神。比如，淞沪抗战之前，国民党大员们在南京开会，休会的时候议论纷纷，戴笠很坚定地对其他人说，这次我们一定要打了。国民党元老吴稚晖问他，武器、经济都差得那么远，拿什么打呢？戴笠说："哀兵必胜，猪吃饱了等人家过年，是等不来独立平等的。"这句话给其他国民党人震动很大，后来成了军统对于抗日的经典创见。

戴笠自己是人才，他也赏识人才。他的工作需要非常手段，一般人以为正适合流氓无赖来做，军统是流氓的大本营。事实不然，那里需要的是中国社会一流的青年，一流的技能以及一流的品质，比如正直、勇敢、大义等等。军统组织严密，但其人员却从社会上广泛吸收，对于工作人员的要求比较严格。戴笠曾经屡次发文告诫下属："不可用流氓"，"流氓只知招摇，用之未有不败也"，等等。招收的人员越要求积极向上，其中有理想的青年，甚至隐性的共产党人或共产党同情者就越多。据沈醉回忆，军统局的正式在册人员和学员，在抗日战争中牺牲者就达一万八千人以上，而抗战结束时全部注册人员仅为四万五千余，死亡率高达百分之四十，其他附属人员牺牲者更众。这一事实可证明戴笠及其军统的国家情怀。

戴笠读书不多，却坚守了忠孝的观念。他的母亲把他养大，在他成为"杀人魔王"时，他仍对母亲十分孝敬，甚至要部下向其母亲学习，学习她管理繁杂事务的能力。而在他短命而辉煌的特工生涯中，他也有着献身国家、领袖的愚忠。也许蒋介石需要的就是他那种“奴才中的人才”，或说“人才中的奴才”。在他自己的理解，可能是一种士为知己者用的赤胆忠心。在革命的春秋时代，慷慨悲歌也好，他或者真的有一种“侠之大者”的悲壮心理：人以国士之礼待我，我以国士之礼报之。而为国为民的侠义精神在革命从权的时候，就一变而为忠于领袖的犬马之愚忠。他的座右铭是：“秉承领袖意志，体谅领袖苦心。”

因此，不难理解戴笠的意义。这是一个传统中国人的做人典范。只是这种成功或忠孝，如此奇特地成就了文明眼里的罪行。说到底，这一类人，怀着成功名的用世之心，并非自己力挽狂澜地救世，而是躲在政权、领袖、某个人或某个机构的羽翼下，借助于专政的机器为所欲为，便宜行事。他们的忠已经超出了道德的范畴，只是某种工具或打手；他们的孝也只是停留在赡养一责上，远谈不上跟上一代人交心交流。他们自认为行事不受道德的束缚，但他们是不道德的。他们自认为是菩萨心肠而行霹雳手段，其实他们已经泯灭了正当的人性。他们自认为是人才，其实他们是人格永远立不起来的奴才。他们自认为是好男儿，但他们永远不会是有责任心、有现代文明理性的男人。

这是我们文化教育的怪胎，戴笠们是我们社会的产物。他们知书而不识礼，读书而不明理。学校和社会只是教会了他们如何势利，他们满脑子糨糊。他们总是以为乱世可以不循正道，独裁、专断等可以提高效率，秘密世界、特务工作可以抢夺、控制情报信息，这些非人性也不合于文明的逻辑最终使他们自己丧失了人性。内心矛盾、人格分裂，而不知解决，而一味地向社会索取。他们眼里的人生得意或成功即是：这个社会有着现成的名利财富，只等他们去掠取，他们绝不会想到创造性地成就新的文明资源。像戴笠懂得因果，企图超越因果，跟太虚大师等人来往，最终仍被因果所囿，即是他们无知于生命的结果。这样的人在我们今天仍随处可见，他们平时满口仁义道德，在家人、朋友面前恭敬可掬，甚至身边总会有一两位和尚、活佛、牧师以证其参禅，但他们用世处世的一面极为狰狞，他们待人残忍。

我们的文化教育产出的大多是戴笠那样的人，他们擅长投机，有奶便是娘，更可笑的是他们也会把自己跟国家大是大非的语境联系起来思考，而一遇到真正的挑战即以饭碗为自己哀求辩护，实则他们完全明了自己作为打手、工具的功能和价值，他们不仅习惯了残害生命，而且乐此不疲。他们有意无意伤害了别人，对普通民众，他们更是“狗眼看人低”，他们不知尊重生命为何物。只不过戴笠以极端的形式做了他们的代表。

因此，尽管蒋介石和戴笠的同志以为戴笠有功于国家，甚至章士钊为他写了一副意味深长的挽联：

“生为国家，死为国家，平生具侠义风，功罪盖棺犹未定；誉满天下，谤满天下，乱世行春秋事，是非留等后人评。”

但时隔六十年，文明社会已经对戴笠及其同类做出相当公允的评价。人们坚定地指认戴笠为“杀人魔头”，是法西斯性质的工具，甚至认为戴笠的死也是冥冥之中的报应，都说明人们对安身立命或为人处世有大于权宜的标准，那是一种建立在尊重个人生命之上的标准。戴笠的美国传记作家以为戴笠是一条“巨蟒”，其实按中国人最常见的说法，戴笠是一只狼狗，或说是一只藏獒，主人待他极好，他的生活可以说骄奢淫逸，但这种走狗没有自我，更没有自己的德性世界。就像最凶残的藏獒虽然忠于主子，目中无人，但一闻见有血腥气的屠夫也会无可奈何、摇尾乞怜一样，戴笠们的内心是相当脆弱的，他起居神秘也仍睡不安稳，在临死前甚至哀叹自己不是死于毛泽东之手，就会死于蒋介石之手。

因此，可以说戴笠没有人格，他的内心是扭曲的、病态的、残忍又卑怯的。如果说平常中国人的生活可传三世、五世甚至十世，即人格成就或榜样可以不中断地传几代人，那么戴笠那样非人性的生活到他自己就中断了，他在中国人的家族传承中不起作用，他不属于中国家世中的一环。起太史公于地下，戴笠的行迹也只会归为酷吏猾吏之列，而入不得侠客列传，更不得列入世家。只是以戴笠之心眼生活的中国人还有很多，他们跟我们一道，决定了我们社会的文明进程和文明高低。

杨　度：有名无实

表字皙子的杨度是近代史上一个极为特别的人物。今天的人们从当代史的眼光看，很难理解他，以为他是一个怪人。但这个人实在是很多中国人的一个缩影，今天的很多中国人在心智上跟杨度没有太大的差别。

杨度的人生多非正经通途，他幼小失怙，过继给大伯才有了读书的机会。他聪明好学，不循规矩，使老师王闿运对他优待有加，可以玩笑相处，甚至称他为杨贤子。他跟王学帝王之学，后又醉心于新学。1903年，清政府新开“经济特科”进士考试，杨度是第一批考生，中了一等第二名，不幸的是，他被迫流亡日本，到手的功名转瞬即逝。在日本，他开始联络结交各类人士。如托人认识了孙中山，他不赞成革命，主张“君主立宪”，但他跟孙先生相约“吾主张君主立宪，吾事成，愿先生助我；先生号召民族革命，先生成，度当尽弃其主张，以助先生。努力国事，期在后日，无相妨也”。

1905年，清政府准备立宪，五大臣出洋考察，他们到欧、美、日等地走了趟，为交差，请杨度捉刀代笔，写考察报告。杨度除了日本，也没去过他国，但他却写了《中国宪政大纲应吸收东西各国之所长》和《实行宪政程序》。从此，杨暴得大名，中国政界的高层都知道中国还有一个“懂法”的杨度。

1907年，袁世凯、张之洞向清廷联合保荐杨度，说他“精通宪法，才堪大用”。这样仅有举人功名的杨度就平步青云，进入了政府高层视野。清政府的许多关于“立宪”的文件多出于杨度之手，政府要搞法治，依法治国，号召王公大臣都要“学法”。于是，杨度被委任为高级“讲师”，为王公大臣们“恶补”法律常识，并开设宪法讲座。如此一来，他跟许多满洲亲贵拉上了关系。

袁世凯被罢免，一时大家都以为袁的政治前途结束了，袁的很多朋友不敢与袁来往，杨度却为袁世凯通消息，成为袁的重要谋士。这种“烧冷灶”的行为也有意思，有人说他带有明显的中国传统纵横家的作风，有人说他深谋远虑。但跟他的老师王闿运相比，他的投机色彩明显重于王闿运，王内心自视极高，虽谋帝王术却要跟帝王平起平坐，至少人格上不输于帝王。在此种心态下，王闿运的投机总是要打些折扣，章太炎称他“狡猾”而非投机。但杨度明显用力过猛，当他在袁世凯那里活动空间有限时，他就又把希望寄托到袁的儿子身上，为的是要做成“洪宪第一功臣”。他的这种帮忙不帮闲的自许自然落空，他不得不到处帮闲。

袁世凯称帝失败后，杨度作为第一要犯被通缉。他年纪轻轻就声称“好佛”，似乎有信仰，有出世之情，但他其实仍在各种民国要人猛人之间活动。比如他能说动张宗昌不要枪毙大记者林白水，虽然林仍不免一死。

杨度的一生都显得与正轨格格不入。他在晚年除想加入孙中山的国民党外，还做了两件惊世骇俗的事：一是到上海青帮大亨杜月笙的门下做清客，这在当时即为人侧目；另一件事是，他加入了中共，此事直到周恩来临去世前才透露。

杨度的一生是丰富的，但这种投机式的丰富是一种人格不成熟的表现，是启蒙思想家们判断的无德操的表现。也因此，杨度参与了中国近代的历史，甚至参与了不少看似“进步”的力量，但他并没有贡献出真正的东西。以立宪为例，他起草了那么多文件，但并没有像梁启超、章太炎们论战那样立足于国情的论争，更不用说像美国的《联邦党人文集》那样留下泽被后世的思想文献。

这样的中国人是很多的，他们聪明绝顶，任何主义、理论，他们都知之甚详，谈论起来头头是道，但他们很少立足于社会的某种实际，他们过于相信术，过于相信势力。他们因此难以真正成为一种独立的力量，他们必得借助于猛人或历史大潮的飞托之势。他们的声名可能流传千秋万载，但跟国事、国民无关。

汪精卫：尤物何其烈

由于意识形态、资讯和思维的多重困厄，我们对历史人物多有无明的观感。一如博物园中的动物植物，圈起来钉上标牌，难以亲近，却以为让游人尤其是孩子完成了认识的任务。看着孩子们对假蛇、假恐龙、蛤蟆玩具等那么热衷，对毒蘑菇、刺梅等那么喜爱，我们会摇头叹息，会预知他们知道一二真相时的逆反和伤害。历史也如同博物园，其是非善恶毒害的界限，今天似乎正在泯灭。大陆的改革开放，十年不到，就有了为历史翻案的思潮，至今不绝。从李鸿章、袁世凯到孙中山、陈炯明、蒋介石，从马克思到格瓦拉，从张爱玲到沈从文、胡兰成，从萨特到哈耶克……其中的道理或意义，真是一言难尽。

这些翻案或重评，颠覆了僵化的意识形态宣传。在今天，一些真相、真知仍在碎片化中等于无有，社会更未生成跟文明史相合的伦理共识。可以说，我们知识人责无旁贷，却在这些问题上大大失职。权力和市场的管制异化中，我们很多人会时不时做惊人之语，以对历史人物的鞭尸或谬托知己，做了“昏昏而欲使人昭昭”之举。

关于汪精卫的评价即如此，有关他的研读在最近十年间突然热闹起来了。这个国民政府的领袖，“九·一八”事变后爱国学生心中理想的抗日领袖，在抗战期间投靠了日本，组织伪政权，沦为汉奸，本是历史铁案。但人们读汪，不免多情，感时伤世，以为读懂了汪的人生选择。从《真实的汪精卫》《你不知道的汪精卫》到《汪的才情与曲线救国》《汪精卫的汉奸案总有一天会推翻的》《汪精卫不是汉奸，可能是真正的英雄》……这个现代史上的失足巨人，何其幸运，遇到当代人的宽容。尽管这种宽容极其乡愿，仍足以说明汪精卫的个人魅力。

其实，对汪精卫的同情、惋惜、辩护，在当年就大有人在。代表者即有我们的思想家胡适先生。汪精卫是民国四大美男子之一，据说胡适声称自己是女人就嫁给他，他们也都是抗战初期对和平抱有幻想之人，他们都是当时“低调俱乐部”的成员。因此，胡适对汪精卫有着同情之理解，他曾说：“汪精卫死在日本病院里，可怜。精卫一生吃亏在他以‘烈士’出名，终身不免有‘烈士’情结，他总觉得‘我性命尚不顾，你们还不能相信我吗’。”

的确，在汪精卫那里，有些事是不用置疑的。他是否贪生怕死？不是，他年轻时赴北京刺杀大清权贵，壮怀激烈，“慷慨歌燕市，从容做楚囚；引刀成一快，不负少年头”。年轻如此，晚年则多次成为刺客的目标，为枪弹警告、教训。在1935年遇刺时，子弹留在脊柱骨里难以取出，导致后来数次手术，痛苦不堪，最终身亡。抗战开始，汪出走重庆，到越南河内，由国民政府下令解决，只是刺客功亏一篑，杀死了汪的副手曾仲鸣。由此种种情形可知，汪精卫自青年时代投身革命以来，一直命悬一线，他并没有急流勇退，反而拼命向前，可见早已将生死置之度外。

汪精卫有才情吗？答案是肯定的。用章伯钧的话，他的诗文可入教科书，他在台上是政治领袖，在台下是提笔即为大才的文人。孙中山极重视汪的才情，其重要文件一度都交汪精卫起草，他阅后总感满意，极少改动。曾为国民熟悉的孙中山的《总理遗嘱》，“余致力国民革命凡四十年，其目的在求中国之自由平等……”即由汪精卫代笔。陈寅恪先生在汪生前即有诗说：“阜昌天子颇能诗，集选中州未肯遗。”钱锺书也说：“扫叶吞花足胜情，巨公难得此才清。”

汪精卫有能力吗？答案也是肯定的。历史学家许倬云承认，汪的讲话煽动性很强，也有组织能力。因此他以一文人而能长居国民政府的领袖地位，跟枪杆子打出来的蒋介石一起分管党、政。许先生说，汪精卫并不想做汉奸，跟日本谋和平，在他看来，可以替国家留一些余地，争取一些时间，只是事与愿违，骑虎难下，他做了自己不想做的汉奸。

汪精卫懂得选择当汉奸的利害关系吗？他是明白的，他多次说“我不入地狱，谁入地狱”，这个浪漫多情的人很少着力于饮食男女，却用情于家国天下。词学家龙榆生先生说汪诗是“哀国之音”，另外一个词学家叶嘉莹先生则说汪有“精卫情结”，他有精卫填海的追求和执着。确实，从他给自己改名精卫开始，他的浪漫情感既幽怨又壮烈。他哀山河、民生，如“废堞荒壕落叶深，寒潮咽石响俱沉”“橄榄青于饥者面，木棉红似战时瘢”；他自省名节，如“忧患滔滔到枕边，心光灯影照难眠”“跋涉艰难君莫叹，独行踽踽又何人”；他也有收拾山河的豪气，如“湖山自郁英雄气，原隰终兴急难心”“相期更聚神州铁，铸出金城万里长”。他临终的自嘲是：“心宇将灭万事休，天涯无处不怨尤。纵有先辈尝炎凉，谅无后人续春秋。”

因此种之故，今天的一些名人学者替汪精卫翻案就有了不少理由。有人说，言为心声，读汪精卫的诗词，可知这个革命家和大文人的忧患、悲悯。汪从政一生，诗词也伴随了一生。据说，他病重时表示，不要留存文章，可留的只有诗词稿。从追随孙中山开始，他就有了天下兴亡感。甚至早在少年时代，失恃之后，跟着同父异母的长兄生活，他的生命底色就是忧伤的，是“孤臣孽子”式的操心也危，虑患也深。人们还说，一个国家既得有鹰派，也得有鸽派。当时就有人以为汪精卫跟蒋介石在唱双簧，汪精卫自己也曾跟蒋介石表白："君为其易，我任其难。"汪精卫不幸，做了历史赋予的鸽派角色，但是，他这只和平鸽摇身变成了秃鹫。

不仅学者考证出汪精卫有力爱国、无心卖国，就在当时，一般民众中的"有识之士"也认为，如果中国完全是在日本的控制之下，那就没有人替自己的国家人民讲几句话，所以现在有一个人过去，总算是个代表中国的人，至少可以缓和一下局势。据说汪精卫的伪政权管辖下的地区，相对比较平稳，老百姓的生活也过得去。当年审判汪夫人陈璧君时，陈璧君就在法庭上说，你们说汪精卫卖国，说汪精卫是汉奸，中国哪一寸土地是汪精卫卖的？哪一寸土地是汪精卫丢掉的？他是在这些地方沦陷以后，才来挽救这里的。有这样想法的非陈一人。而由于抗战后国民政府的接收腐败不堪，民怨沸腾，舆论甚至有"人心思汉"之说，以表示人心思念曾维稳有功的汉奸政权。

如此，我们遭遇到评价汪精卫的困难。得承认，我个人在接触到众多的材料之后，也曾对汪精卫大起同情之心。从今天全球化时代的和平发展心态看来，给汪精卫翻案似乎无关是非，只涉善恶美丑，即汪是美男子，有美的诗词，有善的动机，有烈士的心地。而继续维持历史正义，坚认汪为汉奸，也似乎无关痛痒，过于空洞，无损于喜好者去欣赏汪、同情汪。

这其实涉及我们当代人的史观和人生世界观。我们以为今天不再有亡国亡种之虞，不再有忠奸、大是大非的人生道路，不再有个人选择的文明价值关照……一句话，不再有人类最低限度的伦理共识。当代社会有足够的空间时间供人们腾挪，让人们疲于也乐于奔走其中，人们以为历史上的战争、罪恶、人祸等等已经成为“历史”。

事实上，这是我们的误区，既是我们当代社会灾难的根源之一，也是我们现代性危机的根源之一。我们当代社会就是如此只问生存发展，不问是非。当然，这样与文明教导的距离之远也并不自今日始，自现代化运动初，人们就有了种种的分裂，但从未如今天这样分裂得触目惊心而又司空见惯：人格分裂、名与实的分裂、人与自然的分裂、青春少年的理想与后来混世帮闲帮凶的分裂……人们笑贫不笑娼，拜金不尊德，把媚俗媚雅当作个性，随波逐浪还以为自己做出了正当的选择。用雅斯贝尔斯的话，这是我们共同的罪责；用佛家的话，是共业。这种误区和言行仍在延续，因此，当年到今天，移情于汪精卫的大有人在。汪精卫的魅力在当时后世，都堪称“尤物”，对尤物，人们总愿意移情、叹惋，自作知己。

但汪精卫毕竟做了汉奸，做了中国及其人民的罪人。余英时等人都注意到，抗战期间，从国民政府的要人到陈寅恪、胡适等文化人都以为中国无力抵抗日本。但是，像胡适这样的文人毕竟从“低调俱乐部”走出来，谴责日本。胡适在放弃和平幻想后，还告诉汪精卫等人：“和比战难百倍。”而陈嘉庚在国民政府参政会上的提案更是对日对中国政要掷地有声地回答：“敌未退出我国土即言和当以汉奸国贼论。”无论汪精卫投日有多么不得已，这是人的底线，也是民族的底线。

而我们考察汪精卫投敌过程可知，他投靠日本，欲使中国免于“全局覆没”，然后再“徐图恢复”，但这并非是他深思熟虑、一以贯之的结果。他做汉奸，有太多的原因。他无意做汉奸，却一步步地走上汉奸的道路。胡适说，一个在科学和技术上都没有准备好的国家，却必须和一个第一流军事和工业强国进行一场现代式的战争。在中国遭遇一次次抵抗失败和主政挫折之后，曾经主张积极抗战的汪精卫，完全改变了立场，不惜一切追求中日和平。跟蒋介石不同，蒋的和平谈判是底线，而汪为了“和平”什么都可以谈，都可以牺牲，包括他自己。汪精卫的浪漫重情使他容易受人影响，内受妻子陈璧君和周佛海等的挟持，外轻信日本政客的承诺。如此佳人做贼，身败名裂。

在投日问题上，汪精卫并未将其烈士精神贯彻到底。轻信日本，结果一切由日本支配，到发现日本要跟自己签订出乎意料的卖国条约时，他和一批追随者骑虎难下。而像陶希圣等人还是做出了正确的选择，在日本人的眼皮底下，开始了生死未卜的逃亡，最后辗转到重庆，做到了回头是岸。相比之下，汪精卫签字，做日本人的傀儡，他是过于纠结了，自恋得过于悲壮了。或者说，他把自己的文学才华等同于政治才能，他以为自己像驱遣文字一样从政，纵横捭阖；他不曾意识到，他的文字和政治意识都不再新鲜，日渐陈腐，最终做了文字和政治的傀儡。

汪精卫的入地狱之举显然是复杂的。作为革命者，他有着“我之不出如苍生何”的救世愿心。但他并非没有私心杂念，从心理学分析，他参加革命以来，活跃在中国政坛，却始终非男一号，组建伪政权算是圆了他内心隐秘的梦想。就是说，他真实而不纯粹，烈而不英。跟中共革命家瞿秋白的自省相比，汪精卫的自省是过于自负了。也因此，人们写诗批评汪：“恨君不早死，早死成英杰。空留作孽身，累及诗章灭。”“当时慷慨歌燕市，曾羡从容做楚囚。恨不引刀成一快，终惭不负少年头。”当时上海的女诗人陈小翠感叹：“双照楼头老去身，一生分作两回人。河山半壁犹存末，松桧千年耻姓秦。翰苑才华怜俊主，英雄肝胆惜昆仑。引刀未遂平生志，惭愧头颅白发新。”

熟悉历史的汪精卫不难明白他在做一件什么事。林语堂说过：“不论古今，在中国总是有打着爱国旗号的汉奸，只要自己能大权在握显赫一时，便在救国救民的堂皇名义之下，甘心充当异族的傀儡。”林语堂说，儿皇帝石敬瑭的遭遇没有阻止后来傀儡张邦昌的出现，亦未阻止后来吴三桂的出现。普通民众的行为可悯可恕，但民族的精英上层也附敌，则是彻头彻尾的背叛。抗战开始，文化界都希望周作人南下，或在北平隐居，但他投敌了，这是不可饶恕的。艾青当时写诗：“周作人，在我们最需要他的时候，背叛了我们。”这种态度，体现了我们文化乃至人类文化对民众和精英选择的不同规定和判断。在这种宏大的历史正义审判之外，中国人更有人生正义。孔子说，危邦不入，乱邦不居。汪精卫不仅居入了，还去为虎作伥，显然背离了中国文化的教导。他有着中国文化的心灵，却无中国文化的头脑。

在跟我们今人的关系上，汪精卫又缺失了文明个体最宝贵的常识感。他虽然伤春悲秋，感时伤世，但一如他的浪漫情感少用于饮食男女一样，他对生命个体缺乏实感。他太纠结于宏大的山河和抽象的民生逻辑，他跟我们现代国民之间缺乏对话、沟通的“主体间性”。由他带头，搭建的一个汉奸政权因此给了占领区国民双重的压迫，大大消解了中国人的抗争意志、人生信念。自然地，他也给了国民活着的虚幻感，从而对正义、是非、自由、淡漠等等弃置不论，使我国民难以获得人的自觉和存在的超越性。直到今天，我国民仍多有这种活着的虚幻感，而跟不义、罪错、犬儒结下不解之缘。我国民混日子的情形举世瞩目，我们不曾把羞耻当作羞耻，把罪恶当作罪恶；不能更勇敢地明认，更虔诚地祈祷，更愉快地相信，更坚定地抗争，更热烈地爱。我们压榨出空前的现代化成就，也带来空前的生态、心态和世态灾难。

在现代觉醒意义上，西方的文人哲士贡献自己的思考代不乏人，从胡塞尔、弗洛伊德、柏格森到罗素、维特根斯坦、荣格、葛兰西、弗洛姆、雅斯贝尔斯、爱因斯坦等人都有可圈可点的成果。比如我们至今缺少萨特式的存在感觉，后者在“占领下的巴黎”中感受并思考：“至于德国人，他们想的是怎么样用最好的方法把这块土地并入‘欧洲’整体。我们感到自己的命运从我们手里滑走：法国像人家放在窗台上的一盆花，天晴时拿出来，天黑了又搬回来，从不征求这盆花本身的意见。”有人以为这是比老舍先生的《四世同堂》更有力的文献，因为它有着拷问人的坚硬质地：“如果我说我们对它既是不能忍受的，又与它相处得不错，你会理解我的意思吗？”萨特承认法国在“二战”中表现得并不是伟大，国家和人民都在羞辱、厌恶、愤怒中忍受一切，但这种伤害沉沦需要疗救，需要理解，更需要人民走出战时的阴影，能够勇敢地回归人道主义，以完善个人和社会。在某种意义上，萨特、雅斯贝尔斯等人对“二战”的反思既是其国民的需要，又是西方文明的自我救赎。

历史作家高阳先生的《粉墨春秋》一书，以如椽大笔再现了汪伪政权的始末。多年前读时极为佩服作者的才学和识见，现在重读仍多有感触。在人们重新认识汪精卫的今天，重读高阳先生的这部作品极有意义，甚至可以说极有必要。高阳先生有着极为正统的史观，但他绝不教条，他的文字绝不枯燥。读高阳先生的作品，我们可以明白，自孔子以来的春秋笔法，自司马迁以来的历史审判，是如何使中国文化有着明确的道义、是非、善恶……

在高阳笔下，汪伪政权自然是粉墨春秋，其中惊心动魄的，是汉奸们的末日感，他们的花天酒地、醉生梦死、鱼肉人民，大约只能以群魔乱舞、人神共愤等语描述感受，或需要萨特、弗洛姆那样的作家去审判。在相当大的程度上，这部历史小说坐实了那些为汪伪政权功绩辩护者的虚妄。

虽然高阳先生对汪精卫的正面着墨不多，但对汪精卫的介绍很是周全细致，尤其值得今天赏玩其诗词的人们注意的是，其中对汪诗词的解读堪称目光如炬、洞幽察微，其中可知我国人的心智如何曲折精微。这个老大的民族实在是太腐朽了，也太油滑或老奸巨滑了，用诗人穆旦的话说：“长大在古诗词的山水里，我们的太阳也是太古老了，没有气流的激变，没有山海的倒转，人在单调疲倦中死去。”汪精卫就是在烈士情结的一生中单调疲倦又油滑、腐朽下去，最终误入歧途。

汪精卫做了汉奸，这是他自找的，又何怨？他给占领区沦陷区的国民带来了秩序和精神双重的压迫，使国家人民蒙羞，并无可表之功，可恕之心。高阳作品中感叹汪精卫是“尤物”，我们不能因为他是尤物就去吊膀子，而放弃人世的明德至善。

在写这篇文字的过程中，突发奇想，查了一下汪精卫先生的命卦。汪精卫是天泽履卦，他确实面临穿鞋、脚踏实地的问题，他的一生也确实穿错鞋了。跟他相比，他的夫人陈璧君过于刚强。他以书生文人的柔弱履践政治刚位，卦辞说“履虎尾，不咥人”，那也只是指他早年参加革命的命运，至于“利贞”才能“履帝位而不疚”，他没有守住贞节。爻辞中还有“眇而视，跛而履，履虎尾，咥人凶”的字样，可算他晚年的写照。“武人为于大君”，他也确实奉日本军阀为太君。“夬履，贞厉”，他确实沐猴而冠，穿了一双鬼怪之履，而有了身名俱灭的危险。读千年前的《易经》，联系到汪精卫，不免让人唏嘘。他自比神话中填海的精卫，他想到过自己真实的命运吗？

铁葫芦

铁肩担道义　葫芦藏好书